開拓社叢書 27

形式意味論入門

田中拓郎 〔著〕

開拓社

は　し　が　き

　形式意味論というと，「勉強しなければならないのだろうけど，独学だときついから，どうしても後回しにしてしまう分野」という印象を持っている人が多いのではないだろうか．数式，論理式，ラムダ (λ) などの記号を見るだけで頭痛がする，という人も多いようだ．言語の意味というきわめて直感的なものを，抽象度の高い形式を使って表すため，形式意味論を「人智を超えた難解な分野」と思っている人もいるのではないだろうか．ところが実際のところ形式意味論は，わずかな数の決まったルールに基づき，計算によって言語表現の意味を導きだす，とてもシンプルな試みである．ことばの「意味」は，人によって捉え方が異なり曖昧模糊としたものである，という印象があるかもしれない．しかし形式意味論は，数学や論理学といった既存の学問分野を援用しており，「いつでも，どこでも，誰にでも」等しく導きだせる，という科学研究の基本を押さえた明快な「意味」を対象としている．「数式や論理式を使わなければならないほど難しい」のではなく，「数式や論理式程度で表せるほど単純」なのだ．

　形式意味論の入門書は良書が数々出版されているが，和書による入門書は思いのほか少ない．洋書で独学しようとしても，数学や論理学という「学生時代に積み残した借金」が足枷となって，なかなか独学では読み進められない，という人が多いと思う．何を隠そう，筆者自身が，学生時代，形式意味論の入門書の難解さに音を上げていたひとりである．「入門」とは「簡単」を意味しない，ということを悟ったのはその時であった．そういう時の学生の行動というのは決まっている．和書の入門書や翻訳本を必死になって探すのである．そして，目的に適った本がないと知った時の絶望感は今でも忘れられない．そのときの絶望感が，本書を執筆した強い動機となっている．本書は，数学や論理学に何の前提知識もない人でも読み進められるように構成した．原理原則から始まり，概念の使い方や論理式の書き方まで，実例に即して提示してある．誰でも理解できる「簡単」な「入門」書を目指して書いたものである．形式意味論の基礎から始まって，将来的には形式意味論の分析法に興味をもち，自力で論文を読み解き，自らの研究に形式意味論的な分析法を援用できるようになるまでを目指している．形式意味論の論文を読む時によくある困難として，文の真理条件を示す論理式を展開するときに，イコール記号（=）の前と後がどうつ

ながっているのか全く分からない，というのがある．そうした途中式の展開は，わりと丁寧な入門書であっても（スペースの都合上）割愛してあるのが普通である．しかし本書では，「省略されている部分こそ最も理解しにくい部分」という精神で，式の展開をくどいほど丁寧になぞり，すべての計算過程を網羅した．意味論の計算のしかたを逐一練習する計算ドリルだと思って練習してほしい．本書は，意味論研究の経験が一切ない，本当の「初心者」を対象として書かれている．したがって，本書は，教室や研究室でおおっぴらに読むのではなく，家に隠れてひとりでこっそりと読むに相応しい本である．本書の内容を大学で講義した際には，学生諸君から「初心者であるがゆえの素朴な疑問」を多数寄せられた．筆者自身，「そういえば昔はそういう疑問を感じていたな」と思い出させられることも多い．そうした疑問は，独力で入門書を調べてもなかなか解明しにくいものだ．本書では，そうした学生諸君からの質問をできるだけ多く紹介し，読者諸氏が抱くであろう素朴な疑問に，可能な限り答えることを目指している．

　本書を執筆するにあたっては，多くの先生方や諸先輩方の助力を得ている．筆者が形式意味論に出会ったのは大学の学部生の時である．仁科弘之先生の研究室で少人数のゼミを行い，形式意味論の入門書を読み潰した．難解な概念を，あたかも漫談でも語るかのように明快に説明してくださった先生の平易な語り口は，本書を執筆する際にも多大に影響を受けている．

　大学院に進学してからは，福地肇，浅川照夫，菊地朗の諸先生にご指導をいただいた．福地先生には，形式意味論などという分野を勉強したいという筆者の奇怪な希望を快く認めていただき，勉強に集中できる環境を整えていただいた．学会の発表前に先生と一対一で指導していただける立場になった時には，例えようもない緊張感を感じたことを覚えている．浅川先生には修士論文を指導していただき，基本文献を読み解く訓練をしていただいた．この時に先生から紹介された論文は，今でもなおその価値を失っていない名著ばかりで，論文の価値を見抜く先生の慧眼にはただただ感嘆するばかりである．菊地先生は早くから形式意味論の必要性を見抜かれ，Heim and Kratzer (1998) を足掛け 2 年にわたって読み解く読書会を開催していただいた．研究室の先輩の岸浩介氏とともに 3 人で，本に載っているすべての式を計算し尽くし，すべての練習問題を解きまくる，という凄い読書会だった．本書を執筆するにあたって，筆者はこの時の授業ノートを何度も読み返した．

　アメリカの大学院に進んでからは，Yael Sharvit 先生に大変お世話になった．論文の読み方に始まって，テーマの探し方，仮説の立て方，論文の書き方など，ほぼ毎週のように先生の研究室で指導していただいた．学生のやる気を煽

るのが上手い先生に乗せられて，調子に乗って勉強する，充実した毎日だった．形式意味論の勉強のみならず，渡米当時に海外での生活に不慣れであった筆者を公私にわたってサポートしていただき，安心して勉強することができた．アメリカ滞在中には，数多くの先生方にお世話になった．Jon Gajewski, William Snyder, 富岡諭, Kai von Fintel, 中西公子, Irene Heim, Barbara Partee の諸先生には多くの助言とコメントをいただいた．

「誰にでも読める形式意味論の入門書を書きたい」という筆者の希望を叶えてくださったのは，島村礼子先生である．学部生時代に先生の授業に出席して以来，長らく島村先生には折に触れお声掛けいただいた．形式意味論の入門書の必要性に早くからご賛同いただき，出版までの道筋をつけていただいた．先生の朗らかなお人柄に励まされ，原稿へのコメントまでいただき，本書を書き上げることができた．また，千葉修司先生には大学で開催される研究会に幾度もお招きいただき，意味論について貴重なご意見を伺った．「分野や方法は違っても，ひとのことばという同じものを考えている以上，どこか通じている部分があるんですよ」という先生の言葉は，本書を通して形式意味論を広く理解する上での基本的な精神と言ってよい．池内正幸先生には，研究会で発表する機会を度々与えていただき，そのたびに温かいコメントをいただいた．また本書を執筆するにあたって，数々のアドバイスをいただいた．諸先生のご尽力には感謝するばかりである．

最後に，開拓社出版部の川田賢氏に厚く御礼申し上げる．本を書くなどという，筆者にとって不慣れな作業を明快にガイドしていただき，出版にこぎつけていただいた．感謝の念に堪えない．本書が，形式意味論を理解する一助となり，この分野に興味をもっていただける人が増えてくれば幸いである．

2016 年 6 月

田中　拓郎

目　次

はしがき

第 1 章　形式意味論の全体図 ······························ 1
- 1.1. 「意味」とは何か ···································· 1
- 1.2. 合成意味論の枠組み ································· 5
- 1.3. 統語構造——「設計図」としての文構造 ············· 8

第 2 章　単語の意味
　　　　——タイプ理論とその適用—— ······················ 10
- 2.1. 対象言語とメタ言語 ································ 10
- 2.2. タイプ理論（Type Theory） ······················ 14
- 2.3. 複合タイプ ··· 17
  - 2.3.1. ⟨e, t⟩ タイプ ·································· 20
  - 2.3.2. ⟨e, ⟨e, t⟩⟩ タイプ ····························· 27

第 3 章　世界の捉え方と表現形
　　　　——モデル世界意味論とラムダ演算—— ············ 30
- 3.1. モデル世界意味論 ·································· 30
  - 3.1.1. Model PEANUTS という「箱庭」················ 32
  - 3.1.2. Model PEANUTS における ⟨e, t⟩ タイプの述語 ···· 34
  - 3.1.3. Model PEANUTS における ⟨e, ⟨e, t⟩⟩ タイプの述語 ··· 41
  - 3.1.4. タイプ理論再び——その他の語彙範疇の意味タイプ ··· 48
- 3.2. ラムダ演算子 ······································ 55
  - 3.2.1. ラムダ演算子のしくみ ························· 56
  - 3.2.2. 前提（presupposition）——定冠詞 *the* の制約 ····· 60

第4章　意味計算規則
　　　　　　―単語と単語をつなぐルール― ･･････････････････････････ 64

4.1. Functional Application (FA) ･･････････････････････････ 65
　4.1.1. Functional Application (FA) の概要 ･･････････････････ 65
　4.1.2. モデルの「中」と「外」 ･･･････････････････････････ 68
　4.1.3. 単語の外延の設定のしかた ･････････････････････････ 76
4.2. Predicate Modification (PM) ･･････････････････････････ 80
4.3. Traces & Pronouns Rule (T&P) ････････････････････････ 84
4.4. Predicate Abstraction (PA) ････････････････････････････ 89

第5章　否定と接続詞
　　　　　　―命題論理の使い方― ･･･････････････････････････････ 103

5.1. 否定 (Negation) ･･･････････････････････････････････ 105
　5.1.1. 真理表 ･･･････････････････････････････････････ 105
　5.1.2. Wh 移動以外の移動に適用される Predicate Abstraction ･･･ 107
　5.1.3. 否定文の合成的意味計算 ･･･････････････････････････ 110
5.2. 連言, 選言 (and, or) ･･･････････････････････････････ 114
　5.2.1. AND と OR の命題論理 ････････････････････････････ 114
　5.2.2. AND, OR の合成的意味計算 ･････････････････････････ 116

第6章　量化子
　　　　　　―形式意味論の歴史と発展― ･･･････････････････････････ 119

6.1. 主語名詞句のタイプは一体何なのか ･････････････････････ 120
　6.1.1. 上位集合, 部分集合間の推論関係 ･････････････････････ 122
　6.1.2. 矛盾律 ･･･････････････････････････････････････ 124
　6.1.3. 排中律 ･･･････････････････････････････････････ 125
　6.1.4. 統語的な齟齬 ･･････････････････････････････････ 126
　6.1.5. 述語 ($\langle e, t \rangle$ タイプ) としての DP ････････････････････ 130
6.2. 量化子の考え方―形式意味論の軌跡 ･････････････････････ 133
　6.2.1. モンタギュー文法 ･･･････････････････････････････ 133
　6.2.2. 一般量化子理論 (Generalized Quantifier Theory) ･･･････････ 140

第7章　数量詞上昇（Quantifier Raising） ・・・・・・・・・・・・・・・・・・・・・・・・・・・ 154

7.1.　単語の外延を設定する ・・ 154
7.2.　目的語に量化子を含む文 ・・・・・・・・・・・・・・・・・・・・・・・・・・・・・・・・・・・・ 160
7.3.　もうひとつの意味解釈 ・・ 165

第8章　代名詞（Pronoun）と省略（Ellipsis） ・・・・・・・・・・・・・・・・・・・・・・ 172

8.1.　指示代名詞（Referential pronoun）と束縛代名詞（Bound pronoun） ・・ 172
8.2.　省略（Ellipsis） ・・・ 176
8.3.　先行詞内削除（Antecedent-Contained Deletion） ・・・・・・・・・・・・・ 182
8.4.　統語的束縛と意味的束縛 ・・・・・・・・・・・・・・・・・・・・・・・・・・・・・・・・・・・ 186

第9章　仮説を立ててみる ・・・ 194

9.1.　主語コントロールと目的語コントロール ・・・・・・・・・・・・・・・・・・・・・・・ 194
9.2.　語彙項目に仮説を立てる ・・・・・・・・・・・・・・・・・・・・・・・・・・・・・・・・・・・ 195
9.3.　統語構造に仮説を立てる ・・・・・・・・・・・・・・・・・・・・・・・・・・・・・・・・・・・ 199
9.4.　仮説の妥当性を検証する ・・・・・・・・・・・・・・・・・・・・・・・・・・・・・・・・・・ 206

第10章　形式意味論の論文を読み解くために ・・・・・・・・・・・・・・・・・・・・・・ 211

10.1.　記号や論理式にビビらない──Barwise and Cooper (1981) ・・・・・・・・・・ 213
10.2.　問いを正しく掴む──Partee (1988) ・・・・・・・・・・・・・・・・・・・・・・・・ 218
10.3.　困ったときには具体例──Westerståhl (1985) ・・・・・・・・・・・・・・・ 220
10.4.　「攻めの姿勢」で読む──Cohen (2001) ・・・・・・・・・・・・・・・・・・・ 226
10.5.　仮説を吟味する ・・・ 230

参考文献 ・・・ 233
索　引 ・・ 235

第1章

形式意味論の全体図

「形式意味論」というのは，意味論の一分野で，ことばの意味を考える際の方策のひとつである．その概括をつかむため，具体的な意味解釈の方法に入る前に，まず最初に形式意味論が想定している「意味」をとりまく全体像を把握することから始めよう．やたらと煩雑で複雑なイメージを持たれることが多い形式意味論だが，その基本原理はとてもシンプルなものだ．

1.1. 「意味」とは何か

単語や語彙の「意味」とは何だろうか．「ことばの意味」というとき，我々がイメージする「意味」ということばの意味は，どういうものだろうか．たとえば「本」という語を考えてみよう．この語の「意味」は何だろうか．「本」という文字を見たとき，ある人は皮の装丁の立派なハードカバーを連想するだろうし，またある人は文庫本をイメージするかもしれない．また，「本」とそうでないもの（雑誌，パンフレット，書類の束など）との境界条件をあれこれと考える人もいるだろう．このように，ことばの「意味」とは，日常とても曖昧に使われている．上に挙げたような，ことばの意味をイメージで理解するアプローチの仕方は，認知意味論の分野で広く行われている．認知意味論は人間言語の理解のしかたを，他の認知・知覚機能と関連させて明らかにする試みであるため，言語の意味をとてもビジュアル化して表す．直感的に理解しやすく，多くの人が思い描いている「意味」とは，このような視覚化を用いたアプローチではあるまいか．

ところが形式意味論ではそういうビジュアル化されたイメージを用いず，ことばの形式的特徴だけに注目して意味を考える．認知意味論がイメージ豊かに

絵や図表を使って意味を表すのと対照的に，形式意味論は（味気も素っ気もない）数学と論理学を使う．この段階で，形式意味論に尻込みをしてしまう学習者が多いのではなかろうか．筆者が大学で形式意味論の授業をするときにも，授業の初回で「えー，この授業では少し数学を使いますが…」というアナウンスをすると，翌週の授業からは学生数が激減するという現象が起こる．言語学の授業というから安心して受けたのに，数学を使うとは何事ぞ，という学生の無言の抗議が聞こえてくる．また学生に限らず，数学が苦手なのは，筆者も含め多くの言語学者に共通した弱点であろう．この「数学を使う」というイメージが，多くの言語研究者にとって形式意味論が取りつき難い分野になっている理由のようである．

しかし，形式意味論で使う数学は，高校で学んだような計算問題は出てこないし，証明問題も図形問題も出てこない．数列，微分積分，ベクトルも出てこない．形式意味論で使う数学は，主に「集合論」と「関数」に限られている．しかも形式意味論では，**このふたつが，根本的には同じ機能を果たすために使われている**ということが理解できれば，数学アレルギーの方もかなり安心できるのではあるまいか．イメージを絵で描くような「意味」の捉え方では，絵の上手・下手によって伝わり方が違ってしまうが，数式や論理式で表された「意味」には，上手いも下手もない．誰が書いても誰が読んでも，情報の質が同じように伝わる．絵心のない筆者にとっては非常に助かる表現のしかただ．形式意味論の「形式」とは，おおむね「誰にとっても同じような」「普遍の」という謂いである．読者の方々も，数学アレルギーをちょっとがまんして，絵心がなくても記述できる便利な道具として，数学や論理学を使ってほしい．

とは言え，高校や大学の受験時代がはるか昔になってしまった世代には，いきなり「数学」と言っても，かなりハードルが高いと思われる方も多いだろう．世に出版されている形式意味論の入門書では，本のいちばん最初に「意味論に必要な数学・論理学」という章を設けて，集合論，関数，命題論理，述語論理などがみっちりと記してある．どうも，この「山よりも高く聳える『数学入門』の壁」こそが，形式意味論を志す人々の心をへし折っている元凶のようである．実際，入門書の第一章を独学で生き延び，無事に第二章に入れる学習者は少ないようである．

そこで本書では，**数学と論理学の詳細な説明は後回しにすることにしよう**．本書では，あくまでも形式意味論を「言語現象を考えるための道具」と割り切り，言語資料としてのデータを中心に話を進めていくことにする．もちろん数学や論理学は，形式意味論でことばの意味を考えていく上で，基礎中の基礎だ．しかし，基礎というものは，それをすべてマスターしなければ先の段階へ

進めないような，入門者を阻む「壁」では決してない．実践を通して基礎の考え方を身につけ，考え方に迷ったらまた基礎に戻る，というサイクルを繰り返すことにより，「気がついたら，数学や論理学の考え方が自然に身に付いていた」という学び方が好ましい．

　意味論の入門書で，第一章の「数学入門」を学ぶときの困難は，その時学んでいる数学の概念が，言語の意味を考えるときにどう役に立つのか，全体像がさっぱり見えないことだ．数学や論理学というのは道具のようなもので，道具というものは「名前を覚える」「使い方を覚える」よりも，「どういう状況でそれが必要になるのか」を学ぶことが最も重要である．必要がなければ，道具など要らないのだ．だから本書では，数学的な概念や考え方は，その必要性が生じたときに「対処するための道具」として，随時導入していくことにしよう．

　こう言うととても耳触りが良いが，はっきり言えば本書の話の進め方は，「小難しいことは後回しにして，必要が生じたら，『泥棒を見て縄を綯う』式に，その場その場で考え方を確認していく」という方針である．本書を手に取った読者の方は，意味論を専門に研究している人ばかりではなく，「形式意味論というのはどういうものなのか，ちょっと横目に眺めてみよう」という，御用とお急ぎの方が多いと思われる．そういう人々が新しい理論体系を学ぶときには，なによりも実践を優先したほうが，時間の節約になるだろう．

　まず，形式意味論における「意味」を，きちんと定義しておこう．形式意味論では，「意味」を，以下のように定義する．

(1)　形式意味論における「意味」の定義
　　「自然言語表現」と「世界のあり方」の対応関係

えらく簡単に定義しているが，これが形式意味論における「意味」の，（とりあえずの）定義だと思ってほしい．この定義には，「人間」という要素が入らないことに注意してほしい．形式意味論では「言語の意味」というとき，「その記号に対応する，現実世界の有様はどのようなものか」を問題にするのであって，「それをヒトがどう認識するのか」には関知しない．

　そうは言っても，納得できない向きもあろう．直感的には，「言語の意味」とは，言語記号（文字や音声）を認識したときに，それを知覚した人間の頭の中に展開される「何か」と考える人が多いのではないだろうか．つまり言語の意味とは，人間の頭の中にあるべきもので，そのしくみを解明することが意味論の仕事である，と考える人がいるかもしれない．また上述のような意味の定義に対する反論として，「自然言語は，現実世界に対応しない表現も伝えることができる」と指摘することもできる．たとえば次のような文を考えてみよう．

(2) a. John wishes to find a unicorn and tries to eat it.
　　b. John believed that Mary was pregnant.
　　c. I am right, you are wrong.

　(2a) の文では，*unicorn* という，現実には存在しない動物が登場している（少なくとも筆者はまだ見たことがない）．もし「意味」を (1) のように規定してしまったら，対応する実体が現実世界に存在しない *unicorn* を含む (2a) は，意味が解釈できないことになる．(2b) の文では，従属節の *Mary was pregnant* が真実でも嘘でも，文の意味を解釈することができる．従属節の真偽は，この文全体の真偽には関係ない．実際にはメアリーが妊娠していようがいまいが，「ジョンがそう信じていた」ということが成り立てば，この文は正しい世界のあり方を伝えていることになる．つまり (2b) の文全体を意味解釈する際には，実際にメアリーが妊娠しているかどうかは関係ないことになり，「従属節の表現」と「現実の世界のあり方」の対応関係が成り立たないことになる．(2c) は，Barwise and Perry (1983) で論じられている有名な例文で，A さんと B さんという異なった二人がそれぞれこの文を言った場合，表している意味が真逆になるという例だ．A さんが言った場合には「わたし A が正しくて，B さんが間違っている」という意味になり，B さんが言った場合には「わたし B が正しくて，A さんが間違っている」という意味になる．同じ文字列，同じ音声表現が，異なる世界のあり方に対応してしまうことになる．このような文の意味を正しく理解するためには，文で使用されている単語だけを見るのではなく，その文が発話される「状況」を考慮する必要がある．

　もちろん，形式意味論はこれらの現象を説明すべく，扱う言語現象の領域を拡張している．(2) の文の意味を解釈するには，「人間の信念」を扱う必要がある．世界の有り様を「所与のもの，制御不可能な混沌」とせず，文脈に合わせて形式化し，言語を使うもの同士で共通の認識が可能になるように規定する必要がある．このように人間のアタマの中，人間の信念を対象にする形式意味論を「内包意味論 (intensional semantics)」と言い，上述 (1) で定義した「外延意味論」と区別する．大雑把に言うと，外延意味論は「世界がどうなっているのか」によって真偽を決定するのに対し，内包意味論は「話し手，聞き手の頭の中で，共通した世界がどのように描かれているか」によって真偽を決定する．

(3) 「意味」の定義
　　a. 外延意味論
　　　「自然言語表現」と「世界のあり方」の対応関係（= (1)）

b. 内包意味論
「人間の信念・観念」が規定する,「自然言語表現」と「世界のあり方」の対応関係[1]

　本書では,（3a）の外延意味論のみを扱う．本書の主な枠組みは,主にHeim and Kratzer（1998）に拠っている．この本は出版以来,統語論の成果を踏まえた形式意味論の入門書として高く評価されており,アメリカの大学院では意味論の入門授業,「Semantics I」の教科書として広く使われている．しかし,日本では「読まなければいけないのだろうけれど,どうも独学では手が出ない本」として敬遠されている傾向があるようだ．筆者も,よく「形式意味論を勉強したいけれど,何か良い入門書はありませんかね」と相談を受けた時に,よくこの本を勧めることがある．すると,概ね「うん,その本は知ってるんだけど...」という困った顔をされることが多い．

　しかし,実はHeim and Kratzer（1998）の本で覚えるべきルール（意味解釈規則）は,実質4つしかない．たった4つのルールだけを駆使して,多様な意味現象を説明する,という試みなのだ．なので本書では,主にその「4つのルール」の使い方に習熟し,意味論研究の論文に対するアレルギーを防ぐことを目指すことにする．読んでいる論文にλ（ラムダ）が出てきても怯まず,真理条件の論理式を読み解くことができ,さらには自ら意味論を用いた分析を使えるようになれることを目指すことにしよう．

1.2. 合成意味論の枠組み

　形式意味論はその前提として,「合成性（Compositionality）」という枠組みで意味を考える．意味の合成性を,とりあえず（4）のように規定しておこう．

(4)　意味の合成性
　　 文全体の意味は,「部分」の意味の合成によって得られる．

この（4）の言語観は,Frege（1879）以来,形式的な意味解釈分析の研究で,連綿と受け継がれている考え方だ．形式意味論を発展させてきたLewis（1972）,Montague（1973）,Cresswell（1973）などの研究は,すべてこの延長上にある．ここで言う「部分」とは,とりあえず単語のことだと思ってくれればよい．（4）の定義は,例えば,文の意味というものは部分を組み上

---

[1] 形式意味論の出発点となるMontague（1973）では,内包をより厳密に定義している．詳しくはp. 134以降を参照．

げたプラモデルのようなものだ，ということだ．「部分」である単語を，一定のルールで組み合わせれば，文全体の意味になる．たとえば，次のような例文を考えよう．

(5) a. John read a book.
  b. John loves Mary.

(5a) の文の意味を考えるためには，"John", "read", "a", "book" という単語をまず用意する．それぞれの単語には，それぞれの意味がある．そして，"John read a book" という文の意味は，それらの単語（＝部分）の組み合わせで成り立つ．ちょうどプラモデルの完成品が，パーツとなる部品の組み合わせでできているのと同じだ．

次に (5b) の文の意味を考えよう．使われている部品（単語）は *John, loves, Mary* の3つしかない．この3つをランダムに組み合わせると，以下の6通りが考えられる．

(6) a. John loves Mary.
  b. *John Mary loves.
  c. *Loves John Mary.
  d. *Loves Mary John.
  e. *Mary John loves.
  f. Mary loves John.

一般的に，重複のない n 個の単語を並び替えるとき，n! 通り（n × n-1 × n-2 × ... × 2 × 1 通り）の可能性がある．(6) では，3つの単語の並び替えなので，3! ＝ 6 通りの可能性がある．このうち，意図する (5b) と同じなのは，(6a) のひとつだけである．(6f) は文としては文法的であるが，(5b) とは違う文であるし，他の (6b-e) はそもそも非文法的な文だ．この組み合わせの中から正しく，意図する (5b) の文を産出するには，何が必要なのだろうか．

この，単語の組み合わせのための「設計図」にあたるものが，文の構造 (syntax) だ．プラモデルに例えると，各部品はそれぞれを適当に組み合わせるだけでは完成品は作れない．決まった組み合わせを，決まった順序で組み上げていかないと，プラモデルは完成しない．それと同じで，単語の組み合わせも，統語構造という設計図に従って組み合わせていかなければならない．つまり，合成的な意味分析に，統語論は不可欠なのだ．

これは，形式意味論にまつわる誤解のひとつであるらしい．一般的に形式意味論は，「統語構造など一切無視して，やたらに論理式や数式を振りかざす学

問」と思われている節があるようだ.筆者もよく「えっ,形式意味論って,統語論が必要なんですか」と驚かれることがある.確かに意味論の中には,言語に統語構造の存在を認めず,音声表現から直接,意味を抽出するような分析の仕方もある.しかし形式意味論は,(4) に示した「意味の合成性」を遵守する研究方策であるため,「骨組み」「設計図」としての統語構造を欠かすことはできない.

「部品」としての単語,「設計図」としての統語構造のほかに,合成的意味分析に必要なものがもうひとつある.意味計算規則 (semantic rule) である.これは,プラモデルの例では (あまり妥当な例えではないが)「接着剤」に相当するもの,と考えてくれればよい.単語と単語は,統語構造の指示に従って組み合わされるが,その組み合わされ方にも種類がある.単語と単語の組み合わせ方は,それぞれの単語の「意味タイプ」(後述するのでご心配なく) によって異なる.

ここまでをまとめよう.合成的意味論分析に必要な部門 (components) は,以下の3つである.

(7) 合成的意味論分析の3部門
 a. 単語 (Lexicon)   「部品」に相当
 b. 統語構造 (Syntax)   「設計図」に相当
 c. 意味計算規則 (Semantic Rule) 「接着剤」に相当

これで全部である.形式意味論で使うものは,この3つしかない.つまり,**形式意味論で何らかの言語の意味現象に対して仮説を立てるとき,根源的には,(7) の3つのどれかに工夫を凝らすことになる**.扱う意味現象の謎の原因は,(7a) の「単語」なのか,(7b) の「統語構造」なのか,(7c) の「意味計算規則」なのか,そのどれかに原因を求めることになる.

(7c) で挙げた意味計算規則は,Heim and Kratzer (1998) では (8) の4つしか使われていない.

(8) 4つの意味計算規則
 a. Functional Application Rule (FA)
 b. Predicate Modification Rule (PM)
 c. Traces & Pronouns Rule (T&P)
 d. Predicate Abstraction Rule (PA)

Heim and Kratzer (1998) を独学しようとする人は,(8a, b) の Functional Application, Predicate Modification までは何とか根性で読み進むものの,(8c,

d) の Traces & Pronouns Rule と Predicate Abstraction Rule で一気に挫折する人が多い．特に（8c）の Traces & Pronouns Rule は，モデル意味論の考え方に慣れていないと，概念そのものが理解できず，小手先の計算方法だけを理解しようとしても，なかなか難しい．本書では，この4つのルールの使い方を，ゆっくりゆっくり確認していくことにしよう．

1.3. 統語構造——「設計図」としての文構造

　では実際に，（7）の3部門について見ていこう．まず最初に，（7b）の統語構造（syntax）から見ることにする．本書を読む人は，「統語論の知識はあるが，意味論となるとちょっと...」という人が多いと思われるので，まずは読む際にさほど抵抗の少ない（であろう）統語論から入るのが得策だろう．

　先ほど述べた通り，形式意味論の考え方では，統語論は「単語同士を結びつける設計図」として役割を果たす．つまり，**構成素のしくみだけが分かれば，それで十分である**．どの単語とどの単語が，どのような順で併合（merge）されるのか，さえ分かればよい．だから，節点のラベルは一切取り除いて樹形図を書く．また，単語としての意味を含まない機能範疇も捨象する．たとえば，（5b）の例を見てみよう．X̄ 理論に従って樹形図を書くと，（9a）のようになる．しかし，合成的な意味論に必要なのは**構成素の組み合わせだけなので**，各節点のラベルは不要になる．また，本書で取り扱う外延意味論では時制を考えないので，現在形（{PRES}）も樹形図に含めないことにする．すると意味論に必要な樹形図は，（9b）のようなシンプルなものになる．

(5) b. John loves Mary.
(9) a. 統語論的な樹形図　　　　b. 意味論で必要な樹形図

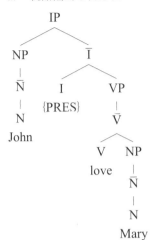

ちなみに Heim and Kratzer（1998）では，[NP [N' [N John]]] のように枝分かれしない構造について（10）のようなルールを設けている．

(10) Non-Branching Nodes（NN）
If α is a non-branching node, and β is its daughter node, then $[\![\alpha]\!] = [\![\beta]\!]$　　　　　　　　　　　　（Heim and Kratzer（1998: 44））

(10) で使われている二重鍵括弧（[[ ]]）は，ここでは「〜の意味」くらいに考えておけばよい．[[love]] であれば，「love という単語の意味」である．
　たとえば，(9a) の主語名詞句の NP（[NP [N' [N John]]]）について考えると，[[NP]] = [[N']] = [[N]] = [[John]]，ということになる．枝分かれしていないので，それぞれの中間節点の意味は考える必要がない．そこで本書では，空虚（vacuous）な意味操作である（10）は，意味計算規則には含めないことにする．そういう訳で，(8) の4つのルールには，(10) の Non-Branching Nodes は含まれていない．
　次の章では，いよいよ (7a) の「単語の意味」に入る．単語の意味の捉え方は，形式意味論で最も特徴的なポイントであり，この部分がよく理解できずに困難を感じる学習者が多い．必要な概念をひとつずつ丹念に考えていくことにしよう．

第 2 章

単語の意味
―タイプ理論とその適用―

　本章では，いよいよ単語の意味の記述のしかたに入る．単語の意味の記述のしかたは，意味論研究のなかでもアプローチによって違いがある．たとえば *apple* という単語の意味を，リンゴの絵のようなイメージで捉える考え方もあれば，特定のイメージに頼らず一般的な特徴の束として考える方法もある．

　形式意味論では，単語の意味を関数や集合論などの数学の概念を使って記述する．大学の授業では，この箇所にさしかかると受講者が一気に減る所以である．しかし，形式意味論の考え方では，関数も集合も，「記述を簡単にするための方法」であり，決してややこしい概念を使っているわけではない．学生時代の数学嫌いをとりあえず棚上げして，原理・原則から考えていくことにしよう．

2.1. 対象言語とメタ言語

　まず，「意味」という言葉の意味から考えることにしよう．形式意味論，その中でも特に本書が扱う外延意味論（extensional semantics）では，言語の「意味」を，(1) のように考えていたことを思い出してほしい (p. 3 参照)．

　　(1)　形式意味論における「意味」の定義
　　　　「自然言語表現」と「世界のあり方」の対応関係

つまり，「単語の意味」というのは，「その記号列（言語表現）が，実際の世の中において対応する存在物および概念」のことである．たとえば *the president of the United States* という言葉の「意味」は，実際のこの世の中においてこの表現に対応する「存在物」を指す．本書を執筆している 2016 年時点では，そ

れはバラク・オバマという個人のことを指す．

　ここで用語を整理しよう．「意味」という言葉は曖昧で，様々な意味論的アプローチによって捉え方が異なるので，上記 (1) のように「記号と対応する実際の存在物・概念」という意味で「意味」を捉えるとき,「外延 (extension)」と呼ぶことにする．そして，この「外延」を表すとき，言語表現を二重鍵括弧 (〚　〛) で括ることにしよう．〚Tanaka Takuro〛が示す内容は，田中拓郎という個人のことであるし，〚東京スカイツリー〛が示す内容は，東京都の下町にそびえ立つあの高い塔のことを指す．

　形式意味論の入門書の中には，言語表現の外延を示す二重鍵括弧のことを,「外延割り当て関数」(Denotation Assignment Function) と説明してあるものがある．関数というのは要するに,「あるものを入れると，何かが出てくる箱」のことである．古くは「函数」と記述していたのは，このイメージの名残りである．二重鍵括弧は，イメージとしては「ある言語表現を入れると，その文字列が表す実在物を出す関数」[1]として捉えることができる．このような考え方で二重鍵括弧を捉えるとき，その結果として出てくる実在物のことを「値 (value)」という．言い方としては,「〚東京スカイツリー〛の値は，東京にあるあの塔である」という表現になる．形式意味論では，このような独特な用語や言い回しが，理解を阻害する障害となることが多い．焦らずに，このような言い方もひとつひとつ覚えていく必要がある．

　また,「言語表現」と「外延」を区別することが必要となる．「東京スカイツリー」と書いただけでは，これが言語表現なのか，実際のモノ（言語表現の外延）なのか，区別がつかなくなる．そこで，二重鍵括弧の中に入る「言語表現」は,「これは実在物 (＝外延) のことではありませんよ，言語表現としての記号ですよ」ということを明らかにするために，斜体（イタリック）で記述する．Tanaka Takuro というのは筆者のことだが，*Tanaka Takuro* と斜体で書くと,「筆者を指し示す言語表現（記号列・文字列）」のことを表す．「存在物」と「言語表現」の違いに留意すると，それぞれ「Tanaka Takuro は人間である」「*Tanaka Takuro* はアルファベット 12 文字である」という言い方になる．

　さて,「田中拓郎」や「東京スカイツリー」のような固有名詞の場合は，話が簡単だ．そのような表現の外延は，実際に存在するモノのことである．実際

---

[1] 関数に馴染みのない人には，関数を表現する用語に混乱することがある．関数をハコと捉えるとき，入れるものを A として，出てくるものを B とする．そのとき,「ある関数に A を入れると，B が出てくる」ということを,「ある関数は入力として A を**取り**，出力として B を**返す**」という言い方をすることが多い．「A が入力，B が出力」＝「A を取り，B を返す」という表現を覚えておこう．

に「ほらほら，これだよ」と指さして示すことができるものである．では，文の外延はどのようなものになるのだろうか．

合成的意味論の祖であるフレーゲ（Friedrich Gottlob Frege, 1848-1925）は，文の外延を「真理値」(truth-value) と定義した．真理値というものは，ホントであれば 1，ウソであれば 0，というふたつの値から成り立つ．言い換えると，文の「意味」とは，「その言語表現が真となるような状況」のことを指す．例として p.6 (5b) の *John loves Mary.* という文を考えよう．実際にこの文が真となるのは，John という特定の個人が，Mary という特定の個人のことを愛しているとき，**かつその時のみ**真となる．これを，(2a) のように記述し，(2b, c) のように読むことにしよう．

(2) a. 〚*John loves Mary*〛 = 1 iff John loves Mary.
　b. *John loves Mary* という文が真となるための必要十分条件は，John が Mary を愛していることである．
　c. *John loves Mary* という文の真理条件 (truth condition) は，John が Mary を愛していることである．

(2a) の等号の右辺の 1 は，「真」という意味だ．ちなみに 0 だと「偽」という意味になる．また，"iff" というのは略号で，「必要十分条件」のことだ．英語で読み下す時には "if and only if" と読む．

授業で意味論を教えている時には，ここで必ず質問を受ける．曰く「*John loves Mary* という文が真になるのは，John が Mary を愛している時 ... なんて**当たり前じゃないですか**．形式意味論ってのは，こんな当たり前のことを言って，一体何をしたいのですか」．

この質問の気持ちは非常によく分かる．確かに，(2) だけを見て「ほほう，形式意味論というのは面白そうだな」と感じる人はいないだろう．むしろ，こんな当たり前のことを言って，本当に言語の意味を考えていることになるのだろうか，一体何をやっているのだろうか，と感じる人が多いのではあるまいか．

この質問の答えとして，ふたつのことを確認しよう．まず，(2a) の等号を挟んで左辺と右辺では，記述されている言語のレベルが違う，ということだ．左辺の二重鍵括弧（外延割り当て関数，〚　〛）の中に入っている言語は，単なる文字列に過ぎない．英語の知識のある人であれば，*John, Mary, love* という単語を見れば，即座にその意味をイメージすることができるだろう．しかしここでは意味を捨てて，「何やらよく分からない文字の連鎖」くらいの気持ちで記号を見てほしい．〚　〛の中で使われている単語を，*John, Mary, love* で

はなく,「それぞれがアルファベットの 4 文字から成る 3 つの単語」という程度に捉えてほしい.このように,二重鍵括弧の中にある単語や文は,すべて意味分析の対象,「単なる記号」として扱う.このような言語表現のことを,「対象言語」(object language) という.一方,(2a) の等号の右辺は,普段私たちが使用している言語である.John loves Mary. と書いてあったら,それはジョンがメアリーを愛しているという「状況」「世界の有り様」のことを指す.ここで使われている文字記号は,左辺の二重鍵括弧内のように,意味を捨象したものではない.むしろ,左辺で使用されている対象言語を説明するための言語である.比喩的に,状況を絵で描いてもよいほどのものである.このように,対象言語を説明するための言語のことを「メタ言語」(metalanguage) という.意味論という分野は,「言語の意味を,言語で表現する」という,いわば自己撞着に近いことをやっている.分析対象となる「言語」と,それを記述するための「言語」が同じ媒体であるため,混乱が生じることが多い.記述言語としての表現と,メタ言語としての表現のふたつを混同しないように注意してほしい.以下では,イタリック(斜体)で記述してあれば「対象言語」,通常フォントでの記述は「メタ言語」,と区別していくことにしよう.

　ふたつめの確認点は,*John loves Mary.* という文の意味が John loves Mary となる,ということは,**必要条件であるだけでなく十分条件でもある**,ということだ.*John loves Mary.* という文が真となる状況は,ジョンがメアリーを愛している時,**かつその時のみである**,ということを,(2b, c) は述べている.このことは,p. 5 (4) の「意味の合成性」に照らし合わせて考えると分かりやすいだろう.文の意味は,「部分」としての単語の意味を,統語構造の設計図通りに,組み合わせていったものだ.だから,**その規則によって生み出された真理条件から外れた状況が,文の「意味」になることは,絶対にない**.たとえば,*John loves Mary.* という文の意味を解釈した結果,その文が真となる条件が「メアリーがジョンを愛している」や「ジョンがサリーを愛している」や「ジョンがケーキを食べている」という状況になる,ということは,ありえない.「メアリーがジョンを愛している」の場合,統語構造に狂いが生じている(主語と目的語が入れ替わっている).「ジョンがサリーを愛している」「ジョンがケーキを食べている」の場合,文に使用されていない語彙の意味が文の真理条件に勝手に入り込んでいる.このようなことは,p. 5 (4) の「意味の合成性」を遵守している限り,絶対に起こらない.(2) は,一見当たり前のことを言っているように見えるが,実はそのような合成性の精密な適用を規定している,わりと厳格な記述なのだ.

2.2. タイプ理論（Type Theory）

さて，ここまでの議論をまとめよう．固有名詞のように，世界に唯一しか存在せず，「ほら，これだよ」と指せるものの意味対象は，ずばりその実体（存在物）である．文の意味対象は真理値であり，文が真であれば 1，偽であれば 0 を値とする．これらの表す意味対象を議論するときに，いちいち言葉で言い表していては困難が伴うので，それぞれをカテゴリー化して簡潔に記すことにしよう．

(3) e is the type of individuals.
$D_e := D$ (the set of individuals).

(4) t is the type of truth-values.
$D_t := \{0, 1\}$ (the set of truth-values).

いきなり記号が出てきて頭が痛くなった人もいるだろうが，丁寧に見ていこう．まず名称だが，意味のカテゴリーのことを「タイプ (type)」と呼ぶ．比較の対象として統語論を考えよう．統語論では，カテゴリーとして「品詞 (Grammatical Categories)」を想定する．*apple, cup, dog* などは「名詞」，*beautiful, tall, clear* などを「形容詞」，*run, eat, love* などを「動詞」などとカテゴリー分けする．そうしたカテゴリー全般を「品詞」という括りで呼んでいる．

意味論でも，これと同様のことを行う．いままで出てきた意味カテゴリーは，「個体」と「文の真理値」のふたつしかない．こういう意味論上のカテゴリーを，「タイプ (type)」と呼ぶ．[2] また，こうしたタイプによって意味のカテゴリーを区分する考え方を，タイプ理論（Type Theory）という．統語論が単語を品詞で分類するように，形式意味論では単語をタイプ理論によって分類する．

(3) では，「個体を示すカテゴリー」のことを "e" と名付ける．これは entity（実在物）の頭文字をとった略語である．つまり，「田中拓郎」も「アメリカ大統領」も「東京スカイツリー」も，すべて意味カテゴリーとしては

---

[2] 意味カテゴリーのことを最初に「タイプ」と命名したのは，Russell and Whitehead (1910-1913) の文献．Mathmatica とは言っても，この本が扱っているのは数理論理学が主で，「公理系と推論規則だけからありとあらゆる数学的真実を導く」という壮大なビジョンのもとに執筆されている．第三巻までに記号論理学のほぼ全域をカバーし，予定では第四巻として幾何学が論じられることになっていたが，著者のふたりが「疲れたから」という理由で第四巻の執筆を断念した，というエピソードがある．

「eタイプ」として分類される．これは品詞における単語のカテゴリーにおいては，固有名詞に相当する．

一方，(4)では，文の真理値を示す意味カテゴリーを，"t"と名付ける．これは，truth-value（真理値）の頭文字を略したものである．*John loves Mary.* も「この本はきっと売れるだろう」も，文であればすべてその意味カテゴリーは「tタイプ」として分類される．つまり，文というものは，「真か，偽か，どちらかに決められるもの」である．[3]

(3), (4)で記述されている記号について説明しておこう．Dというのは，domainの頭文字を略したものである．「領域」と訳されることが多いが，丁寧に言うと「定義されるものの範囲」のことだ．だから数学用語の「定義域」のほうが正確な訳に近い．学生時代，数学の授業で，$f(x) = y$ という形の関数を扱った時，入力となる x の範囲のことを定義域（domain），出力となる y の範囲のことを値域（range）と呼んだことを思い出してほしい．ここでいうDomainというのは，「定義されるものの範囲」のことを指す．D_e のように，下付き文字で意味タイプを書くと，「eタイプの定義域」のことを表す．また，:= という見慣れない記号は，「〜のように定義する」と読む．つまり，(3)の「$D_e :=$」の部分までで，「eタイプとして定義される領域を，以下のように定義する」という意味になる．

次に(3)の右辺だが，「D」でお終いになっている．つまり，eタイプの意味カテゴリーに属するものの領域は，そもそものD全体（＝個体すべての集合）である，ということである．「D全体」というのは，直感的に言い換えると「世界のすべて」のことだ．この世界には，無数のモノが存在する．それぞれのモノは，名を持つものにせよ持たないものにせよ，すべて実在のものとしてこの世を構成する．だから，D_e，つまり「モノとしての個体の領域」とは，この世界すべてに他ならない．

次に(4)の表現形を見よう．「$D_t :=$」までは，(3)と同様，「tタイプとして定義される領域を，以下のように定義する」と読む．右辺では，$\{0, 1\}$ という集合が定義されている．要するに「0（＝偽）と 1（＝真）だけですよ」という意味なのだが，括弧の使い方に注意してほしい．形式意味論では，主に4つの括弧を使用する．

---

[3] このように，「真か，偽か，どちらかに決められる表現形式」のことを，正確には「命題」という．この用語は一般的に誤解されていることが多いようで，提示されている問題や謎のことを指して「命題」と呼ぶことが多いが，誤用である．よく「この命題を解かなければならない」などという言い方をする人がいるが，気をつけてほしい．また，真偽が決定できない文（疑問文，命令文，感嘆文など）も，「命題」には含まれない．

(5) a. 二重鍵括弧（double brackets）〚 〛
対象言語の外延を示すときに使う．別名「外延割り当て関数」．
b. 中括弧（curly brackets）{ }
集合の要素を，列挙したり定義したりする時に使用する．
c. 角括弧（angled brackets）⟨ ⟩
順序対（ordered pair）を記述する時に使う．
d. 丸括弧（rounded brackets）( )
関数に対する項（入力となるもの）を記述する時に使う．[4]

このうち，(5b, c) の中括弧と角括弧は，数学で使用されているのと同じ用法である．たとえば，偶数の集合を示すときには，{2, 4, 6, 8, 10, ...} と中括弧を使う．また，角括弧と丸括弧の違いは，「順序の違いが反映されるか否か」である．丸括弧の場合，組み合わせを示すので，(a, b, c) でも (b, a, c) でも (c, b, a) でも，同じ内容を表す．ところが角括弧の場合，組み合わせだけでなく順序も規定するので，⟨a, b, c⟩ と ⟨b, a, c⟩ と ⟨c, b, a⟩ は，まったく違う内容を表す．この角括弧は，のちに (6b) で定義される「複合タイプ」で重要な役割を果たすことになるので，覚えておいてほしい．

さて (4) の右辺では，t タイプとして定義される領域が，0（＝偽）と 1（＝真）のふたつの要素からなる集合，と定義されている．つまり，t タイプの意味カテゴリーに属する概念は，この 0 と 1 のふたつしかない．

形式意味論が定める「世の中の実在物」は，この e タイプと t タイプのふたつがすべてである．拍子抜けするほど単純だ．(1) で定めた言語の「意味」は，「『自然言語表現』と『世界のあり方』の対応関係」ということであった．では，「世界のあり方」として，世界には一体どういうモノが実在しているのか，と問われれば，形式意味論の答えは「『e タイプ（＝個体）』『t タイプ（＝真理値）』のふたつだけ」である．**これ以外のものは，世界には「実在」しない**．その他の意味タイプに属する表現や概念は，すべてこのふたつのタイプを組み合わせて，合成的に作り上げていく．

統語論の場合，カテゴリー分けはもっと多岐に渡るだろう．品詞だけをとっても，名詞，形容詞，動詞，冠詞などがあるし，IP, TP, *v*P などの機能範疇も想定する．しかし形式意味論の場合，カテゴリー分けは (3) の e タイプ，

---

[4] 数学や論理学では，関数の入力となる値（argument）のことを，「引数（ひきすう）」と呼ぶ．しかし慣習的に言語学では，動詞における項構造など，*argument* のことを「項」と翻訳していることが多い．本書では言語学のほうの慣習にならって，入力値としての *argument* のことを「項」と呼ぶことにする．

第 2 章 単語の意味　　17

(4) の t タイプ,のふたつだけしかない.その分,統語論よりも,世界を構成している要素をより単純に捉えていると言えるだろう.

2.3. 複合タイプ

「なんだ,形式意味論ではカテゴリーはたったふたつなのか,楽でよかった...」と思った方には申し訳ないが,意味タイプの定義にはまだ続きがある. e タイプと t タイプで定義できる言語表現は,それぞれ「固有名詞」と「文」だけだ.一般名詞はまだ定義できていないし,形容詞,動詞などの他の文法範疇も定義できていない.ここでは,そのような文法範疇の意味をどのように定義すればいいのか,タイプ理論を拡張させよう.

前節で説明した通り,形式意味論の捉え方では,世の中に存在するのは「個体」と「真理値」しかない.このふたつだけの存在を仮定し,他の文法範疇に属する表現の意味を表示するには,どうすればよいか.

ここで,タイプ理論を (6) のように拡張しよう.

(6) Semantic Types
 a. e and t are semantic types.
 b. If σ and τ are semantic types, then $\langle \sigma, \tau \rangle$ is a semantic type.
 c. Nothing else is a semantic type.

(6a) は「e と t が意味タイプである」,(6c) は,「他のものは一切,意味タイプには含めない」で問題ない.曲者は (6b) である.

(6b) は,ある意味タイプと,ある意味タイプを組み合わせて,複合の意味タイプを作る操作を示している.仮に,σ(シグマ)と τ(タウ)のそれぞれが意味タイプだとしたら,$\langle \sigma, \tau \rangle$ もまた意味タイプである,ということを示している.

ここで,角括弧($\langle \ \rangle$)はどういう役割を果たしているのか.以下のように定義しよう.

(7) Semantic denotation domains
 a. $D_e := D$
 b. $D_t := \{0, 1\}$
 c. For any semantic types σ and τ, $D_{\langle \sigma, \tau \rangle}$ is the set of functions from D_σ to D_τ.

(7a, b) はすでに (3), (4) で扱った.これらの単独のタイプによる定義域と

は異なり，複合タイプの定義域を示しているのは（7c）である．字面だけ訳すと，「$\langle \sigma, \tau \rangle$ という複合タイプが定義する領域は，σ の領域から τ の領域への関数の集合である」…さっぱり訳が分からない．

　数学や論理学など，形式化によって概念を表す分野を勉強するコツは，「概念を理解しよう」とするよりも，まず「記号操作を機械的に覚えてしまう」ことだ．概念をいきなり理解しようとしても，抽象的な一般化のままでは脳が咀嚼しにくい．それよりも，具体例をいじっているうちに，知らず知らずのうちに概念全体が理解できるようになることが多い．形式意味論の論文を読む際にも，抽象化・一般化されている真理条件をそのまま理解しようとするよりも，例文に即して具体的に考えるほうが，理解しやすいことが多い．「分からなければ具体的に」は，形式化が絡む分野一般を学ぶ際の鉄則である．

　ここでは，(7c) の理解に取り組もう．D をつけた「定義域」を考えるとややこしいが，(7c) が言っていることは，「$\langle \sigma, \tau \rangle$ という複合タイプは，σ タイプのものを入力し，τ タイプのものを出力する関数である」ということだ．関数の用語としては，「入力する」ことを「取る」といい，「出力する」ことを「返す」という（p. 11, 脚注1参照）．だから，(7c) の内容を言い表すときに，「$\langle \sigma, \tau \rangle$ という複合タイプは，σ タイプのものを**取り**，τ タイプのものを**返す**関数である」という言い方をする．こういう「言葉使いの作法」もひとつひとつ覚えていこう．

　さて，「関数」と言うと何やら怖そうだが，要するに関数というのは「何かを入力として取り込み，ある一定の規則で加工して，出力として排出するハコ」のことだ．$\langle \sigma, \tau \rangle$ がそのハコで，σ が入力，τ が出力，ということになる．ここで，タイプ理論に基づく複合タイプの「機械的な操作のしかた」を一般化しておこう．

(8)　複合タイプの読み解き方
　　　$\langle \sigma, \tau \rangle$ という形の複合タイプは，カンマ (,) の前のもの（$=\sigma$）を取り込み，カンマの後のもの（$=\tau$）を出力として返す．

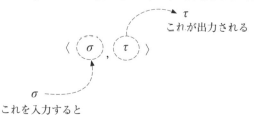

つまり，⟨e, t⟩ のタイプというのは，入力として e タイプのものをとり，出力として t タイプのものを出す関数である．逆ではないことに注意しよう．「入力として t タイプ，出力として e タイプ」では，全く違う関数（⟨t, e⟩）になってしまう．カンマの前が入力，後が出力なので，角括弧の中身は並び方も重要となる．これが，タイプ理論には丸括弧ではなく角括弧が使われる理由である（(5) 参照）．

(6b) は，循環的に適用することができる．複合タイプが，入力や出力としてより大きな関数の項になることができる．ここで練習問題をやってみよう．ここでは，それぞれの複合タイプが，自然言語でどのような意味カテゴリーであるかを理解する必要はない．単純に機械的な操作として，タイプ理論の使い方に慣れてみよう．

(9) 練習問題
  a. ⟨t, t⟩ の，入力タイプと出力タイプは？
  b. ⟨e, t⟩ タイプを入力として，t タイプを出力する複合タイプは？
  c. e タイプを入力とし，さらに e タイプを入力とし，t タイプを出力する複合タイプは？
  d. ⟨⟨e, t⟩, ⟨e, ⟨e, t⟩⟩⟩ の，入力タイプと出力タイプは？
  e. ⟨e, t⟩ タイプを入力とし，「e タイプを入力すると t タイプを出力する関数」を出力とする複合タイプは？

(9a) は，最も単純な形の複合タイプ．カンマをはさんで左が入力，右が出力なので，入力タイプは t タイプ，出力タイプも t タイプである．

(9b) は，⟨e, t⟩ タイプが入力，t タイプが出力なので，それぞれをカンマの左右に配置して，角括弧で括ればいい．なので正解は，⟨⟨e, t⟩, t⟩ となる．

(9c) は，入力となる項がふたつ設定されている．こういう時には，ひとつずつ入力を設定する．関数の構造としては，[e タイプを入力し，[e タイプを入力し，t タイプを出力]] という構造になる．つまり答えは，⟨e, ⟨e, t⟩⟩ となる．

(9d) は，かなり複雑な形をしている．こういう場合にも，基本は「カンマの前後」で入力と出力を分ける．すると入力は ⟨e, t⟩，出力は ⟨e, ⟨e, t⟩⟩ となる．この問題はここで終わりではなく，出力として出たものがまだ関数の形をしている．出力として得られた ⟨e, ⟨e, t⟩⟩ は，(9c) と同じ形である．つまり，e をとり，さらに e をとり，最後に t を出力する．つまり (9d) の答えは，入力として ⟨e, t⟩ タイプ，e タイプ，e タイプの 3 つをこの順番で取り，出力として t タイプを出す．

(9e) の「eタイプを入力するとtタイプを出力する関数」というのは，要するに ⟨e, t⟩ のことだ．⟨e, t⟩ を入力として，⟨e, t⟩ を出力とするのだから，答えは ⟨⟨e, t⟩, ⟨e, t⟩⟩ である．

2.3.1. ⟨e, t⟩ タイプ

さて，ここまでタイプ理論を抽象的な概念として扱ってきたが，ここでようやく具体的な語彙の意味的な分類として複合タイプを使ってみよう．手始めに，⟨e, t⟩ という複合タイプについて考えよう．具体例として，*apple* という語彙を考えよう．Apple という語の外延は，「世の中に存在するりんごの集合」である．Apple という語が示すものは，「りんご」という概念であって，個体としてのりんご1個ではない．これを集合論的に表すと，(10) のようになる.

(10) 〚*apple*〛∈ D$_{⟨e, t⟩}$ の集合的な定義

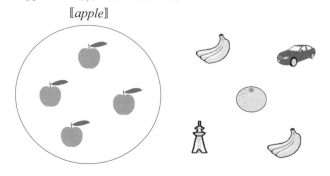

(10) の表記のうち，〚*apple*〛∈ D$_{⟨e, t⟩}$ というのは，*apple* という語の意味カテゴリーが，⟨e, t⟩ タイプであることを示している．正確には，「*apple* という語の外延は，⟨e, t⟩ タイプの表現からなる領域内に存在する要素である」ことを示している．

(10) の集合による規定は，言い換えると，世の中を「りんご」と「そうでないもの」に分けている，ということである．仮に，世界中のりんごに「α」というラベルを貼り，りんご以外のものに「β」というラベルを貼るとしよう．すると *apple* という語の意味は，「『α』というラベルへの対応をつくる関係のことです」と規定できる．このように，世界中の存在物に「対応関係」をつくる定義のしかたを「写像」(mapping) という．

(11) 〚*apple*〛∈ D$_{\langle e, t \rangle}$ の写像的な定義

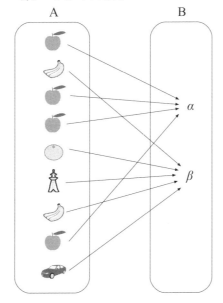

まずは用語を整理しよう．「写像」というものは一般的に，(12) のように定義される．

(12) 写像 (mapping) の定義
    a. f: A→B が写像であるとは，任意の a∈A に対して f(a)∈B が定まっていることである．
    b. f(a) のことを，f による a の像 (image) と呼ぶ．
    c. 集合 A を，写像 f の定義域 (domain of definition) と呼び，集合 B を写像 f の値域 (range) と呼ぶ．[5]
    d. ふたつの写像 f: A→B と f′: A′→B′ があるとき，f と f′ が等しい，とは
        A＝A′ かつ B＝B′ かつ任意の a∈A について f

---

[5] Heim and Kratzer (1998) では，"domain" という用語を「定義域」という意味ではなく，わりと緩い意味で使っている．当該書の中では，(11) の図でいうと，"domain" は，左側の定義域と右側の値域の両方を含む．ややこしいが，おそらく，*domain* という言葉を，数学用語ではなく「領域」という一般的な意味で使っているからであろう．本書では，*domain of definition* を「定義域」の意味として使い，Heim and Kratzer (1998) のいう *domain* は「領域」と呼んで，区別をつけることにする．

(a) = f′(a) が成り立つことである．

(12d) が少しややこしいが，単純に言うと，ふたつの写像が同じであるということは，「入力側のボックス（＝domain）」「出力側のボックス（＝range）」「矢印」の 3 つすべてが同じである，ということである．たとえば，「かたつむり」の写像関係と，「まいまい」の写像関係を，それぞれ表した（11）のような図表がふたつあったとする．そのとき「かたつむり」として α に写像される個体と，「まいまい」として α に写像される個体が，それぞれ全く同じ個体からなる集合だったとしよう．そのとき，「かたつむり」の写像関係と，「まいまい」の写像関係は，まったく同じもの，とみなす．[6]

（11）の図では，定義域（左側のボックス）が「個体の集合」，値域（右側のボックス）が「α か β というラベル」に設定されている．両方の領域を結ぶ矢印が写像 f に相当する．こう考えると，*apple* という語の意味は，「りんごだけを α に対応させ，その他のものを β に対応させるような対応関係のこと」と定義できる．

さらにもう一歩進めよう．写像のうち，対応の種類を数に限定したものを，「関数」という．だから，「関数は写像の一部」，「写像は関数を一般化したもの」である．（11）で「α」「β」と規定した値域の値を，数値である真理値に置き換えよう．「真」であれば 1，「偽」であれば 0 である．それに基づいて *apple* を定義すると，（13）のようになる．

---

[6] 形式意味論では，このような「言語記号で表される関数」と「実在物」の写像関係が同じ関係を指して，「意味が同じ」と言う．ここの例では，写像による対応関係が同一であるのであれば，「かたつむり」と「まいまい」は，同じ意味である．

(13) 〚*apple*〛∈ D$_{\langle e, t \rangle}$ の関数的な定義

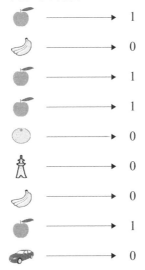

真ん中の矢印を挟んで，左辺が入力，右辺が出力である．*apple* の外延を関数として捉えると，(13) の 〚*apple*〛∈ D$_{\langle e, t \rangle}$ という表記の意味は，「*apple* という語が表す関数（＝〚*apple*〛）は，D$_{\langle e, t \rangle}$ の領域に数多ある関数のうちのひとつですよ」ということになる．

このように関数として *apple* を捉えると，*apple* の外延は「個体（e タイプ）をとり，真理値（t タイプ）を返す関数」である．これを言い換えると，「それぞれの個体について，ある性質であるか，ないかを分ける関数」である．世の中に存在するありとあらゆる個体を，この関数に入れるとする．そうすると，りんごである個体だけ 1（＝真）を出力し，りんごでない個体には 0（＝偽）を返す．これが，〚*apple*〛の関数的な定義の仕方になる．これは *apple* の外延を写像として捉えた (11) と類似しているが，単なる「関係」であった写像と異なり，関数では入力と出力という「構造」をもつ．生成文法による言語観における自然言語のように，「構造」をもつ体系には，同じく「構造」をもつ関数は非常に相性が良い．早い話が，関数という演算のしくみは，言語の構造を示す樹形図に組み込みやすいのだ．それを意味論の側でシステム化したものが，タイプ理論である．

さて，(13) における 〚*apple*〛の関数的な定義をよく見てほしい．この関数が実際に行っている仕事は，世の中のありとあらゆる個体の中から，りんごだけを抽出することだ．りんごであれば 1，そうでなければ 0 を返す関数であ

る．これは要するに，世の中の個体全部から「りんごの集合」を抽出していることに他ならない．つまり（13）で関数が行っている仕事は，集合を使って（10）のように描いても，実質的には同じことだ．

つまり，意味論的な観点では，**「関数」と「集合論」というのは，「写像」という概念を介して，同様の概念を表す異なった表現形と捉えることができる**．集合論も写像も関数も，基本的に行っている仕事は同じなのだ．3つとも，個体を「ある性質を持つものと，持たないもの」に分けることができる．これは数学でも同じことで，集合の定義には関数が使われる場合がある．例として「偶数の集合」を考えよう．学生時代，以下のような定義の仕方を習ったのを思い出してほしい．

(14) 偶数の集合 S の定義のしかた
    a. 外延的記法（extensional definition）
        S = {2, 4, 6, 8, 10, ...}
    b. 内包的記法（intensional definition）
        S = {2n|n は自然数}

集合を定義するときに，(14a) のように「含まれる要素を具体的に列挙するやり方」と，(14b) のように「要素全部に共通する特徴を形式化するやり方」がある．前者が集合論的な発想，後者が関数的な発想だ．表現形と考え方が違うだけで，両者とも同じく「偶数の定義」の用を満たしている．

apple の外延でも同様に，集合論と関数を使ってそれぞれ定義ができる．

(15) *apple* の外延
    a. 外延的定義： 〚*apple*〛 = {apple$_1$, apple$_2$, ... , apple$_n$}
    b. 内包的定義： 〚*apple*〛 = {x|x is an apple}

(15a) の外延的定義は，力技で世界中のりんごをすべて集めて並べる定義のしかたである．世界中にりんごがいくつあるのか知らないが，仮に n 個としよう．もしそれら n 個のりんごを全部集めることができたら，その集合が *apple* の意味となる．もし「世界中のりんごを全部集めるのはキツいな」と思うなら，(15b) のような内包的定義で楽をする方法もある．

意味論では，主に後者の関数的な発想をもとに個体の集合を定義する．直感的には (10) のような，ベン図（Venn diagram）[7]を用いた集合論による記述

---

[7]「べんり」だからベン図，なのではなく，イギリスの数学者 John Venn が考案したからこのような名が付いている．

のほうが分かりやすいかもしれないが，ベン図というのは集合がいくつか組み合わされると，途端に直感的な把握が難しくなる．形式意味論が扱う集合のなかには，「集合の集合の集合」のような，ややこしい構造をもつ集合も出てくる．こういう多重構造をした集合を形式的に扱う時には，ベン図に基づく外延的記法よりも，関数を使った表現形のほうが楽なのだ．数学が苦手な向きには「ええー，関数を使うのかー」と腰が引けるかもしれないが，ぜひ関数の発想と表現のしかたに慣れてほしい．

さて，⟨e, t⟩タイプの代表として *apple* という語彙を見たが，ここで⟨e, t⟩タイプの一般的な性質について考えよう．集合論的には，⟨e, t⟩タイプというのは「個体の集合」のことだ．また関数的には，「項をひとつだけとる関数（一項述語）」のことだ．つまり，**固有名詞の主語名詞句を項として取り，その特徴を記述する表現は，すべて⟨e, t⟩タイプである．**この表現には，普通名詞，形容詞，自動詞などが当てはまる．

(16) a. Mary is a **student**.
 b. Sue is **beautiful**.
 c. John **runs**.

(16) で使われている述語は，すべて文法範疇が異なる．*student* は一般名詞，*beautiful* は形容詞，*run* は自動詞である．統語論ではこれらの語彙は異なったカテゴリーとして扱われるが，形式意味論ではこれらの語彙はすべて「個体の集合」=「⟨e, t⟩タイプ」として，同列に扱う．すると，これらの述語は，関数的に理解すると「ある個体に対して，その個体が，当該語彙が示す特徴を，もっているか否か」を判断する関数，ということになる．一方，集合的に考えると「その特徴をもつ個体の集合」を表す．*student* の意味は「学生である個体の集合」，*beautiful* の意味は「美しいものの集合」，*run* の意味は「走るものの集合」であり，すべて「個体の集合」という共通した意味になる．

では，この意味タイプを，統語構造と結びつけて考えよう．ここでは *is* などの be 動詞は，とりあえず「意味的に空虚」として意味を考えないこととする．また，冠詞の *a* や複数形の *-s* などの形態素も捨象する．[8] たとえば (16a) の *Mary is a student.* という文の統語構造を考え，かつ各語彙のタイプを組み合わせると，(17) のようになる．

---

[8] 冠詞 *a* の意味については，第 6 章で量化子の考え方を概括した後，p. 156 で詳しく考察する．

(17) *Mary is a student.*
   a. 統語論での tree   b. 意味論での tree

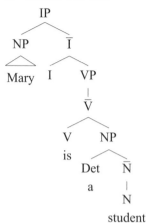
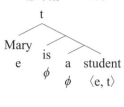

X̄ 理論に基づいて統語構造を描くと，(17a) のようになる．[9] 統語論を勉強している人であれば，このような tree を描くだろう．しかし形式意味論では，「どの単語とどの単語が合わさるか」という構成素のしくみさえ分かればいい．よって，tree は (17b) のようなシンプルなものになる．語彙としては，*is, a* のふたつは意味的に空（φ）と考えたので，語彙の意味タイプは考えない．するとタイプに分類される語彙は，主語名詞句の *Mary*（e タイプ）と，述語名詞句の *student*（⟨e, t⟩ タイプ）のふたつだけとなる．*student* の ⟨e, t⟩ タイプは，複合タイプなので，(7c)（実際のところは (8)）の適用を受ける．つまり，e タイプの *Mary* を入力として，t タイプ（文全体のタイプ）を出力する．一般的に，文の意味を考えるとき，自分の作った統語構造と語彙の意味タイプが「合っている」かどうかを確かめるためには，文全体のタイプが t タイプになっているかどうかを確認すればよい．文のタイプは t なので，**描いた tree の「あがり」は，文の構造に関しては常に t タイプになっていなければならない**．tree を描き，語彙の意味タイプを決め，組み合わせの結果，文全体のタイプが t になっていなければ，**統語構造か語彙のタイプのいずれかが間違っていることになる**．

---

[9] ここでは，いわゆる深層構造（Deep Structure）の樹形図を描いてあるが，実際に合成意味論が計算の基盤として使うのは，論理形式（Logical Form）である．(17a) のような樹形図から，非顕在的な移動（語順に反映されない移動）を経て，ようやく意味論への入力となる．非顕在的な移動についての議論は，第 7 章を参照のこと．

同様に，(16b, c) の統語構造を考えると，それぞれ (18a, b) のようになる．

(18)

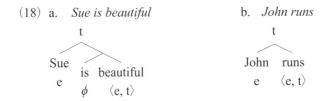

ともに，主語で表されている個体が，述語で表されている集合の，要素であるかそうでないか，を表している．

2.3.2. ⟨e, ⟨e, t⟩⟩ タイプ

では次に，⟨e, ⟨e, t⟩⟩ という複合タイプを考えよう．このタイプは，e というタイプをまず入力として取り，⟨e, t⟩ という複合タイプを出力する．次に，さらに e タイプの入力をとり，最終的に t タイプを返す．言葉で言うとややこしいが，樹形図で描くと (19) のようになる．

(19) ⟨e, ⟨e, t⟩⟩ タイプの樹形図

e タイプのもの（＝固有名詞）を項としてふたつとる述語，ということは，⟨e, ⟨e, t⟩⟩ タイプの表現は他動詞（二項述語）ということになる．(19a) の樹形図は日本語のような SOV 語順で，(19a) の樹形図は英語のような SVO 語順のものである．このふたつの樹形図の違いは，動詞と目的語の語順の違いである．この違いは統語的には重大な問題で，語順に関する研究は統語論における定番テーマであるが，意味論的な観点では，両者に本質的な違いはない．形式意味論で重要なのは，タイプとタイプの組み合わせ順だけであって，(19a, b) のふたつは根本的には同じ樹形図とみなすことができる．

では，他動詞の具体例を見てみよう．

(20) *John loves Mary.*
    a.   統語論的な樹形図   b.   意味論的な樹形図

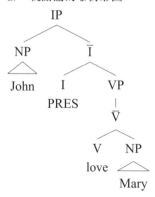
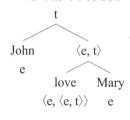

　他動詞を含む構造の場合でも，統語構造では各文法範疇のラベルや機能範疇などは無視する．タイプの組み合わせだけを考えると，$\langle e, \langle e, t \rangle \rangle$ タイプの述語である *love* は，最初の項として e タイプの *Mary* をとり，$\langle e, t \rangle$ というタイプの動詞句 *love Mary* を返す．この動詞句が，さらに e タイプの *John* をとり，文全体として t タイプを返す．

　機械的な操作としてはそのように覚えておけばよい．しかし，この $\langle e, \langle e, t \rangle \rangle$ タイプというものは，関数として理解すると，どのようなものなのだろうか．また，集合論的にはどのような集合として考えられるのだろうか．

　形式意味論を学ぶ上での困難のひとつは，「機械的な計算操作」とは別に，「原理・原則に基づいた理屈」を理解しなければ，自分の研究に活かすことができない，というところにある．p.18 で，「概念を理解しよう」とするよりも，まず「記号操作を機械的に覚えてしまう」ことが勉強のコツだ，ということに触れた．しかし，これはあくまでも最終的に概念を理解するための方法であって，それ自体が目的ではない．記号操作を覚えれば，計算や演算はできるようになる．しかしその段階は，あくまでもその先にある「概念的な理解」を目指すためのものである，という認識をもつことが重要だ．記号操作を先に覚えてしまったほうがよいのは，あくまでも勉強の順番の話であって，それが済んだらすべてをマスターした，ということではない．抽象概念を具体例で解きほぐし，具体例から抽象概念に昇華する，という双方向性の理解のしかたを常に念頭に置く必要がある．

　たとえば *John loves Mary.* という文から（20b）のような樹形図を描いて，文のあがりが t になる … ということを知っていたとしても，それは「具体例

に即して計算手続きを覚えている」だけに過ぎず,「そもそも $\langle e, \langle e, t \rangle \rangle$ とはどのような意味タイプなのか」を理解したことにはならない.そして,その原理的な理屈を理解しないと,自分で意味論の分析を行うときに,特定の語彙のタイプを「ははぁ,これは $\langle e, \langle e, t \rangle \rangle$ タイプだな」と特定することができないのだ.

　形式意味論では,このような原理的な理屈を,言語学的な分析に援用しやすいような工夫が考案されている.では次の章で,複雑な意味タイプを簡潔に理解するためにとても便利な道具,「モデル世界意味論」「ラムダ演算」のふたつを見ていくことにしよう.

第 3 章

世界の捉え方と表現形
——モデル世界意味論とラムダ演算——

　この章では，「モデル世界意味論」と「ラムダ演算」というふたつの理論的な「道具」について考えよう．ともに形式意味論に特徴的とされている概念で，これらの用語によって形式意味論を想起する人も多いのではないだろうか．そして「聞いたことはあるけど，どういうものかはよく知らない」という人も多いのではないかと思う．統語論を研究している人の中には，読んでいる論文の中に「λ」の記号が入っていると，それだけでげんなりした気分になる人も多いのではないだろうか．
　「モデル世界意味論」と「ラムダ演算」のふたつが，一般的に「ややこしい理論」と思われることが多いのは，これらが「どのようなものであるか」ばかりを考えられ，「そもそも何のために作られたものなのか」が理解されていないからだと思う．このふたつの概念は，共通して「抽象的な概念を理解しやすいように具体化したもの」なのだ．分かりにくいものを分かりやすく，という，我々にとって非常にありがたいものだ．そういった根本的な事柄から始めて，これらの概念をうまく使いこなせることを目指そう．本章の内容をしっかりマスターすれば，意味論の論文を読むときに頭を悩ます「λアレルギー」が，多少なりとも克服できるはずだ．

3.1. モデル世界意味論

　まず，必要性を確認しよう．前章の最後に，$\langle e, \langle e, t \rangle \rangle$ という複合タイプについて考えた．このタイプは，機械的には「e をとって，e をとって，最後に t を返す」と覚えておけばよい．統語構造にこれらのタイプを貼りつけて，構造と語彙の意味に齟齬がないことを確認することができる（p. 28（20b）の

樹形図を参照）．しかし，そもそもこの $\langle e, \langle e, t \rangle \rangle$ というタイプは，関数的あるいは集合論的には，どのようなものなのだろうか．$\langle e, t \rangle$ くらいの複合タイプであれば，「個体の集合」というベン図的な理解のしかたが何とか可能である．しかし，$\langle e, \langle e, t \rangle \rangle$ や，$\langle \langle e, t \rangle, \langle \langle e, t \rangle, t \rangle \rangle$ などのような，複雑なタイプになったら，直感的な理解が追いつかない．このような複雑なタイプを，どのように理解すればいいのだろうか．

複合タイプのような形式意味論の原理・原則が理解しにくいのは，「意味」に関する定義（1）にそもそもの原因があろう（p. 3 参照）．

(1) 形式意味論における「意味」の定義
「自然言語表現」と「世界のあり方」の対応関係

「自然言語表現」のほうは明快だ．与えられた文や語彙が，当該の「自然言語表現」である．問題は「世界のあり方」である．この世界のあり方をすべて理解していないと，文の意味というのは理解できないのだろうか．*John loves Mary.* という文が真になる条件を「ジョンがメアリーを愛していること」と規定したとしても，**そもそもJohnって一体誰だよ**，という疑問が湧く．この文に出てくる John というのが一体誰で，Mary というのが一体誰で，そのふたりの間の関係はどのようなものなのかを知らなければ，我々は原理的に *John loves Mary* という文の真偽を判断することはできないはずだ．意味論に限らず，言語学の論文には John だの Mary だの架空の人物名が頻繁に登場する．統語論のように構造を考えるのが目的であれば，「John や Mary ってのは一体誰だ」というのは問題にならない．しかし意味論の仕事を（1）のように規定してしまうと，*John* や *Mary* という表現に関して，この現実世界における対応物が明確にならないと，仕事をしたことにならない．John が誰で，Mary が誰で，John なる者が本当に Mary という人を愛しているかどうかを我々が知っていないと，*John loves Mary* という文の真偽を論じることはできないはずなのだ．

また前章では，*student* の外延を「学生である個体の集合」と簡単に定義した．しかし，もしこの定義が正しいとすると，**実際にこの世界中ですべての「学生」を知っていないと，この外延は定義できないことになる**．これは直感に反するだろう．

つまり，「意味とは何ぞや」に対する（1）の定義では，「世界のあり方」の「世界」という言葉の意味が，曖昧なのだ．我々が自然言語の意味を理解するためには，世の中のすべての存在物，世の中のすべての述語で表される個体同士の関係性を，すべて把握している「神の視点」が必要なのだろうか．（1）

の定義を厳密に遵守すると，そうした世界全体に対する把握なしでは，言語の意味が理解ができないことになる．しかし実際には，そんなことはないだろう．

3.1.1. Model PEANUTS という「箱庭」

そこで，(1)の定義で示されている「自然言語表現」「世界のあり方」というふたつの概念のうち，「世界のあり方」をちょっと扱いやすく工夫してみよう．この，我々が生活している「ホンモノの世界」は，でかすぎて扱いにくい．そこで，ミニチュア版として箱庭のような世界を想定し，その中での言語表現との対応を考えてみることにする．この「考察を簡単にするために作った箱庭のような世界」のことを，「モデル」と呼ぶ．本書では，モデルとして(2)のようなモデルを想定しよう．このモデル（Model PEANUTS と呼ぶことにする）をひとつの箱庭として，この世界の中での「言語の意味」を考える．便宜上，このモデルを M_P という記号で表すことにしよう．M は「モデル」の M，P は「PEANUTS」の P を表している．

(2) The entities in Model PEANUTS (M_P)

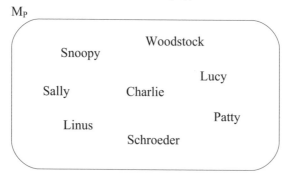

実際の世界全体では約70億人の人間がいるが，M_P の世界では，(2)の8個体しか存在しない，と考える．箱庭なのだからそれで構わない．この限られた箱庭世界の中で，語彙と文の意味を考えるのが，モデル世界意味論の基本的な考え方だ．

(3) モデル世界意味論
「実際の世界」を対象に言語の意味を考えるのではなく，箱庭のような仮想世界を想定し，その中で語彙と文の意味を考察する方策．

第3章 世界の捉え方と表現形

モデル世界意味論の方策は，複雑で広大な「実際の世界」では直接考察しにくい事象を，一旦簡単な条件下に「理想化」して考察する方策である．学校で物理を習った時に，試験問題に「ただし摩擦はないものとする」などという，実際にはあり得ない条件がついていたことを覚えているだろうか．そのような理想化を行うことによって，現象の裏にある原理や原則をシンプルに考察できるようになる．モデル世界意味論も，それと同様のことを行っている．こう考えると，(1) の定義にある「世界のあり方」が，扱いやすい形になる．

この場合，それぞれの名前の外延は，それぞれの個体となる．いままでは外延を示すときには，たとえば〚Charlie〛などと記していたが，「M_P における Charlie という語の意味」のように，限られたモデル内での言語の外延のことを，二重鍵括弧の右上にモデル名を記して表記することにする．つまり，Charlie という表現の外延は，(4) のようになる．

(4)　〚Charlie〛^{M_P} = Charlie（in Model PEANUTS）

直感的には「PEANUTS というモデル世界で，Charlie という言語表現は，モデル M_P 内にいる Charlie という名前の男の子のことを指す」という意味である．直接的には，Charlie という表記のかわりに絵を書いてもいいほどのものである．しかし，いちいち絵を使っていては煩雑なので，チャーリーを表す絵のかわりに，今後は (4) のように Charlie という表記を用いる（イタリック体ではないことに注意）．

ちなみに，形式意味論の入門書や論文の中には，言語表現を表記する方法として，イタリック体のかわりにすべての単語を小文字で記述しているものもある（charlie, snoopy, woodstock, など）．本書では，言語表現の表記はイタリック体を用いることにする．

では，モデルの表記なしに〚Charlie〛と記述したら，この外延が示すものは何だろうか．「世の中に存在するすべての Charlie さん」…ではない．もしそうだとしたら，その外延は「Charlie さんの集合」ということになり，タイプとしては $\langle e, t \rangle$ ということになってしまう．〚Charlie〛のタイプは e であるため，特定可能な唯一の個体を指さなくてはならない．つまり，モデル表記なしの〚Charlie〛とは，「Charlie と言えば『ああ，あの人のことか』と世界中の人が特定できる，唯一の人」のことを指す．そして「そういう人（＝すべての人にとって特定可能な唯一の Charlie）が存在する」ということが前提になっていることになる．

実際のところ，形式意味論（特に外延的な意味論）では，そこまで厳密に固有名詞の意味を規定しないのが普通である．たとえば John loves Mary. とい

う文を解釈するとき，モデルの断りなしに〖*John loves Mary*〗として，外延を導いてしまうことが多い．厳密には「Johnって誰だ？」のような規定をしなければ，言語表現と実際世界の対応を考えていえるとは言えないのだが，「あなたも私も知っている John という人がいることにしましょう．その人が ...」という「気持ち」で書かれている論文が多い．しかし形式意味論の中で，固有名詞と一般名詞の外延の違いや，代名詞の指示表現を扱っている論文では，これらの違いを厳密に規定することが必要であるため，二重鍵括弧の右上にモデルや指示対象を示す指標（index）が明記される．そのような指標がついている表記を見かけたら，「モデルや指示対象を厳密に定義しようとしているのだな」と思って読めばよい．また，後に出てくる Predicate Abstraction Rule（PA）という意味解釈規則（p. 7（8d）参照）では，このモデルの規定を書き換える操作が出てくる．Predicate Abstraction は，独学で形式意味論を学習するときに挫折しやすいルールなので，今のうちからモデルの規定に基づく外延の記し方に慣れておこう．

（4）と同様に，Model PEANUTS 内の個体は，以下のように外延を記述できる．（5a–g）すべての右辺には，"(in Model PEANUTS)" という但し書きがつく．

(5) a. 〖*Snoopy*〗^{M_P} = Snoopy
    b. 〖*Woodstock*〗^{M_P} = Woodstock
    c. 〖*Sally*〗^{M_P} = Sally
    d. 〖*Lucy*〗^{M_P} = Lucy
    e. 〖*Linus*〗^{M_P} = Linus
    f. 〖*Patty*〗^{M_P} = Patty
    g. 〖*Schroeder*〗^{M_P} = Schroeder

くどいようだが，左辺の二重鍵括弧内にあるイタリック表記（言語表現）と，右辺にある通常表記（実在する個体）の区別をしっかりとつけてほしい．右辺の通常表記（Snoopy, Woodstock, Sally, ... など）は，その表記のかわりに，その人物の絵を描いても同じこと，と考えてほしい．

3.1.2. Model PEANUTS における $\langle e, t \rangle$ タイプの述語

では，Model PEANUTS という箱庭を，もう少し充実させてみよう．e タイプの個体については（5）において記したので，今度は $\langle e, t \rangle$ タイプの表現を考えてみよう．モデル内の各個体の特徴を，（6）のように規定する．

(6)　⟨e, t⟩ type predicates in Model PEANUTS
　　a.　$[\![boy]\!]^{\text{M}_\text{P}}$ = {Charlie, Linus, Schroeder}
　　b.　$[\![girl]\!]^{\text{M}_\text{P}}$ = {Sally, Lucy, Patty}
　　c.　$[\![dog]\!]^{\text{M}_\text{P}}$ = {Snoopy}
　　d.　$[\![bird]\!]^{\text{M}_\text{P}}$ = {Woodstock}
　　e.　$[\![player]\!]^{\text{M}_\text{P}}$ = {Snoopy, Charlie, Lucy, Linus, Patty, Schroeder}
　　f.　$[\![cute]\!]^{\text{M}_\text{P}}$ = {Sally, Lucy, Patty}
　　g.　$[\![crazy]\!]^{\text{M}_\text{P}} = \phi$
　　h.　$[\![counselor]\!]^{\text{M}_\text{P}}$ = {Lucy}

まず，⟨e, t⟩ タイプの表現とは「個体の集合」であることを思い出してほしい．Model PEANUTS において，男の子は Charlie, Linus, Schroeder の 3 人なので，$[\![boy]\!]^{\text{M}_\text{P}}$ の指示対象は，この 3 人から成る集合である．

　これを関数的な定義として理解してみよう．それぞれの ⟨e, t⟩ タイプの表現を関数とみなして，Model PEANUTS の 8 個体をそれぞれ入力してみる．たとえば boy という名詞は，以下のように定義できる．

(7)　Model PEANUTS における boy の外延（関数的定義）

$$[\![boy]\!]^{\text{M}_\text{P}} = \begin{bmatrix} Snoopy & \rightarrow & 0 \\ Woodstock & \rightarrow & 0 \\ Charlie & \rightarrow & 1 \\ Sally & \rightarrow & 0 \\ Lucy & \rightarrow & 0 \\ Linus & \rightarrow & 1 \\ Patty & \rightarrow & 0 \\ Schroeder & \rightarrow & 1 \end{bmatrix}$$

(6a) で，Model PEANUTS における「男の子」を，Charlie, Linus, Schroeder の 3 人と規定した．関数的な定義では，(7) のように，この 3 人をそれぞれ入力したときだけ 1（= 真）を返し，それ以外の個体を入力した時には 0（= 偽）を返す．このようなモデルのもとで，以下のような文の真偽を考えよう．

(8)　a.　Linus is a boy.
　　b.　Sally is a boy.
　　c.　Schroeder is crazy.
　　d.　All boys are players.

e.　All girls are players.
　　　f.　Some girls are players.
　　　g.　The counselor is a girl.
　　　h.　Girls are cute.
　　　i.　Linus is a student.

　(8a) では，⟦*boy*⟧^Mp で示される集合のなかに Linus が要素として入っているので，（Model PEANUTS の世界においては）この文は真となる．

　(8b) では，boy の集合の要素として Sally は入っていないので，この文は偽となる．

　(8c) では，⟦*crazy*⟧^Mp で示される集合は，要素がひとつもない空集合となっている．つまり Model PEANUTS においては crazy である個体はひとつもない．よってこの文は偽となる．

　(8d) *All boys are players.* は，boy の集合と player の集合の要素の関係を見る．このふたつの集合の関係を規定しているのが，*all* という量化子 (quantifier) だ．量化子の分析については，後の第 6 章で詳しく見ることにする．とりあえず今の段階では，集合論の考え方に慣れておいてほしい．(8d) が真となるための条件は，boy の集合がそのまますっぽり player の集合に含まれることだ．この関係を「部分集合」といい，⊂ という記号で表す．略式として，boy である個体の集合を BOY，player である個体の集合を PLAYER と，それぞれ大文字で記述することにしよう．*all boys are players* の真理条件は，BOY という集合と PLAYER という集合の間の関係として (9a, b) のように示される．a, b ともに記述している内容は同じである．そして実際の Model PEANUTS に照らし合わせると，(9c) で示されるように，この真理条件を満たしている．よって (8d) は真である．

　(9)　a.　BOY ⊂ PLAYER
　　　b.　⟦*boy*⟧^Mp ⊂ ⟦*player*⟧^Mp
　　　c.　{Charlie, Linus, Schroeder} ⊂ {Snoopy, Charlie, Lucy, Linus, Patty, Schroeder}

ちなみに原作漫画の PEANUTS では，登場人物の多くは野球のチームに所属しており，チャーリー・ブラウンは監督と投手，ライナスは二塁手，シュローダーは捕手を務めている．

　(8e) の *All girls are players.* はどうだろうか．この文においても (8d) と同様に，真理条件は，GIRL という集合が，PLAYER という集合にすっぽり

収まること（＝部分集合になっていること）である．形式化して書くと (10) のようになる．

(10) *All girls are players.* の真理条件
    a. GIRL ⊂ PLAYER
    b. ⟦*girl*⟧^{M_P} ⊂ ⟦*player*⟧^{M_P}

ところが Model PEANUTS では，この真理条件が満たされていない．

(11) a. Sally ∈ GIRL
     b. Sally ∉ PLAYER
     c. {Sally, Lucy, Patty} ⊄ {Snoopy, Charlie, Lucy, Linus, Patty, Schroeder}

(11a, b) で見る通り，Sally は，GIRL の要素ではあるが PLAYER の要素ではない．∈ の記号は，「～の要素である」という意味で，この記号の左辺には個体，右辺には集合，というレベルの違うものが置かれることに注意しよう．この Sally という反例のため，GIRL ⊂ PLAYER が成り立たなくなっている．なお，(11b) の ∉ は要素の否定を表す記号で，「… は，～の要素ではない」という意味である．また，(11c) の ⊄ は，部分集合の否定を表し，「～の部分集合ではない」という意味である．

(8f) の *Some girls are players.* はもう少し真理条件が複雑だ．この文でも，真理条件は，GIRL という集合と，PLAYER という集合の関係を，*some* という量化子が規定している．*Some* という量化子が規定する関係は，「ふたつの集合の共通部分（交わり，積，intersection）の部分に，何らかの要素がある」ということだ．つまり，GIRL という集合と PLAYER という集合が重なっている共通部分に，何らかの要素が含まれる，ということである．集合の共通部分は ∩ という記号で表す．「なんらかの要素が含まれる」ということは，要するに「空ではない」ということなので，(8f) の真理条件は (12) のように示される．

(12) *Some girls are players.* の真理条件
    a. GIRL ∩ PLAYER ≠ φ
    b. ⟦*girl*⟧^{M_P} ∩ ⟦*player*⟧^{M_P} ≠ φ

Model PEANUTS で実際に確認してみると，(13) で示すように，GIRL と PLAYER の共通部分には，Lucy と Patty という要素が含まれる．よって (12) の真理条件を満たし，文は真となる．

(13) a. {Sally, Lucy, Patty} ∩ {Snoopy, Charlie, Lucy, Linus, Patty, Schroeder} = {Lucy, Patty}
 b. GIRL ∩ PLAYER = {Lucy, Patty} ≠ φ

　(8g) では，*the* という定冠詞が使われている．この *the* という語彙は，「ある特定の条件を満たす時にしか使えない」という制約のある語である．*the* は，「集合内に要素がひとつしかないとき」「文脈上，話し手と聞き手の間で，集合内の要素のひとつが特定可能なとき」という条件を満たす時にしか使えない．このような条件のことを「前提」(presupposition) といい，詳しくは3.2.2節で説明する．COUNCELOR という集合には，Lucy しか属していない．よって，*the councelor* といえば，Lucy と特定できる．ちなみに原作漫画の PEANUTS では，ルーシーは「心の悩み相談」というカウンセラーごっこをしており，料金5セントで登場人物の悩みを聞く，という趣味がある．

　ここで注意してもらいたいのは，「集合」というレベルと「要素（個体）」というレベルの使い分けである．*Some girls* という表現のときの *girls* の外延は集合（⟨e, t⟩ タイプ）だが，*the councelor* というときの外延は個体（e タイプ）である．ともに共通して，普通名詞に，冠詞や量化子が「くっついた」形に見えるが，その外延は意味タイプが異なる．*some* や *all* のような量化子の場合，それに伴う名詞句の外延は集合（⟨e, t⟩ タイプ）として解釈を受けるが，定冠詞はそうではない．*The councelor* という表現の外延は，Lucy という個体であって，「Lucy という個体ひとつだけを要素として含む集合」（= *councelor* の外延）ではない．これを形式化して表記すると，(14) のようになる．

(14) a. Lucy ∈ {Lucy}
 b. Lucy ∈ COUNCELOR
 c. 〚*The councelor*〛^{M_P} = Lucy (≠ {Lucy})

　形式意味論では集合論をよく使うので，市販されている入門書では，まず序盤にみっちりと集合論の練習問題が載っていることが多い．その中で多くの人が最初につまずくのが，(14a) のような表記ではあるまいか．表記が示している概念の違いが理解できず，戸惑う人が多いようだ．その原因は，集合論を抽象的なレベルのまま理解することが，日常の具体性から遊離し過ぎていることにあるようだ．「そういう考え方がどのような実例に活かせるのか」が見えないと落ち着かない，という人が多いのではないだろうか．

　(14a) の場合，表していることは (14b) と同じである．要素を表す記号（∈）

の左辺は「Lucyという個体」（eタイプ）であり，右辺は「Lucyという要素ひとつだけを含んでいる集合」（$\langle e, t \rangle$ タイプ）である．Model PEANUTSでは，*councelor* の外延がその集合に相当する．そして，*the councelor* という表記の外延は，前者であって後者ではない．つまり（8g）の *the councelor is a girl* という文の真理条件は（15a）であって，（15b）（つまり（15c））ではない．

(15) a. Lucy $\in$ GIRL
b. {Lucy} $\subset$ GIRL
c. COUNCELOR $\subset$ GIRL

そして（16）の通り，LucyはGIRLという集合の要素であるので，この文は真となる．

(16) Lucy $\in$ {Sally, Lucy, Patty}

(8h) の *Girls are cute.* という文を考えよう．*girl* と *cute* という表現は，それぞれ $\langle e, t \rangle$ タイプの「個体の集合」である．それらの集合を（6b, f）で見てみると，次のような集合になっている．

(17) a. $[\![girl]\!]^{M_P}$ = {Sally, Lucy, Patty}
b. $[\![cute]\!]^{M_P}$ = {Sally, Lucy, Patty}

つまり，Model PEANUTSにおいては，GIRLという集合とCUTEという集合は，構成要素がまったく同じである．これはつまり，「（Model PEANUTS内においては）*girl* と *cute* という語の意味は，同じ（identical）である」ということである．我々の一般的な感覚では，*girl* という語と *cute* という語の意味は，（残念ながら？）同一ではないだろう．しかし，形式意味論では，意味を「『自然言語表現』と『世界のあり方』の対応関係」（(1)）と定義したことを思い出してほしい．意味を形式的に考えると，これらの語の意味の違いは「それらの語が世界のどの個体に対応しているのか」という関係性でしかない．この定義に従うと，もし，あるふたつの自然言語表現が，世界において同じ個体や集合と対応しているのであれば，そのふたつの表現は「同じもの」なのだ．$a = b$ で，かつ $c = b$ であるならば，$a = c$ である，と考える．

この考え方は，集合論ではなく写像で考えても保持される．写像に関するp. 21の（12d）の定義を思い返してほしい．「写像 f と写像 f' が等しい」とは，「$A = A'$ かつ $B = B'$ かつ任意の $a \in A$ について $f(a) = f'(a)$ が成り立つ」ことであった．「かたつむり」と「まいまい」の例を思い出してほしい．つまり，定義域と値域がまったく同じ集合から成り，Aのどの要素も，fの対応で

も f′ の対応でも，値域に存在する同じ要素に対応するならば，それらの写像は同じものと見なされる．girl に相当する写像を f_{girl}，cute に対応する写像を f_{cute} とすると，$f_{girl} = f_{cute}$ である．

では，(8h) の *Girls are cute.* という文の真理条件を集合論で捉えると，以下のうちのどれだろうか．

(18) a.　GIRL ⊂ CUTE
　　 b.　GIRL ⊃ CUTE
　　 c.　GIRL = CUTE

Model PEANUTS では，(18c) のイコール関係が成り立っている．学校文法で SVC 構文を教わった時に，「補語」(Complement) という概念を「主語とイコールのもの」と習い，イコールではない「目的語」との違いとして習った人も多いのではないだろうか．蓋し，(18c) は，be 動詞を使った SVC 構文の真理条件のような感じがする．

しかし，(18c) は**モデル世界の中での状況であって，*Girls are cute.* という文の真理条件ではない**．世界がたまたまそうだった，というだけであって，*Girls are cute* が真となる条件ではないのだ．実際のところ，正しい真理条件は (18a) である．主語名詞句と述部の表現は，まったくのイコールではなく，前者が後者の部分集合である，というのが真理条件になる．このように，いわゆる SVC 構文の S と C の「立場に差がある」ことは，統語論における主語と述語の非対称性に起因する．これに関しては，のちに第10章の pp. 213-217 で議論する．

このように *Girls are cute.* の真理条件を設定すると，たとえば *Boys are players.* のような文の真偽も判断できる．Model PEANUTS では，BOY ⊂ PLAYER の関係が成り立っているため，文は真となる．もしこの文の真理条件が BOY = PLAYER だったとしたら，これらの集合は同一ではないため，偽と判断されることになる．しかし，実際にはこのモデル内では，直感的に *Boys are players.* は真だろう．

(8i) の *Linus is a student.* はどうだろうか．Model PEANUTS における ⟨e, t⟩ タイプの述語の規定 (6) では，student という語の外延が定義されていない．つまり，どの個体が STUDENT という外延に属するのか分からないのだ．だから，Model PEANUTS においては，***Linus is a student.* の真偽は決定できない**．この文は「偽」ではないので注意してほしい．「偽」というのは，「文の真理条件と実際の状況が一致しないこと」を指す．つまり文を「偽」と判断するには，その根拠として，真理条件と異なるように明確に状況が定まっ

ている必要がある．Model PEANUTS では *student* という語彙が定義されていないため，その判断ができない．

3.1.3. Model PEANUTS における $\langle e, \langle e, t \rangle \rangle$ タイプの述語

では次に，いよいよ $\langle e, \langle e, t \rangle \rangle$ タイプの表現について考えよう．この章のはじめに確認した通り，「モデル」などという概念的装置を導入した理由は，「$\langle e, \langle e, t \rangle \rangle$ タイプとは，概念的には一体何のことなのか」を考えるためだった．それを具体的に考えるため，Model PEANUTS 内の $\langle e, \langle e, t \rangle \rangle$ タイプの表現を（19）のように規定しよう．

(19) $\langle e, \langle e, t \rangle \rangle$ type predicates in Model PEANUTS
- a. $[\![like]\!]^{M_P} = \{\langle$Snoopy, Woodstock$\rangle$, $\langle$Snoopy, Charlie$\rangle$, $\langle$Charlie, Snoopy$\rangle$, $\langle$Charlie, Sally$\rangle$, $\langle$Charlie, Schroeder$\rangle$, $\langle$Woodstock, Snoopy$\rangle$, $\langle$Sally, Lucy$\rangle$, $\langle$Lucy, Sally$\rangle$, $\langle$Lucy, Lucy$\rangle$, $\langle$Linus, Snoopy$\rangle$, $\langle$Linus, Charlie$\rangle$, $\langle$Schroeder, Charlie$\rangle\}$
- b. $[\![love]\!]^{M_P} = \{\langle$Lucy, Schroeder$\rangle$, $\langle$Sally, Linus$\rangle$, $\langle$Patty, Charlie$\rangle\}$
- c. $[\![kiss]\!]^{M_P} = \{\langle$Lucy, Schroeder$\rangle$, $\langle$Sally, Linus$\rangle\}$
- d. $[\![hit]\!]^{M_P} = \{\langle$Patty, Charlie$\rangle\}$
- e. $[\![kick]\!]^{M_P} = \phi$

まず，集合の要素の表記のしかたが今までと異なることに注意しよう．$\langle e, t \rangle$ タイプの場合は，語彙の外延が「個体の集合」だったため，集合の要素は個体（e タイプ）のものだった．しかし $\langle e, \langle e, t \rangle \rangle$ タイプの場合，e タイプの項をふたつとるため，各要素は「ふたつの項を含むもの」となる．(19) が表す各外延の集合の要素は，すべて角括弧（$\langle\ \rangle$）で括られている．角括弧は，順序対（ordered pair）を記述する時に使うことを思い出してほしい（p. 16 (5) 参照）．角括弧の場合，含まれている要素だけでなく，それぞれの要素の順序までが情報に含まれるため，$\langle \alpha, \beta \rangle$ と $\langle \beta, \alpha \rangle$ は同一ではない．$\langle e, \langle e, t \rangle \rangle$ タイプの表現の外延が，「順序対で示されるペア」の集合，ということは，これらの外延の要素が示すものは，「互いに交換不可能な文の要素」ということである．これは文の要素でいうと，主語と目的語に相当する．

具体例として (19a) の *like* を見よう．要素の最初に，$\langle$Snoopy, Woodstock$\rangle$ という順序対がある．これは Snoopy likes Woodstock という状況に相当する．Snoopy のほうが主語，Woodstock のほうが目的語である．これらふたつの要素を入れ替えてしまうと，Woodstock likes Snoopy という，全く異なる状況になってしまう（たまたま Model PEANUTS では，両方とも成り立っている

が).(19)で示される外延が示す集合の要素が順序対になっているのは,「主語と目的語は入れ替えることができない(違う文になってしまう)」という理由である.同様に,Model PEANUTS では,Snoopy likes Charlie, Charlie likes Snoopy, Charlie likes Sally, ... というように状況が定まっている.

　余談だが,言語学,特に意味論を専門にしています,などと一般の会話でつい漏らすと,よく「世間によくありがちな意味の相違」について質問されることがある.最もよくある質問が「『恋』と『愛』は,どう違うんでしょうか」というものだ.「意味論」という用語のイメージから,こうした語彙の機微を研究していると思われるらしい.学生の中には,この質問に対する答えを求めて意味論の授業を履修する猛者もいる.おそらく「意味論」という授業名から(勝手に)イメージをふくらませ,日常頭を悩ませている問題に対処すべく鬼気迫る気合で授業を履修したのだろう.授業シラバスには,愛についても恋についても語るなどとは一切書いていないし,また筆者がそのテーマを語るのに適しているとはとても思えないのだが,一般的な「意味論」のイメージからすれば致し方ないところはあろう.取った授業が実際のところは愛にも恋にも関係なく,やれタイプだラムダだばかり出てきて,狐につままれる気分だろう.非常に申し訳ない限りである.

　そういう学生には,「『心』の字の位置が違うんだよ.『愛』というのは真心,『恋』というのは下心」[1] ... などという冗談でお茶を濁すのだが,これは意味論的な分析とは言えない.居酒屋での話のネタとしてはその程度でよいのだろうが,実際のところ形式意味論における「意味の違い」は,すべて定義されている「集合の要素の違い」として認識される.(6b, f) で,Model PEANUTS においては「$girl$ と $cute$ の意味が同じ」としたことを思い出してほしい.それらの意味が同じ,ということは,「それらの語の外延となる集合」に含まれる要素が同一,ということだ.{Sally, Lucy, Patty} という共通の要素をとるため,言語表現と世界(Model PEANUTS)の対応関係だけを考えると,それらの語彙の意味を区別することに意味はない.また,(8i) では,$student$ という語彙が (6) の語彙リストで定義されていないため,「文の真偽が判断できない」ということになる.それと同様に考えると,形式意味論において「$love$ と $like$ の違いは何でしょうか」という質問への答えは明快だ.Model PEANUTS 内では,「$love$ の意味は,{⟨Lucy, Schroeder⟩, ⟨Sally, Linus⟩, ⟨Patty, Charlie⟩},

---

[1] 亜流として「恋というのは打ち上げ花火のように燃え尽きるもの,愛というものは気がつけばそこにあるもの」という説明の仕方もある.学生に対する受けとしてはこちらのほうが若干よろしいようである.学期末の授業アンケートで「先生に教わったことのうち,それが一番心に残りました」という非常に残念な結果となったことは,一度や二度ではない.

第 3 章 世界の捉え方と表現形

一方の like の意味は {⟨Snoopy, Woodstock⟩, ⟨Snoopy, Charlie⟩, ⟨Charlie, Snoopy⟩, ⟨Charlie, Sally⟩, ⟨Charlie, Schroeder⟩, ⟨Woodstock, Snoopy⟩, ⟨Sally, Lucy⟩, ⟨Lucy, Sally⟩, ⟨Lucy, Lucy⟩, ⟨Linus, Snoopy⟩, ⟨Linus, Charlie⟩, ⟨Schroeder, Charlie⟩} だよ」で必要十分である．各集合に含まれる要素を列挙すれば，それが「語彙と世界の対応関係」になる．味気も素っ気もない定義だが，**そもそも形式意味論では，語彙の意味をそのように扱うのだ**．定義に忠実に，集合論に立脚して，個体と真理値とその組み合わせだけで，言語表現と世界のあり方を結びつける．

ところが学生は，このテーマに関してはそう簡単には引き下がらないようで，授業でそのように説明すると「では Model PEANUTS のような箱庭のような世界ではなく，**この実際の世界での** love と like の違いは何なんでしょうか」という質問を受ける．特定のモデルから現実世界に拡張しても，答え方は同じだ．この世の中で，love という関係にある人のペアを延々と並べ，その一方で like という関係にある人のペアを延々と並べ，そのふたつの集合が「love と like の違い」になる．

そう答えると，なおも食い下がって「じゃあ，そういう love 関係の人々と，like 関係の人々のリストっていうのを，私たちはどうやって知るんですか」と質問をする学生がいる．よほど愛や恋に心を悩ませている学生なのだろう．

答えとしては「**そんなことは知らない**」である．世の中にすべての述語について，その対応物となる個体や，個体のペアを知り尽くしている「神の視点」でないと，現実世界において love だの like だのの語彙を「厳密に定義すること」はできないのだ．[2] 形式意味論における「意味」の定義上，そういうことになる．

それでは，形式意味論というのは，実際の世の中で生きている我々にとって「役に立たないもの」なのだろうか．世の中すべてのことを知り尽くす「神の視点」を持てない我々一般人は，「恋」だの「愛」だのという言葉が含まれる言語行為を一切営めない，ということになるのだろうか．実は，先ほどの学生の「じゃあ，そういう語彙の外延を満たすリストっていうのを，私たちはどうやって知るんですか」という質問への答えは，形式意味論が「モデル世界意味論」という方策を採っている理由のひとつでもある．人間は，世界のすべてを知ることはできない．**だからひとりひとりが，それぞれのモデル世界を構築して，「自分だけのモデル」に基づいて，言語の意味を表現したり理解したりし**

---

[2] p. 31 で，「『神の視点』を持ち得ないと，文の解釈ができないか，というと，そんなことはない」ということに触れたが，ここでは「文の意味を解釈すること」と「語の意味を定義すること」の違いに気をつけてほしい．

ている.たとえば「美人の女優さん」という言葉の意味として,誰と誰をリストに入れるかは,人によってそれぞれだろう.「嫌なヤツ」という言葉の意味でも,そのリストの中に誰を入れるかは人によって違う.Model PEANUTSのような箱庭と違って,実際の世界では,**語彙の意味(=集合に含まれる個体)を,普遍的に定義できないことのほうが多い**[3]のだ.言い方を変えると,我々は,自分の存在している世界をそのままダイレクトに捉えて言語表現の意味を表示したり理解したりしているのではない.一旦「自分なりのモデル」に世界を狭めて,そのモデル内で意味を表示し理解している.「我々」と「世界」の間には,「自分なりに世界を理解しているモデル」がクッションとして挟まっているのだ.そのモデルの中では「自分が世界をどう理解しているか」が反映されるため,美人の女優さんが誰だろうが,嫌なヤツが誰だろうが,一向に構わない.その集合の要素は人によってそれぞれ違う.そのように考えると,先ほどの学生の質問,「ではモデル内ではなく実際の世界では意味はどうなるんですか」「そのリストを我々はどうやって知ることができるのですか」という問いは,形式意味論において「なぜモデルというものが必要なのか」を理解するための重要なヒントを含んでいることが分かる.

話を本筋に戻そう.(19)で見る通り,$\langle e, \langle e, t \rangle \rangle$タイプの表現は,集合論的に解釈すると「順序対の集合」ということになる.これは,$\langle e, t \rangle$タイプの表現が集合論的には「個体の集合」だったことと異なる.では,順序対の集合である$\langle e, \langle e, t \rangle \rangle$タイプを,写像として捉えてみよう.

例として(19b)の *love* という語彙の外延を,写像で示してみよう.直感的には *love* の外延は,「誰が,誰を *love* しているか」の関係なので,(20)のようなものだと感じるかもしれない.

(20) 〚*love*〛^{M_P} の外延(写像的イメージ)

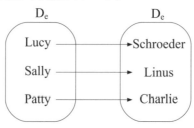

---

[3] 語彙の外延を普遍的に定義できる例として,「男/女」「有機物」「素数」のような,生物学的・物理学的・化学的・数学的な特徴により,二項区分が可能な語彙がある.ところが最初のものに関しては,近年,社会状況の変化によって,安易な二項区分が難しくなっているようだ.

しかしこの写像では，タイプ理論に変換できない．タイプ理論では文全体のタイプがtにならなければならないが，(20) の写像では，定義域にも値域にもtタイプの数値（真理値）が関与しておらず，関数の形になっていない．

そこで (20) の写像を，「順序対から，真理値への写像」に書き換えてみよう．「誰が誰に」という関係を順序対を使って表すと，*love* の表す写像は (21) のような写像となる．

(21) 〚*love*〛^{MP} の外延（関数に置き換えた写像的イメージ）

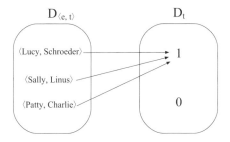

順序対は，組み合わせだけではなく順序も条件に入るので，(21) のような写像では「主語」と「目的語」を分けることができる．そして，値域には真理値が入り，定義域内の順序対が *love* の関係になっていれば 1，そうでなければ 0 に対応する．こう考えると，文の出力が最終的に t タイプになるタイプ理論にとって使いやすくなる．

これでかなりタイプ理論での記述に近くなってきたが，このイメージでもまだ言語分析には使いにくい．その理由は，入力が順序対になっているからである．この順序対の要素は，それぞれ文の主語と目的語に対応するが，数学的な写像の概念とは異なり，自然言語には構造がある．[4] 順序対の各要素は，それぞれが文の要素として機能するので，それぞれ「独立した要素」として扱ったほうが処理しやすい．そもそも自然言語では，⟨Lucy, Schroeder⟩ のような順序対に対応する概念を 1 語で表す単語は，一般的ではないだろう．また，二項枝分かれ（binary branching）の統語構造にうまく乗るような意味計算を行うためには，動詞（＝関数）の項は，ひとつずつ入力するシステムのほうが据わりがよい．

そこで，(21) の写像イメージを，(22) のような関数に修正する．(21) では入力が順序対で，いっぺんに入力するようになっていたが，(22) では，順

---

[4] 実際には，自然言語に構造を認めないアプローチもあるが，本書では生成文法の研究成果である言語構造に立脚した合成的意味論を扱うため，「言語に構造がある」という前提で話を進めていることを念頭に置いてほしい．p. 7 (7) の合成的意味論分析の 3 部門を参照のこと．

序対の要素をバラして，ひとつひとつ入力する．

(22) 〚love〛$^{\text{M}_\text{P}}$ の外延（関数的イメージ）

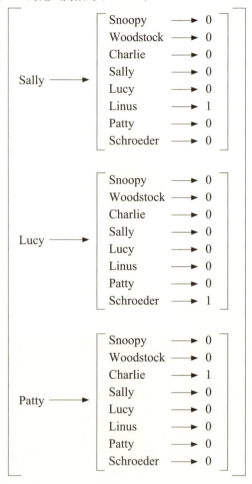

(22) では紙幅の都合上，第1項の入力を Sally, Lucy, Patty だけ記述しているが，本来は Model PEANUTS 内の8個体すべてが入力となる．その中で，上記3名以外のものが第1項の入力になった時点で，文は偽になる．その3人以外，(19b) では love の行為者として規定されてはいないからだ．そして，第2項として Model PEANUTS 内の8個体がそれぞれ入力となり，その中から (19b) の love の規定に合っている3組だけが真，それ以外が偽となる．

第 3 章 世界の捉え方と表現形　47

えらく愛の少ない世界だが，(19b) でそう定義したのだから仕方がない．

　(22) のように，もともとは「順序対から真理値へ」の写像であったものを，「個体をとって，個体をとって，真理値を返す」のような「入れ子の関数」の形式で表示することを，Schönfinkel (1924) にちなんで，Schönfinkelization[5]と呼ぶ．この Schönfinkelization によって，「順序対から真理値への写像」という訳のわからない動詞の外延が，「項をとって，さらに項をとって，文を完成させる」という，より自然言語の構造に近い関数として捉えられる．**早い話が，構造に意味がのりやすくなるのだ．**

　例として，*Patty loves Charlie.* という文を考えよう．(21) のような写像モデルを反映した統語構造が (23a)，(22) のような Schönfinkelization に基づく関数的イメージを反映した統語構造が (23b) である．

(23) a. 写像的イメージ (21)　　b. 関数的イメージ (22)
　　　　による構造　　　　　　　による構造

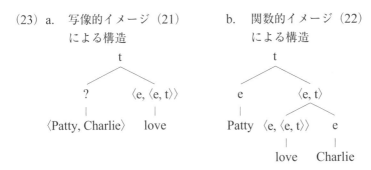

(21) の写像イメージでは，*love* の入力となるものは，⟨Patty, Charlie⟩ という順序対である．このイメージを律儀に守り，統語構造に反映させるとすると，⟨Patty, Charlie⟩ が語彙化した単語（文の主語であり，かつ目的語でもある単語）が必要となる．このような単語をもつ言語[6]は一般的ではなかろうし，少なくとも英語の *Patty loves Charlie.* は，そのような語彙をとっていない．一方，(22) の関数イメージでは，*love* への入力として，*Patty*, *Charlie* というふたつの語を別個にとる．すると (23b) のような統語構造にぴったり合うタイプとなる．なお，⟨e, ⟨e, t⟩⟩ というタイプの書き方が，各項を独立させて

---

　[5] 無理やりカタカナで書くと「シェンフィンケライゼーション」と読む．ドイツ語のウムラウトはカタカナ表記が難しいので，詳しくは各自ドイツ語のネイティブスピーカーに確認してください．

　[6] このような単語（主語と目的語の名詞が統合され，両方の役割を 1 語で満たすような単語）をもつ言語が実在するのかどうか筆者は寡聞にして知らないが，「項の数は勝手に増やしたり減らしたりしてはいかん」という投射原理 (Projection Principle) がもし普遍的な自然言語の制約であるならば「このような言語は存在しない」という予測になる．

記述しており，(22) の Schönfinkelization を反映させた記述の仕方になっていることに留意してほしい．

ここまでの議論で，$\langle e, \langle e, t \rangle \rangle$ タイプがどのような概念であるのか，おおよそ掴めたと思う．多くの形式意味論の入門書では，モデルの具体例を提示することなく，*John* や *Mary* などという「言語学でよく使われる名前」を使って，$\langle e, \langle e, t \rangle \rangle$ のタイプの動詞を説明しているものが多い．特に，写像を使ったイメージでの $\langle e, \langle e, t \rangle \rangle$ タイプの概念と，それを関数の形に解きほぐした Schönfinkelization の導入あたりになると，読んでいる側は「どこの世界の話をしているのか」が分からなくなり，混乱することが多い．Schönfinkelization の説明をする時には，現実世界ではなく，「仮にこのようなイベント関係が成り立っている世界があるとしましょう」というモデルを必ず想定することになる．現実世界で *love* だの *like* だのの外延の話をすることが引き起こす混乱は，先ほど「学生からの質問」として紹介した通りだ．入門書における $\langle e, \langle e, t \rangle \rangle$ タイプの説明は，モデルという「仮の世界」「箱庭」の中の話をしているのに，読む側は「現実世界の意味論」として読んでしまう．そこから生じる齟齬が，タイプ理論の理解を難しくしている原因であることが多い．本書ではそのような齟齬が生じないように，まずがっちりと (2) の登場人物から成るモデル (Model PEANUTS) を作りあげ，「その中での単語の意味」と定義づけてから，語彙の意味を考えた．混乱しないように注意してほしい．

3.1.4. タイプ理論再び——その他の語彙範疇の意味タイプ

ここまでの議論で，「意味の範疇（カテゴリー）」である「タイプ」という考え方がだいぶ理解できてきたと思う．前節までのポイントをまとめると，以下のようになる．

(24) a. e タイプ　　　　　　　個体（固有名詞）
　　 b. t タイプ　　　　　　　文
　　 c. $\langle e, t \rangle$ タイプ　　　　　1 項述語（一般名詞，形容詞，自動詞）
　　 d. $\langle e, \langle e, t \rangle \rangle$ タイプ　　2 項述語（他動詞）

では，それ以外の語彙範疇の意味タイプはどのようなものになるのだろうか．例として，次のような文を考えてみよう．[7] それぞれの単語の意味タイプを考えてみてほしい．

---

[7] ここでは「世界との対応」（=真理条件）を考えるのではなく，単に意味タイプのしくみだけを考えるので，Model PEANUTS の制約を外して一般的に考えることにする．

(25) a. The student studies. （冠詞 the の意味タイプは？）
　　 b. John runs fast. （副詞 fast の意味タイプは？）
　　 c. Every student loves Mary. （量化子 every の意味タイプは？）

　形式意味論に基づく意味分析では，このように「未知の単語の意味タイプを決定する」という作業が不可欠になる．単語の意味タイプを決定するということは，プラモデルで言えば「部品を丁寧に作ること」に相当する．部品がいいかげんに作られていたら，完成品のプラモデルも歪なものになってしまう．それでは，文の部品たる単語の意味タイプは，どのように決定すればいいのだろうか．

　それを考える際には，例として何度も挙げているプラモデルを想像してみれば分かる．プラモデルの部品を作るときに必要なのは，「全体のなかでフィットするように作る」ことと，「部品単独での機能を十分果たせるようにする」ことだ．これは，「全体」と「部分」のバランス，「マクロの要求」と「ミクロの要求」を共に満たす必要性，と言い換えてもよい．つまり，他の部品と調和を保ちながら「全体の一部」として機能することと，その単語が本来持っている意味を必要かつ十分に反映することの，両方が必要となるのだ．

　意味タイプを考えるときには，前者の条件，つまり「全体との調和」のほうが重要となる．単語の意味タイプは，統語構造に基づいて他の単語を配置すれば，おのずと定まる．まず(25a)の冠詞 the の意味タイプを考えよう．統語構造に沿って，他の単語（student と study）の意味タイプを配置すると，以下のようになる．

(26) *The student studies.*

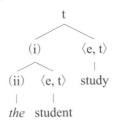

　student の外延は「学生である個体の集合」，自動詞の *study* の外延は「勉強している個体の集合」であるので，共に〈e, t〉タイプである．*The student studies.* という文全体はtタイプである．では，(26)の(i)，(ii)で記されている接点の意味タイプは，それぞれ何だろうか．

こういう時のコツは,「上からタイプを決定していくこと」である.要するに,文全体として上がりがtタイプになっていればいいのだ.だから頂点のtタイプから逆算して,それぞれの接点のタイプを求めていけばよい.まず (i) の接点のタイプを決定させると,樹形図の sister 位置に相当するものが,*study* の 〈e, t〉 タイプなので,可能性としては (27) のふたつになる.

(27)

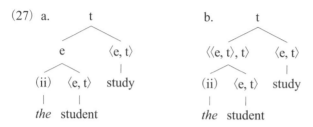

(27a) では,*the student* が項,*study* が関数になっている.ところが (27b) では逆で,*the student* が関数,*study* が項になっている.タイプ理論での整合性だけを考えると,このふたつが候補となる.ここで,*the student* という名詞句の外延を考えてみよう.もしこれが (27a) のようにeタイプであれば,これは「個体」を表していることになる.一方,(27b) のように 〈〈e, t〉, t〉 タイプであるとすると,「個体の集合をとって,真理値を返す関数」,つまり「『個体の集合』の集合」,ということになる.直感的には,*the student* という表現の外延は,前者の「個体」だろう.この表現は,特定可能な個人のことを指す.だから (27a) のほうを正しいタイプとして,次に (ii) の接点 (=*the* の意味タイプ) を考えよう.

(28)

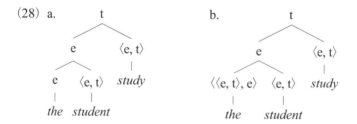

the の sister 位置に相当する *student* は 〈e, t〉 タイプなので,これと組み合わせられる意味タイプの可能性としては,(28a) のeタイプか,(28b) の 〈〈e, t〉, e〉 タイプしかない.ところが,(28a) は,出力のタイプが合わない.eタイプの *the* と,〈e, t〉 タイプの *student* を合わせると,出力はtタイプになるはずである.しかしこれは,さきほど「*the student* の意味タイプはeタイ

第 3 章 世界の捉え方と表現形　　　　　　　　　51

プである」と定めたことと矛盾する．よって，(28b) が正しく，the の意味タイプは ⟨⟨e, t⟩, e⟩ タイプとなる．

　つまり，the student という表現は，the のほうが関数，student のほうが項，という関係になっている．一般的に英語の授業などでは，「名詞に冠詞をつける」という言い方をされることが多いが，意味論的には「冠詞に名詞を入力する」のほうが正解なのだ．冠詞のほうが「主要部」で，名詞のほうが「補部」という感じなので，統語論での DP 分析 (Brame (1982), Abney (1987), Fukui (1986) など) に近い考え方と言える．意味を考えても，この意味タイプは妥当だろう．⟨⟨e, t⟩, e⟩ タイプというのは，「⟨e, t⟩ タイプを入力として，e タイプを返す関数」，つまり「集合をとって，個体を返す関数」である．ある集合が与えられたら，その集合の中から特定の 1 個体を選抜するような関数である．例として Model PEANUTS を使うと，たとえば boy という表現を考える．Model PEANUTS では，この外延は {Charlie, Linus, Schroeder} の 3 個体を含む集合である．これが the boy という表現になると，この集合から特定の 1 個体を「選び出し」て，その個体ひとつを指す表現になる．つまり，「集合をとって，その中の 1 個体を抽出する」ということをやっていることになる．

　さきほど，未知の単語の意味タイプを決定するときには「『全体』と『部分』のバランスをとる」ことが大事だ，という話をした．いま行った考え方の過程は，この筋道に沿っている．まず (26)–(28) の過程で，全体と調和がとれるように the の意味タイプを決定し，それが「部品」としてちゃんと機能しているかどうかを，the の意味から確認する．全体と部分の両方を満たすように考える，二段構えの思考である．未知の単語の意味タイプを考えるときには，このようにして考えるとよい．

　では，(25b) の fast の意味タイプは何だろうか．これも先ほどの the と同様に，まず構造から意味タイプの辻褄を合わせる作業から始める．

(29)　*John runs fast.*

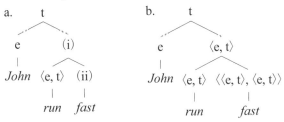

まず, 分からない意味タイプを (29a) のように (i), (ii) とおく. 「上から攻める」の原則で, (i) のほうを先に考えると, 相方の sister 位置にあるのは *John* の e タイプである. これと組み合わせて上がりが t になるのだから, *run fast* の意味タイプは ⟨e, t⟩ である. 次に (ii) を考えると, *run* の ⟨e, t⟩ タイプと組み合わせて, *run fast* の ⟨e, t⟩ タイプを返す, ということは, *fast* の意味タイプは ⟨⟨e, t⟩, ⟨e, t⟩⟩ ということになる.[8]

この意味タイプは, ⟨e, t⟩ タイプをとって, ⟨e, t⟩ タイプを返す. つまり, 入力と出力が同じタイプとなる. ⟨e, t⟩ タイプは 1 項述語を表すので, 要するに *fast* のような副詞は「1 項述語を取って, 1 項述語を返す関数」ということになる. 考えてみれば, *run* という動詞は 1 項述語で, 副詞句がついた *run fast* という動詞句も 1 項述語であることに変わりはない.

最後に, (25c) の *Every student loves Mary.* という文を考えよう. 量化子 *every* の意味タイプは何だろうか. (25a, b) の場合と同様に, 統語構造と他の語彙の意味タイプから, *every* の意味タイプを計算してみよう.

(30) *Every student loves Mary.*

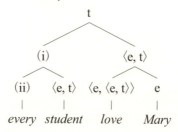

まず (i) の接点から考えよう. (i) の sister の位置にあるタイプは ⟨e, t⟩ だから, (i) のタイプの可能性は e か ⟨⟨e, t⟩, t⟩ かのいずれかである. もし (i) が e タイプだとしたら, *every student* が項となり, *love Mary* という ⟨e, t⟩ タイプに入力され, 結果として t タイプを返す. 一方, もし (i) が ⟨⟨e, t⟩, t⟩ タイプだとしたら, 逆に *every student* のほうが関数となり, 項として *love Mary* をとり, 文の t タイプを返す. つまり, (i) のタイプは e でも ⟨⟨e, t⟩, t⟩

---

[8] 実は, (i) の *run fast* の意味タイプから (ii) の *fast* の意味タイプを考える際, もうひとつ可能性がある. p.80 の 4.2 節で言及する Predicate Modification というルールを使うと, ⟨e, t⟩ タイプと ⟨e, t⟩ タイプを組み合わせて, ⟨e, t⟩ タイプを返す, という操作が可能になる. このルールを使うと, *fast* の意味タイプは ⟨e, t⟩ タイプになる. ⟨⟨e, t⟩, ⟨e, t⟩⟩ タイプと ⟨e, t⟩ タイプのどちらが「正解」かは, *fast* という語の外延をどのように規定するか, という「部品としての性能」から考察することになる.

でも，あがりとしてtタイプを返すため，辻褄は合っている．では，一体どちらが正しいだろうか．

統語論を勉強した人は，「動詞の語彙情報として項構造が規定され，主語名詞句を外項としてとる」という感覚があるだろう．文の構造を決める中心は動詞で，主語と目的語を「取り込む」という感覚が強いと思う．そういう感覚のもとでは，動詞句の love Mary のほうが関数で，動詞句の every student のほうが項，という考え方のほうがしっくりくるだろう．その考え方では，every student の意味タイプは，e タイプということになる．

しかし，every student という表現の外延を考えてみよう．これは，特定の個体を指す表現だろうか．答えは「否」だろう．every student という表現は，student という集合内でいくつかの個体を量化している表現であり，特定の一個体を指す表現ではない．John や Mary のような固有名詞や，the student のような定性表現とは違い，「ただひとつのもの」を指すことはできない．

すると，(i) のタイプをeとするのではなく，$\langle\langle e, t\rangle, t\rangle$ と考えたほうが辻褄が合う．これは，$\langle e, t\rangle$ タイプをとってtタイプを返す関数，言い換えると「集合をとって，真理値を返す関数」なので，要するに「集合の集合」ということになる．(i) のタイプを $\langle\langle e, t\rangle, t\rangle$ と定めると，(ii) の意味タイプは自動的に $\langle\langle e, t\rangle, \langle\langle e, t\rangle, t\rangle\rangle$ となる．

(31) *Every student loves Mary.*

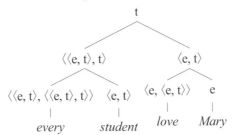

つまり，*Every student loves Mary.* という文の真理条件を導くためには，量化子 *every* が「心臓部」の関数となり，*student* と *love Mary* というふたつの $\langle e, t\rangle$ タイプの項をとる，ということになる．これは，統語論的な発想とは異なるだろう．統語論では，「項構造を決定する文の『心臓部』は，動詞」という考え方をする．しかし意味タイプを考えると，意味の上では，動詞ではなく量化子が文の項構造を決定しているということになる．

(32) *Every student loves Mary.* の項構造
統語論での「項構造」のイメージ

形式意味論での「項構造」のイメージ

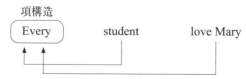

なお，*every* のような量化子の意味は，形式意味論の黎明期における中心的なテーマであり，形式意味論研究の「花形」的な役割を担っていた．その詳細については，第 6 章で詳しく見ることにしよう．

ここまでの議論で，単語の「カテゴリー」というものの区切り方が，統語論と形式意味論ではかなり異なることに気づいただろう．たとえば統語論では，*student* は名詞，*beautiful* は形容詞，*run* は動詞，という異なるカテゴリーに属するが，タイプ理論に基づく形式意味論では，これらはすべて「個体の集合」であり，$\langle e, t \rangle$ という同じタイプのカテゴリーに属する．

(33) 統語論と意味論での「カテゴリー」の違い

	John	student	beautiful	run	kiss	give	the	a	every
統語論でのカテゴリー	名詞		形容詞	動詞			冠詞		限定詞(量化子)
形式意味論でのカテゴリー	e		$\langle e, t \rangle$	$\langle e, \langle e, t \rangle \rangle$	$\langle e, \langle e, t \rangle \rangle$	$\langle \langle e, t \rangle, e \rangle$	$\langle \langle e, t \rangle, \langle \langle e, t \rangle, t \rangle \rangle$		

(33) の表で分かるとおり，語彙の「カテゴリー」は，統語論と意味論ではかなり異なる．この違いは，語彙の外延を決定する作業のときに，統語論の常識に引っ張られる誤謬を犯す原因となる．統語論における語彙カテゴリー（品詞）と，意味論における語彙カテゴリー（タイプ）を，混同しないように注意しよう．

ここで，p. 7 で取り上げた合成的意味論分析の 3 部門の「使い方」を (35) にまとめておこう．

第3章 世界の捉え方と表現形　　　　　　　　　　55

(34)　合成的意味論分析の3部門（p.7）
　　a.　単語（lexicon）　　　　　　　　「部品」に相当
　　b.　統語構造（Syntax）　　　　　　「設計図」に相当
　　c.　意味計算規則（Semantic Rule）　「接着剤」に相当

---

(35)　文の真理条件の導き方（version 1）
　　a.　文の樹形図を描く（((7b)の「統語構造」を使う）
　　b.　樹形図を「意味論用」に描き替える
　　　　接点，中間投射，統語範疇などの情報をすべて取り除き，構成素だけのシンプルな樹形図にする
　　c.　単語を樹形図に配置して，意味タイプを確認する（((7a)の「単語」を使う）
　　　　それぞれの単語の意味タイプをまず記入する．それらを組み合わせて，文全体がtタイプになっているかどうかを確認する

---

(35)は，まだ完成版ではない．文全体の意味を計算し，妥当な真理条件を導くためには，まだまだ道の途中である．(35)の段階では，まだ設計図を広げ，眺めている段階に過ぎない．とりあえず，この節まで議論してきたことは(35a-c)としてまとめられるので，これをversion 1としておこう．以降，新しく演算手順が出てきたら，(35)に順次，書き加えていくことにしよう．

3.2. ラムダ演算子

　いよいよラムダ演算子（λ）[9]を導入する．形式意味論の特徴とされている（悪名高い）演算子で，形式意味論に興味のない方でも一度は論文で見かけて，舌打ちした経験があるだろう．この節では，ラムダ演算子の必要性と有用性，その使い方について学ぼう．

---

[9] なぜラムダ（λ）なのかというと，これを最初に使ったのが18世紀フランスの数学者ラグランジュだったから，という説が有力である．Lagranciaの頭文字Lのギリシャ文字表記がλだから，とする説がまことしやかに囁かれている．ちなみに数学では，未定乗数（ラグランジュ乗数）を表す記号としてλを用いる．「ラグランジュの未定乗数法」を用いると，特定の条件下での最大値を求める計算がとても簡単になる．たとえば，ペットボトルの体積を一定にしたまま，容器の表面積を最小にする計算などで使われ，容器代のコスト削減に貢献している．λが「楽をするためのもの」であることを示す好例であろう．なお，lambdaを"lambada"と書き間違えるノリノリな綴り間違いが多発しがちなので，注意のこと．

3.2.1. ラムダ演算子のしくみ

　筆者はよく「あのラムダってのは，一体何なんですか？」とダイレクトに訊かれることがある．形式意味論をやってます，などとうっかり漏らすと，相手は「面倒なヤツに当たっちゃった．なんか形式意味論のネタで話題になることってないだろうか」と逡巡した挙句，上記の質問を発することが多いようだ．「形式意味論ってよく分からない」の同義語として，「ラムダを見ると頭が痛くなっちゃいまして」というのもよく使われる．
　かように厄介者扱いされることが多いラムダ演算子だが，その原理と表記法は思いのほか単純である．そこで，先の質問に端的に答えておくことにしよう．

(36)　「『ラムダ演算子』って何ですか？」
　　　ラムダ (λ) は，「これは変数ですよ」というマーク．

ラムダの対称概念もついでに記しておこう．

(37)　「『イオタ演算子』って何ですか？」
　　　イオタ (ι) は，「これは定数ですよ」というマーク．

申し訳ないが数学で例えると，関数の表記として $f(x) = ax^2 + 3x + 7$ という書き方をした[10] のを覚えているだろう．ここで，f(x) では a と x という記号が使われているが，それぞれの記号の「立ち位置」が違う．x は変数，a は定数である．x の値としては，（定義域の範囲で）勝手な値を入力してよいが，a は「事情があって素性は隠しているけど，ある特定の数」が正体である．好き勝手な数値を入力してはいけない．ここで「x を変数とする関数ですよ」というのが，f(x) という記述の意味である．数学の関数では，変数だけを明記して，「定数である」ということは記す必要がないことになっている．これをラムダ (λ) とイオタ (ι) を使って記述すると，$\lambda x\, \iota a\, .\, ax^2 + 3x + 7$ という書き方になる．関数や論理式において「定数（定項）と変数（変項）を区別する」ということは，常に念頭に置いておく必要がある．
　ラムダ演算子 (λ) は変数であることを示すので，λx という表記は「以下の式において，x は変数ですよ」という意味になる．これが他動詞のような二項述語になると，$\lambda x \lambda y$ のように x，y が変数であることが示される．このようなラムダによる記述を使うと，「関数」と捉えていた複合タイプの語彙の外延を，

---

[10] f(x) の "f" が function の頭文字であることを知っている学生は多いが，読み方を知っている学生は意外に少ない．f(x) は，"f applied to x"，あるいは単に "f of x" と読む．

第 3 章　世界の捉え方と表現形　　　　　　　　　　　57

内包的表記[11] によって示すことができるようになる．ここで，ラムダを使った式の書き方を，次のように規定しておこう．

(38)　Read "$[\lambda\alpha : \phi . \gamma]$" as either (a) or (b), whichever makes sense.
　　a.　"the function which maps every α such that ϕ to γ"
　　b.　"the function which maps every α such that ϕ to 1, if γ, and to 0 otherwise"　　　　　　　　　　　　(cf. Heim and Kratzer (1998: 37))

この記述で理解できる人は，そもそも本書を必要としない人である．(38a, b) は違うことを書いてあるように見えるが，本質的には同じことを言っている．(38) の規定を，分かりやすく図解しよう．

(39)　(38) の定義を砕いた図

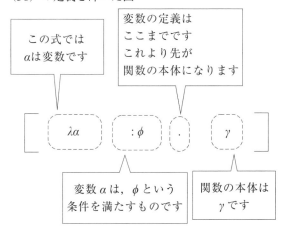

「抽象概念が分からなかったら，具体例」という勉強方法の鉄則に従って，具体例を見よう．たとえば *student* という語の外延は，(40) のように記すことができる．

(40)　⟦*student*⟧ = $[\lambda x : x \in D_e . x \text{ is a student}]$

この記述を，(39) の図示に従って解きほぐすと，(41) のようになる．

---

[11]「内包的表記」って何だっけ … という人は，こっそり p. 24 の (14) を参照のこと．

(41) (40)の表記を砕いた図

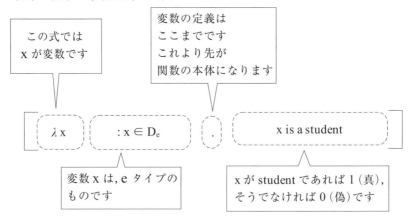

　まず，ラムダ演算子を使った表記では，ピリオド（.）を挟んで，左辺と右辺に分かれる．左辺は変数の定義，右辺が関数の定義（関数の具体的な内容）である．(40) の表記の中で「$\lambda x : x \in D_e$」の部分が左辺に相当する．この部分は「e タイプの変数 x に関して」と読む．[12] *Student* という一項関数に対する入力は，どんなタイプでもいいわけではない．John や Mary など，個体である必要がある．そこで（38）の定義における ϕ に相当する「条件」を記しておく．それが「$x \in D_e$」，つまり「x は e タイプの領域に存在するものであるべし」，分かりやすく言うと「x は e タイプのものであるべし」という条件である．そしてピリオドを挟んで，右辺が関数の本体である．右辺はそのまま，「x は student である」と読む．

　ラムダの記述法では，本や文献によって様々な「流派」がある．以下の（42）は，すべて同じ内容を表している．

(42) a.　$[\![student]\!] = [\lambda x : x \in D_e . \text{ x is a student}]$
　　 b.　$[\![student]\!] = [\lambda x_e . \text{ x is a student}]$
　　 c.　$[\![student]\!] = \lambda x \, [\text{x is a student}]$
　　 d.　$[\![student]\!] = \lambda x \, [\text{student}(x)]$

（42a）から（42d）に下がるに従って，読み手に優しくない書き方になっているが，ポイントは「λ がついている記号を，変項として扱う」という点である．

---

[12] ちなみに英語では "Lambda x such that x is in the domain of e" と読む．"Lambda x of type e" という言い方になる時もある．

この点ではどの表記のしかたも変わりはない．(42a)の「: x∈D_e」の部分は，要するに変項xの意味タイプを記しているだけ[13]なので，(42b)の「λx_e」のように簡単に書いてしまうことが多い．変数のxに，下付き文字でタイプを書いておく．これでも，意味タイプを書いてくれているだけまだ丁寧なほうで，(42c, d)のように変数の意味タイプを書いてくれない人も多い．また慣例として「変数がeタイプの時には，タイプをわざわざ書かない」という不文律がある．[14] (42d)の表記は，述語論理（predicate logic）の記述法である．素っ気ない書き方だが，**慣れてくるとこの書き方が最も理解しやすくなる．**[15]

では，他の語彙の外延をラムダで記述してみよう．二項述語の *kiss* の外延は，(43)のようになる．

(43) *kiss*
 a. 〚*kiss*〛= [λx : x∈D_e . [λy : y∈D_e . y kisses x]]
 b. 〚*kiss*〛= [λx_e . [λy_e . y kisses x]]
 c. 〚*kiss*〛= λx λy [y kisses x]
 d. 〚*kiss*〛= λx λy [kiss(y, x)]

(42)同様，多様な「流派」での書き方を併記している．二項述語なので変項がふたつあり，それぞれxとyで表されている．それらのふたつが変数であることを示すため，λがふたつ表れる．ここで，変数xとyの順序に気をつけてほしい．(43a)で，λx, λyの順に並んでいるのに，ピリオドよりも後の部分は"y loves x"であって，"x loves y"ではない．この理由は，統語構造を考えてみれば分かる．動詞 *love* と最初に併合（merge）するのは，目的語のxである．主語のyは，*loves x* という動詞句ができてからの次に併合する．だから「最初に *love* に入力される」ものが「目的語」となり，(43a)の記述のようになる．

---

[13] コロン（:）の後ろに明記される変項の特徴は，意味タイプだけではない．文脈上，ある特定の条件でしか使われないような語彙に関する注意点も，このϕの位置に書かれる．そのような注意点を「前提」（presupposition）という．詳しくは定冠詞 *the* に関する3.2.2節を参照のこと．

[14] Heim and Kratzer (1998) でも，(42a)のようなλx : x∈D_eの表記を使うとき，「タイプがeのときだけは特例として記さない」として，単にλx : x∈Dと記している．

[15] その理由はp. 79, p. 113を参照のこと．

(44) x, yの入力順に注意

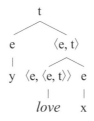

他にも，定冠詞 the のような 〈〈e, t〉, e〉 タイプの語彙，量化子 every のような 〈〈e, t〉, 〈〈e, t〉, t〉〉 の語彙もラムダを使って表記できるが，これらのような「入力に複合タイプをとる語」の外延を記述するためには，意味計算規則 (p. 7 (7c) 参照) が必要になる．それらの複雑な語彙の外延の記述のしかたは，また追々見ていくことにしよう．

最後にひとつ，記述の方法について注意しておこう．文全体の外延は t なので，適切な文脈やモデルさえ与えられれば，1 か 0 のいずれかの値が出る．そこに変項は介在しない．つまり手続き的には，「文の意味を解釈する」とは，「計算式に含まれる変項をすべて入力し尽くすこと」，つまり「ラムダをすべて外すこと」である．**文の意味をすべて計算した時にまだラムダが残っていれば，その計算はどこかが間違っている**．また，ラムダ式 ((39) 参照) のピリオドの後の部分は，通常の字体で書かれる「真理条件」であって，イタリック体で書かれる「言語表現」ではない．つまり，変項を束縛するラムダを計算によってすべて外し，真理条件を導く際には，このピリオドよりも後の部分の変項箇所を，定項で埋めた記述をそのまま書けばよい．[16]

3.2.2. 前提 (presupposition)—定冠詞 *the* の制約

p. 50 の (28) で，定冠詞 *the* の意味タイプが 〈〈e, t〉, e〉 であることを見た．では，この定冠詞を含む名詞句の外延は，どのようになるのだろうか．たとえば，Model PEANUTS 内で次の表現が何を指すかを考えよう．念のため，p. 35 の (6) で掲載した Model PEANUTS における 〈e, t〉 タイプの語彙を再掲する．

---

[16] ただし，(42d) や (43d) のように述語論理を使って真理条件を記述する場合，演算の最後に，述語論理の表記を自然言語に翻訳しなければならない．

(45) a. The bird
　　 b. The player

(6) 〈e, t〉 type predicates in Model PEANUTS
　　 a. 〚*boy*〛^MP = {Charlie, Linus, Schroeder}
　　 b. 〚*girl*〛^MP = {Sally, Lucy, Patty}
　　 c. 〚*dog*〛^MP = {Snoopy}
　　 d. 〚*bird*〛^MP = {Woodstock}
　　 e. 〚*player*〛^MP = {Snoopy, Charlie, Lucy, Linus, Patty, Schroeder}
　　 f. 〚*cute*〛^MP = {Sally, Lucy, Patty}
　　 g. 〚*crazy*〛^MP = {ϕ}
　　 h. 〚*counselor*〛^MP = {Lucy}

(45a) では，BIRD という集合の要素が Woodstock しかいないのだから，*the bird* とは Woodstock のことを指す，とわかる．同様に，*the dog* といえば Snoopy のことであるし，*the councelor* といえば Lucy のことである．しかし，PLAYER という集合には6個体が属しており，文脈的な情報がなにもない状況では *the player* と言われても，誰のことだか分からない．

つまり，定冠詞の *the* は，「集合に含まれる要素が1個体しかない」，あるいは「文脈により，集合内に含まれる任意の1個体が特定可能である」という状況でしか使えない．意味タイプ的には，*the* は関数となり，sister の位置にある一般名詞を項として取り込むが，「どんな一般名詞でも入力できる」というわけではないのだ．入力に関して制限がかかる．

こういう「制限つき」の関数のことを，部分関数（partial function）という．

(46)　部分関数（partial function）
　　 A *partial* function *from* A *to* B is a function from a subset of A to B.
　　　　　　　　　　　　　　　　　　　　　　(cf. Heim and Kratzer (1998: 75))

これは「定義域が限定されている関数」のことだ．中学や高校の数学の問題で，「$y > x^2$ かつ $y < x + 6$ の範囲を図示せよ．ただし，$-1 \leq x \leq 2$ とする」のような出題のしかたがあったのを覚えているだろうか．この「ただし，$-1 \leq x \leq 2$ とする」の部分が，部分関数の定義になっている．変数の x にはすべての数を入力していいわけではなく，「この範囲内だけに限りますよ」という但し書きがついている．「$-1 \leq x \leq 2$ という数の集合」は，「すべての数から成る集合」の，部分集合（subset）になっている．同様に，〚*the*〛という関数の項にも，すべての〈e, t〉タイプの語句を入れていいわけではない．「要素の

うちどれかひとつに対象が定まる集合」でなければ，*the* の入力にはなれない．

このような「入力に関する制約」は，ラムダ式で記述する際には，コロン（:）のうしろに明記しておく．p. 57 (39) の図では，ϕ の部分がその制約となる．それに基づいて *the* の外延をラムダを使って表記すると，(47) のようになる．

(47) 〚*the*〛= [λf : f∈D$_{\langle e, t \rangle}$ and there is exactly one x such that f(x) = 1. the unique y such that f(y) = 1]　　(cf. Heim and Kratzer (1998: 75))

p. 57 (39) の図で ϕ と記した部分は，(47) では "f∈D$_{\langle e, t \rangle}$ and there is exactly one x such that f(x) = 1" という，長い制約に相当する．「入力となる f は，〈e, t〉タイプのものであるべし」「f という特徴を満たす個体がただひとつだけあるべし」というふたつの制約である．

このような「語彙の外延に含まれる，項に課せられている制約」のことを，前提（presupposition）という．前提が存在する語彙が別の語彙と共起する際には，その前提が満たされなくてはならない．それが満たされず，「文脈的に（＝世界のあり方のほうに起因して），項を関数に入力できない」というエラーを，前提の誤謬（presupposition failuer）という．(45b) の *the player* が妥当な外延を導けないのは，PLAYER という集合の要素が唯一絶対無二の個体に限定することができず，前提の誤謬が生じているためである．

ここまでの段階，各語彙の外延をラムダ式を使って記述することができるようになった．それに基づいて，文の意味解釈の方法に新たな段階を付け加えよう．

(48) 文の真理条件の導き方（version 2）
 a. 文の樹形図を描く（p. 7 (7b) の「統語構造」を使う）
 b. 樹形図を「意味論用」に描き替える
  接点，中間投射，統語範疇などの情報をすべて取り除き，構成素だけのシンプルな樹形図にする
 c. 単語を樹形図に配置して，意味タイプを確認する（p. 7 (7a) の「単語」を使う）
  それぞれの単語の意味タイプをまず記入する．それらを組み合わせて，文全体が t タイプになっているかどうかを確認する
 d. 文で使用されているすべての語句の外延を記述する．複合タイプの語彙の外延は，ラムダ演算子を使って関数の形で記述する

これはプラモデルに例えると,「設計図」の図面を広げて,使用するすべての「部品」をきちんと並べた段階に相当する.次節ではいよいよ,これらの部品を組み合わせる操作を学んでいくことにしよう.

第 4 章

意味計算規則
―単語と単語をつなぐルール―

 前章までで,「統語構造」と「単語の意味の記述のしかた」を概括した.これは形式意味論で必要な 3 部門のうち,ふたつに相当する.p. 7 に掲載した「3 部門」を,もういちど復習しよう.

 (1) 合成的意味論分析の 3 部門
   a. 単語(lexicon)   「部品」に相当
   b. 統語構造(Syntax)   「設計図」に相当
   c. 意味計算規則(Semantic Rule) 「接着剤」に相当

前章までは,(1b)の統語構造(設計図)と,(1a)の単語(部品)を扱ったことになる.この章では,いよいよ(1c)の意味計算規則(Semantic Rule)を覚えよう.この意味計算規則を覚えると,晴れて形式意味論の手法に基づいて言語の意味計算ができるようになる.
 Heim and Kratzer (1998) では,意味計算規則は実質的に 4 つしか使っていない.p. 7 に挙げた意味計算規則を再掲しよう.

 (2) 4 つの意味計算規則
   a. Functional Application (FA)
   b. Predicate Modification (PM)
   c. Traces & Pronouns Rule (T&P)
   d. Predicate Abstraction (PA)

この 4 つの意味計算規則を自由自在に使いこなせるようになることを目標に,具体例に即しながら適用の仕方を覚えよう.

4.1. Functional Application (FA)

4.1.1. Functional Application (FA) の概要

まず，(2) の4つのルールのうち，Functional Application (FA) から入ろう．これは，4つの意味計算規則の最も基本的なルールで，タイプ理論に基づいて各単語を組み合わせる規則である．これは「関数適用」という名称に表れている通り，ふたつの単語を組み合わせる際に，片方を関数，片方を項として組み合わせる操作だ．

> (3) Functional Application
> If α is a branching node, {β, γ} is the set of α's daughter, and ⟦β⟧ is a function whose domain contains ⟦γ⟧, then ⟦α⟧ = ⟦β⟧(⟦γ⟧)
> (Heim and Kratzer (1998: 44))

(3) の定義を大まかなイメージとして掴むと，(4) のようになる．

(4) Functional Application (FA) のイメージ

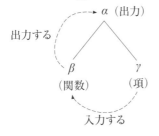

(3) では，はじめから β を関数，γ のほうを項，として記述しているが，実際にはこのような sister 関係にある語の，どちらが関数か項かを見分けなくてはならない．関数と項の決定は，それぞれの語彙の意味タイプによる．

(3) の定義で分かりにくいのは "If ... ⟦β⟧ is a function whose domain contains ⟦γ⟧," の箇所だろう．これは「β の外延が，γ の外延を定義域 (domain) に含む関数であるとき」，つまり「β が関数で，その入力として γ が適した形式をとっているとき」という意味だ．たとえば，⟨e, t⟩ という意味タイプを関数とすると，e タイプのものは適した入力である (⟨e, t⟩ の定義域に含まれている) が，t タイプのものは適した表現ではない (⟨e, t⟩ の定義域に含まれない)．このように「γ が，β の定義域に含まれる/含まれない」という表現は，「入力となる項として適切である/適切でない」と考えればよい．おおむね，こ

の条件は実際のところ「タイプの辻褄が合っていること」であることが多い．

では，この関数 β に項 γ を入れるときの，手順と表記のしかたはどうすればいいのか．(3) では，あっさり "$[\![\alpha]\!] = [\![\beta]\!]([\![\gamma]\!])$" などと書いてあるが，これを解きほぐしてみよう．項は，二重鍵括弧（$[\![\ ]\!]$）の外側に，丸括弧にくくって記述する．たとえば，*John is a student.* という文で FA を展開すると，(5) のようになる．

(5)　$[\![student]\!]([\![John]\!]) = [\lambda x : x \in D_e . x \text{ is a student}] (John)$
　　　　　$= 1$ iff John is a student

この式展開の手順を図示すると，(6) のようになる．

(6)　Functional Application (FA)

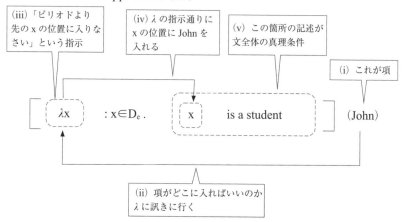

(6) は，(i) の入力項から始まって，時計回りに廻る．*student* は $\langle e, t \rangle$ タイプ，*John* は e タイプであり，このふたつを FA で組み合わせた $[\![student]\!]$(John) は t タイプである．よって，その外延は真理値の「1 か 0 か」ということになる．[1]

この文を正しく解釈するためには，この文が発話された世界における John さんが，実際に学生であれば真，そうでなければ偽，ということになる．「言語表現」と「世界の有り様」をつなぐのが「意味」なので，実際の「世界の有り様」が分からなければ，この文の真理値は決定できない．この文に登場する John さんなる者が誰なのか知らなければ，文の真偽は判断できない．

---

[1] (5) の 2 行目で "1 iff ..." という表現が出てくるのが唐突と感じた人は，p. 60 の「記述の方法についての注意」を参照のこと．

そこで，自然言語の文の意味を計算した結果は，「その文が真なのか偽なのか」という判断ではなく，「その文が真になるとしたら，それはどういう世界のあり方になるのか」という条件を記載することが多い．そのような「世界のあり方の条件」のことを，「真理条件」(truth condition) という．文の意味を解釈するときに，文の真偽を判断できるほど自分が世界の有り様を知らない時は，文の真理条件を導くことをもって「文の意味を解釈する」という．

(7) 「文の意味を解釈する」とは
　a. 世界のすべてを知っている場合／モデルが与えられている場合
　　　… 世界（モデル）の有り様に照合して，**文の真理値を決定する**
　b. 文が発話された世界の情報が不十分な場合／モデルが与えられていない場合
　　　… **文の真理条件を導く**

合成的な意味計算をやっていると，「ゴールは何なのか」を見失い，途中から「自分はいったい何を導き出そうとしているのだろう」というのが分からなくなってくることがある．求めるものが「真理条件」なのか「真理値」なのか，迷わないようにしよう．

では，ここまでの段階での真理条件の導き方をまとめておこう．

(8) 文の真理条件の導き方（version 3）
　a. 文の樹形図を描く（(1b) の「統語構造」を使う）
　b. 樹形図を「意味論用」に描き替える
　　 接点，中間投射，統語範疇などの情報をすべて取り除き，構成素だけのシンプルな樹形図にする
　c. 単語を樹形図に配置して，意味タイプを確認する（(1a) の「単語」を使う）
　　 それぞれの単語の意味タイプをまず記入する．それらを組み合わせて，文全体が t タイプになっているかどうかを確認する
　d. 文で使用されているすべての語句の外延を記述する．複合タイプの語彙の外延は，ラムダ演算子を使って関数の形で記述する
　e. 文を各語彙の外延に分解し，意味計算規則に従って意味計算を行う
　f. 最終的な出力を吟味する．世界の有り様が分かっているときは真理値，分かっていない時には文の真理条件を求める

それでは，この手順に従って，実際に文の意味解釈を行ってみよう．その際，(8f) に記されているように，「『文の意味を解釈する』というのは，具体的には一体何を求めればいいのか」が重要となる．

4.1.2. モデルの「中」と「外」

意味計算で「何を求めようとしているのか」をはっきりさせる練習として，以下の問題をやってみよう．モデルが規定されている文とそうでない文で，意味解釈はどう違ってくるだろうか．

> (9) 練習問題
> 次の文の外延を計算しなさい．
> a. 〚Snoopy is a player〛^{M_P}
> b. 〚Snoopy is a player〛
> c. 〚Lucy loves Charlie〛^{M_P}
> d. 〚John smokes〛
> e. 〚The dog is cute〛^{M_P}

(9) の練習問題の答えを考える前に，まず「解答の作法」から確認しよう．これまで何度も強調してきた通り，合成的意味論の手法に基づく意味分析に必要なものは，(1) の「語彙」「統語構造」「意味計算規則」の3つである．**なので，まず「統語構造」と「必要な単語」をすべて書き出しておくこと**．統語構造は，各接点における統語構造のラベルが不要であるかわりに，意味タイプを明記しておく．「単語」は，部品や材料に相当するものなので，文に使われる単語をすべて列挙し，その外延を書き並べておく必要がある．テレビ番組の「3分間クッキング」のように，「料理を始める前に，材料をすべてキチンと揃えておく」ことを心がけよう．決して，材料が揃う前に料理を始めようとしてはいけない．

まず (9a) の，M_P 内での Snoopy is a player の意味を考えよう．まず統語構造という「図面」を引き，単語の意味タイプの辻褄があっている（＝FA で組み合わせた結果，文全体が t タイプになっている）ことを確認し，語彙という「部品」を揃え，意味計算を行う．ここでは暫定的に，be 動詞の is と，不定冠詞の a のふたつは，意味的に空虚として外延を考えないことにする．

第 4 章　意味計算規則　　69

(10)　⟦*Snoopy is a player*⟧^{M_P}（＝(9a)）
　　a.　統語構造と意味タイプ（「今日はこんな料理を作ってみましょう」）

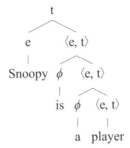

　　b.　語彙（「使う材料はこちらになります」）
　　　　⟦*Snoopy*⟧^{M_P} = Snoopy in M_P
　　　　⟦*is*⟧^{M_P} = ϕ
　　　　⟦*a*⟧^{M_P} = ϕ
　　　　⟦*player*⟧^{M_P} = [λx : x ∈ D_e . x is a player in M_P]
　　c.　意味計算（「では，実際に調理してみましょう」）
　　　　⟦*Snoopy is a player*⟧^{M_P}
　　　　　= ⟦*is a player*⟧^{M_P} (⟦*Snoopy*⟧^{M_P})　　…(i)
　　　　　　　　　　　　　　　　　　　　　　　(∵ FA)
　　　　　= ⟦*a player*⟧^{M_P} (⟦*Snoopy*⟧^{M_P})　　…(ii)
　　　　　　　　　　　　　　　　　　　　(∵ ⟦*is*⟧^{M_P} = ϕ)
　　　　　= ⟦*player*⟧^{M_P} (⟦*Snoopy*⟧^{M_P})　　…(iii)
　　　　　　　　　　　　　　　　　　　　(∵ ⟦*a*⟧^{M_P} = ϕ)
　　　　　= [λx : x ∈ D_e . x is a player in M_P] (⟦*Snoopy*⟧^{M_P})
　　　　　　　　　　　　　　　　　　　　　　　…(iv)
　　　　　　　　　　　　　　　　　　　(∵ lexicon of *player*)
　　　　　= [λx : x ∈ D_e . x is a player in M_P] (Snoopy in M_P)
　　　　　　　　　　　　　　　　　　　　　　　…(v)
　　　　　　　　　　　　　　　　　　　(∵ lexicon of *Snoopy*)
　　　　　= 1 iff Snoopy is a player in M_P.
　　　　Snoopy ∈ PLAYER = {Snoopy, Charlie, Lucy, Linus, Patty, Schroeder} in M_P.
　　　　Therefore, ⟦*Snoopy is a player*⟧^{M_P} = 1

(9a) の意味解釈は，「M_P 内での解釈」という縛りがかかっているので，3.1 節

でつくった Model PEANUTS という箱庭の中での物語になる．3.1節は Model PEANUTS 内だけの話だったので，*Snoopy* の意味を単純に Snoopy などと定めた．しかしこの節では「モデルの中と外の区別」が問われるので，Model PEANUTS 内での *Snoopy* の外延を，(10b) のように Snoopy in M_P と明記しておこう．同様に，*player* の外延にも，「『Model PEANUTS 内での』 *player* の外延」ということを明記することにする．

　そのように語彙項目を設定しておいて，(10c) で実際に意味計算に入るのだが，その前にまず，スタート地点とゴール地点を確認しよう．そのために使うのが，(10a) の統語構造という「地図」である．ここでは，統語構造のいちばん上からスタートし，下にへと下がって行くトップダウンの方向で計算を行っている．だからスタート時点は，文全体となる t タイプの位置，*Snoopy is a player* 全体となる．そこから始まって，FA のルールを使って，各部品に「分解」していくことになる．一方，ゴールは，1 か 0 かのいずれかとなる．ここでは Model PEANUTS という箱庭の中での意味解釈なので，3.1節で定めた Model PEANUTS の「世界のあり方」に照らし合わせれば，文の外延が真か偽かのどちらかに定まる．よって手順としては，「文の真理条件を求める」→「モデルと真理条件をつき合わせる」→「真理値を決定する」という流れになる．

　それでは (10c) の意味計算に入ろう．最初なので，若干くどく書いている．ここでは便宜上，各行の展開を (i)-(v) の数字をあてて示している．最初の (i) 行めは，文の一番上にある二又枝分かれに相当する．*Snoopy* と，*is a player* で分かれているところだ．ここで (3) の FA が適用されている．t タイプの文全体を，e タイプ（= *Snoopy*）と，⟨e, t⟩ タイプ（= *is a player*）のふたつに「分解」している．(ii) は，ふたつめの枝分かれ，*is* と *a player* で分岐している箇所に相当する．同様に (iii) は，*a* と *player* で分岐している箇所となる．これらの分岐は (i) とは異なり，FA の適用ではない．(10b) の定義により，*is* と *a* は，ここでは「語彙的に空虚」という扱いになっている．あってもなくても，ここでの意味計算上は同じとなる要素なので，無視する．つまり

$$[\![\text{is a player}]\!]^{M_P} = [\![\text{a player}]\!]^{M_P} = [\![\text{player}]\!]^{M_P}$$

ということになる．(iii) でとりあえず統語構造の「底」まで到達したので，(10b) の語彙項目に従って，各語彙の外延に書き換える．テレビの3分間クッキングであれば「ここで，最初に用意してありましたこの材料を…」などと言いながら，食材を次々と投入する段階に相当する．ここでは，*Snoopy* と

player という材料を，二重鍵括弧の記述と置き換える．すると (v) の段階になる．あとは (6) のイメージを参考に，ラムダ演算を行い，変数指定の λ をはずす．そうすると，文の真理条件が出てくる．

あとは，その真理条件が Model PEANUTS の世界の中で，真なのか偽なのかを判断すればいい．p. 35 の (6e) で，player の集合 PLAYER は，以下のように定義してある．

⟦*player*⟧^{M_P} = {Snoopy, Charlie, Lucy, Linus, Patty, Schroeder}

Snoopy はこの集合の要素に入っているので，「モデルの有り様」が「文の真理条件」に合致し，文全体が「真」という判断になる．

次に，(9b) の ⟦*Snoopy is a player*⟧ を計算しよう．これは，先ほど計算した (9a) とどう違うのだろうか．(9b) が (9a) の場合と異なるのは，「Model PEANUTS という制限がなく，実際の世界の話である」という点である．(9a) は特定のモデルという箱庭の中での文の意味だったが，(9b) は「実際の世界」（＝読者のみなさんが存在しているこの世界）の話である．Snoopy というのが人なのか犬なのか，犬だとしたらどこの犬なのか，一切分からない．世の中で player がどれだけいるのかも分からないし，ましてや Snoopy なる個体がその一員であるかどうかも分からない．

こういう状況では，与えられた文が真なのか偽なのかを判断することはできない．つまり，真理値を求めることが意味解釈の目的ではないのだ．こういう場合の意味計算によって求められるものは，真理条件である．「もし仮に世界がこういうものであったら，この文は真になります」というように，世界のあり方のほうを求めるのだ．

では，「作法」に倣って，必要な 3 部門を揃えよう．

(11)　⟦*Snoopy is a player*⟧
　　　a.　統語構造と意味タイプ（(10a) と同一）

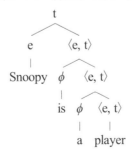

b. 語彙
   ⟦*Snoopy*⟧ = Snoopy
   ⟦*is*⟧ = ϕ
   ⟦*a*⟧ = ϕ
   ⟦*player*⟧ = [λx : x ∈ D_e . x is a player]
c. 意味計算
   ⟦*Snoopy is a player*⟧
   = ⟦*player*⟧ (⟦*Snoopy*⟧)
   　　　　　　　…(i)（∵ FA）
   = [λx : x ∈ D_e . x is a player] (Snoopy)
   　　　　　　　…(ii)（∵ lexicon of *Snoopy* and *player*）
   = 1 iff Snoopy is a player.

　(10b) の語彙項目とは異なり，(11b) の語彙の書き方では，M_P の制約が消えている．ここで言う *Snoopy* というのは，「実際にこの世界に存在する，Snoopy という名の，話者と聞き手の間で特定可能な一個体」を指す．筆者は，マンガのキャラクターの Snoopy という概念は知っているが，実際に Snoopy という犬を見たことはない．ここで *Snoopy* という表現が指しているのは，後者のほうだ．そこで，*Snoopy* という表現の意味を解釈するときには，「... というのが存在するとしましょう．その Snoopy が〜」という読み方になる．モデルが与えられない時は，「文の真偽を確定させる」のではなく，「文が真になる世界のあり方を考える」のが意味解釈の目的となることを念頭に置いてほしい．*player* の意味も同様で，「実際の世界における player の集合」を知っている必要はない．「実際の世界に player の集合があるとすると，その中の要素は〜」という，「条件の規定」になる．

　実際の意味計算は (11c) に示してある通りだが，(10c) よりも簡潔に記してある．一行ごとに一演算ではなく，統語構造で *is* と *a* を一足に飛ばし，*Snoopy* と *player* の語彙変換も一度に行っている．最終的に求められるのは真理条件で，Snoopy が player であれば（= PLAYER という集合の一員であれば）文は真，そうでなければ偽となる．

　では，(9c) の ⟦*Lucy loves Charlie*⟧^{M_P} を考えよう．再び，Model PEANUTS 内での意味解釈になる．世界の有り様がすでに分かっているので，最終的に求めるものは真理値となる．

第 4 章　意味計算規則

(12) 〚*Lucy loves Charlie*〛^{M_P}

a. 統語構造と意味タイプ

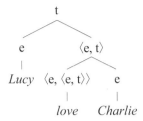

b. 語彙

〚*Lucy*〛^{M_P} = Lucy in M_P

〚*love*〛^{M_P} = [λx : x ∈ D_e . [λy : y ∈ D_e . y loves x in M_P]]

〚*Charlie*〛^{M_P} = Charlie in M_P

c. 意味計算

〚*Lucy loves Charlie*〛^{M_P}

= 〚*loves Charlie*〛^{M_P} (〚*Lucy*〛^{M_P})

　　　　　　…(i)　(∵FA)

= 〚*loves*〛^{M_P} (〚*Charlie*〛^{M_P}) (〚*Lucy*〛^{M_P})

　　　　　　…(ii)　(∵FA)

= [λx : x ∈ D_e . [λy : y ∈ D_e . y loves x in M_P]] (Charlie in M_P) (Lucy in M_P)

　　　　　　…(iii)　(∵lexicon of *Lucy*, *love*, *Mary*)

= [λy : y ∈ D_e . y loves Charlie in M_P] (Lucy in M_P)

= 1 iff Lucy loves Charlie in M_P

⟨Lucy, Charlie⟩ ∉ 〚*love*〛^{M_P} = {⟨Lucy, Schroeder⟩, ⟨Sally, Linus⟩, ⟨Patty, Charlie⟩}

Therefore, 〚*Lucy loves Charlie*〛^{M_P} = 0

(12b) では，*love* という二項述語の動詞が使われている．これは e タイプの項をふたつとるため，語彙項目を λ を使って記述すると，ふたつの変項をとる関数になる．

（13）（12c）のラムダ演算のイメージ

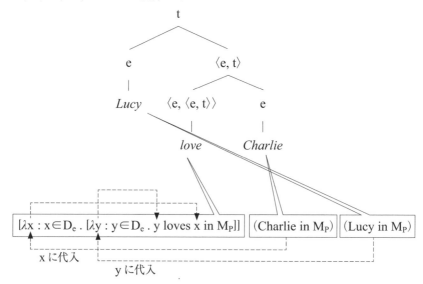

ラムダ演算の結果，真理条件は Lucy loves Charlie となる．p. 41 の（19b）では，Model PEANUTS における *love* の外延を，以下のように定めた．

〚*love*〛^{M_P} = {⟨Lucy, Schroeder⟩, ⟨Sally, Linus⟩, ⟨Patty, Charlie⟩}

真理条件で出てきた⟨Lucy, Charlie⟩という組み合わせは，この外延には含まれていない．よって，この文の外延は偽（= 0）となる．

　（9d）の *John smokes.* の意味計算は，以下のようになる．

（14）〚*John smokes*〛
　　a.　統語構造と意味タイプ

　　b.　語彙
　　　〚*John*〛= John
　　　〚*smoke*〛= [λx : x ∈ D$_e$. x smokes]

c. 意味計算
⟦*John smokes*⟧ = ⟦*smoke*⟧ (⟦*John*⟧)
(∵ FA)
= [λx : x ∈ D_e . x smokes] (John)
(∵ lexicon of *smoke* and *John*)
= 1 iff John smokes.

(14) ではモデルの規定がないので，我々がすべてを知ることができない「実際の世界」が対象となる．よって，最終的に求めるものは真理条件になる．

最後に，(9e) の ⟦*The dog is cute*⟧^Mp の意味解釈を計算しよう．定冠詞 *the* については，p. 62 の (47) で記した外延を使うことにしよう．ここでは，M_P というモデル世界の中のあり方を問うことになるので，Model PEANUTS で定めた世界のあり方に照らし合わせれば，真か偽かが定まる．つまり求めるのは，真理条件ではなく真理値である．

(15) a. 語彙項目
⟦*the*⟧^Mp = [λf : f ∈ D_⟨e, t⟩ and there is exactly one x in M_P such that f(x) = 1. the unique y such that f(y) = 1]
⟦*dog*⟧^Mp = [λx : x ∈ D_e . x is a dog in M_P]
⟦*is*⟧^Mp = φ
⟦*cute*⟧^Mp = [λy : y ∈ D_⟨e, t⟩ . y is cute in M_P]

b. 統語構造

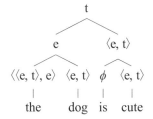

c. 意味計算
⟦*the dog is cute*⟧^Mp
= ⟦*is cute*⟧^Mp (⟦*the dog*⟧^Mp)
= ⟦*cute*⟧^Mp (⟦*the*⟧^Mp (⟦*dog*⟧^Mp))
= ⟦*cute*⟧^Mp ([λf : f ∈ D_⟨e, t⟩ and there is exactly one x in M_P such that f(x) = 1. the unique y such that f(y) = 1] ([λx : x ∈ D_e . x is a dog in M_P]))

$= [\![cute]\!]^{M_P}$ (the unique y such that $[\lambda x : x \in D_e$. x is a dog in $M_P]$ (y) $= 1$)

$= [\![cute]\!]^{M_P}$ (the unique y such that y is a dog in M_P)

$= [\lambda y : y \in D_{\langle e, t \rangle}$. y is cute in $M_P]$ (the unique y such that y is a dog in M_P)

$= 1$ iff the unique y such that y is a dog in M_P is cute in M_P.

The unique dog in M_P is Snoopy.

Snoopy $\notin$ CUTE $= \{$Sally, Lucy, Patty$\}$.

Therefore, $[\![\textit{the dog is cute}]\!]^{M_P} = 0$

統語構造と語彙項目さえきっちり定めておけば，あとは FA のルールに従って機械的に真理条件が求められる．それを Model PEANUTS の世界のあり方と比べてみると，このモデルにおける「唯一の特定可能な犬」，つまり Snoopy は，CUTE の集合の要素には入っていない．よって，この文は「偽」である．

4.1.3. 単語の外延の設定のしかた

Functional Application を使うと，特定の単語の外延を設定することができる．形式意味論の手法による自然言語の意味分析では，解決したい問題に対するアイデアの大元を「単語の意味」に落とし込むことが多い．意味に関する「もんだい」を解決する時には，(1) に示した 3 部門（「単語」「統語構造」「意味計算規則」）のどれかに原因を求めることになるが，最も多く使われる解決案が「単語」に対する提言である．[2] ここでは，その「単語」の扱い方，もっと具体的には「単語の外延の定め方」を練習する．具体例として，p. 49 の

---

[2] もし問題の原因を「意味計算規則」に帰着する提言をすると，過剰生成の問題が生じることが多い．新たな計算規則によって，従来は生じていなかった問題が多数発生することが予測される．その危険性を排除する「言い訳」ために，「この計算規則は … という制約のもとでしか適用できない」というローカルルールを設定することになるが，それが「ad hoc な分析ではないか」と批判を受けることになる．また，計算規則を増やすということは，それだけ体系全体が「重くなる」ことになり，人間言語のシステムとして好ましくない．また，もし「統語構造」に帰着する提言をすると，「統語論に関する議論なら理解できるので，それについては一言物申す」という統語論研究者から，その統語構造の妥当性について怒濤のような反論を受ける．また意味現象のほうから統語構造を見ると一見妥当に見えるような構造であっても，統語論は統語論で，意味とは関係ない理由で，構造が「そのように定まっている」とされていることも多い．意味論研究者は「構造なんて，意味を導くためだけにある」と思い込んでしまう危険性があり，そうした「意味だけの理由」で安易に統語構造を改変するのは好ましくない．かように「意味計算規則」「統語構造」に原因を求める分析はリスクが多いことを覚えておこう．

(25b) でとり上げた *John runs fast.* について考えよう．副詞 *fast* の外延は，どのようなものだろうか．

> （16）練習問題
> *John runs fast.* という文における，副詞 *fast* の外延を考えなさい．

こういう問題を解くときのコツは，「すでに分かっていることから埋めていく」ことである．文全体の意味から，他の単語の意味を「引き算」すると，当該の単語の意味が定まる．

fast の意味タイプは $\langle e, t \rangle$ タイプをとって，同じ $\langle e, t \rangle$ タイプを返す関数，つまり $\langle \langle e, t \rangle, \langle e, t \rangle \rangle$ である（p. 51 (29) 参照）．また，*John* と *runs* の外延は，それぞれ簡単に求まる（一項述語の文 (14) を参照）．それらの，すでに分かっている情報を整理すると，(17) のようになる．

(17) 〚*John runs fast*〛
    a.　統語構造

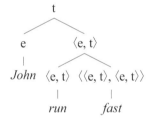

    b.　語彙
    〚*John*〛 = John
    〚*run*〛 = [λx : x ∈ D_e . x runs]
    〚*fast*〛 = ?

    c.　意味計算
    〚*John runs fast*〛 = ... = 1 iff John runs fast.

さて，ここから 〚*fast*〛 の外延を導くわけだが，(17a) の統語構造に基づいて，(17b) の語彙情報をもとに，ラムダを使って式を立ててみよう．

(18)　〚*John runs fast*〛 = 〚*fast*〛(〚*run*〛)(〚*John*〛)　　(∵ FA)
                   = 〚*fast*〛([λx : x ∈ D_e . x runs]) (John)
                                   (∵ lexicon of *run*, *John*)

(17a) の樹形図を見れば分かる通り，*fast* は「⟨e, t⟩ タイプの動詞をとって，e タイプの主語をとって，t を返す」という関数である．つまり，*fast* は項をふたつ（動詞と主語）をとる．(18) に示すように，それらの項のタイプが違うので，注意が必要だ．そこまでの条件を反映させると，*fast* の外延の入力に関する記述（ピリオドよりも前の「左辺」）は，(19) のようになる．

(19) 〚*fast*〛の入力条件

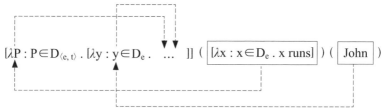

つまり副詞 *fast* は，⟨e, t⟩ タイプの変項 P,³ e タイプの変項 x のふたつをとることになる．しかも (17) では，x は *John*，P は *runs* であるので，「x は，P の項」という関係になっている．これを述語論理の記法に基づいて，P(x) と記すことにしよう．

述語論理（predicate logic）について簡単に説明しておこう．一般に記号論理学は，命題論理（proportional logic）と述語論理（predicate logic）のふたつから成る．命題論理というのは，命題（t タイプの記述，つまり文）を記号に置き換え，命題と命題の関係について考察するものだ．命題論理においては，文全体をひとつの記号で置き換える．たとえば「Charlie は男の子である」を P，「Lucie はカウンセラーである」を Q，などと置く．これらの記号に置き換えた命題をもとに，連言（AND），選言（OR），否定（NOT），含意（→）などの論理演算記号によって組み合わせた複合命題の真理値を考察する．一方，述語論理というのは，変数を含んでいる命題を扱う．たとえば，「x は男の子である」のように変数 x を含む命題を，P(x) のように記述する．「x はカウンセラーである」は Q(x) のように記述できる．述語論理が命題論理と異なる点は，変数となっている個体変項の量化（quantification）を扱える点である．普遍量化子（ALL, ∀），存在量化子（SOME, ∃）などのような量化子を

---

³ 一般的に，e タイプの変項には x, y, z など小文字を使うが，⟨e, t⟩ や ⟨e, ⟨e, t⟩⟩ などの複合タイプ（＝述語）の変項には P, Q など大文字を使う慣習がある．これは，述語論理の記述法では，述語の変数を大文字で記す慣習があるためである．e タイプの項をとるということは，特定の個体に関する特徴を記述する語，つまり「述語」として扱われる．述語論理に関しては，p. 113 も参照．

用いると,「すべての x は男の子である」は $\forall x P(x)$,「ある x はカウンセラーである」は $\exists x Q(x)$, のように表せる.

話を *fast* の外延に戻すと, *fast* は,P(x)((17)の例では run(x) に相当)をさらに項として含むので,fast(P(x))ということになる.そう仮定して,意味計算を検算してみよう.ここで,語彙をちょっと修正する.*fast* の外延で述語論理の記法を使っているので,それに合わせて *run* の外延も述語論理に合わせよう.

(20) a. 語彙
  $[\![John]\!]$ = John
  $[\![run]\!] = [\lambda x : x \in D_e . \text{run}(x)]$
  $[\![fast]\!] = [\lambda P : P \in D_{\langle e, t \rangle} . [\lambda y : y \in D_e . \text{fast}(P(y))]]$ [4]
 b. 意味計算(途中までは(18)と同様)
  $[\![John\ runs\ fast]\!]$
  $= [\![fast]\!]([\![run]\!])([\![John]\!])$ ($\because$ FA)
  $= [\![fast]\!]([\lambda x : x \in D_e . \text{run}(x)])(\text{John})$
   ($\because$ lexicon of *run*, *John*)
  $= [\lambda P : P \in D_{\langle e, t \rangle} . [\lambda y : y \in D_e . \text{fast}(P(y))]]([\lambda x : x \in D_e .$
   $\text{run}(x)])(\text{John})$ ($\because$ lexicon of *fast*)
  $= [\lambda y : y \in D_e . \text{fast}([\lambda x : x \in D_e . \text{run}(x)](y))](\text{John})$
   ($\because \lambda P$ を展開)
  $= [\lambda y : y \in D_e . \text{fast}(\text{run}(y))](\text{John})$ ($\because \lambda x$ を展開)
  $(= \text{fast}(\text{run}(\text{John})))$ ($\because \lambda y$ を展開)
  $= 1$ iff John runs fast.

run の外延のうち,真理条件に該当する箇所を "x runs" という自然言語(っぽい)表現(=(17b))で書き表したり,run(x) という述語論理の表現(=(20b))で書き表したりする「流派」がある,ということを p. 58 の(42)で触れた.そこでは「慣れてくると,述語論理での記法が最も理解しやすい」と書いたが,その理由は,複合タイプの外延は述語論理を用いないと記述することが困難であり,量化子などの外延表記の際にはどのみち述語論理の記法が必要となるため,自然言語表記と述語論理の表記を「混ぜ書き」しないように,すべて述語論理の表記に統一したほうが混乱がないからである.

---

[4] *fast* の e タイプの項に,x ではなく y を使用している理由については,p. 81 を参照.

4.2. Predicate Modification (PM)

それでは,ふたつめの意味解釈規則,Predicate Modification (PM) に入ろう.この規則は,たとえば次のような文の意味を計算する時に用いる.

(21) a. John is a smart boy.
  b. Mary is a beautiful girl.

試しに,(21a) の統語構造を書いてみよう.

(22) *John is a smart boy.* の統語構造

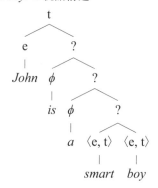

smart と *boy* が併合(merge)されている箇所で,おかしなことがおきている. *smart* も *boy* も,主語名詞句をとる一項述語なので,タイプはともに $\langle e, t \rangle$ である.他の語彙も,タイプに齟齬はない.念のため,すべての語彙を列挙しておこう.

(23) *John is a smart boy.* の語彙
  a. $[\![John]\!]$ = John
  b. $[\![is]\!] = \phi$
  c. $[\![a]\!] = \phi$
  d. $[\![smart]\!] = [\lambda a : a \in D_e . \text{smart}(a)]$
  e. $[\![boy]\!] = [\lambda b : b \in D_e . \text{boy}(b)]$

ここで,小さなことだが,わりと後々重要になってくることを修正しておこう.(23d, e) の *smart* と *boy* の外延の記述で,それぞれの変項が x ではなく,a, b になっている.形式意味論の入門書は,ほとんどが変項を "x" とおいてお

第 4 章　意味計算規則　　　　　　　　　　81

り，[5] 二項述語になったときには y も使う，という書き方をしているものが多い．そういう本では，*smart* の外延を $[\lambda x : x \in D_x . smart(x)]$，*boy* の外延を $[\lambda x : x \in D_e . boy(x)]$ などと，x という同じ記号を変項に充てる書き方をしている．変項は使っている文字が重要なのではなく，ラムダ演算子に束縛されて「これは変数ですよ」と分かっていることのほうが大事なので，別にこの書き方でも間違いではない．しかし，演算が複雑になって，「関数の中にまた関数を入れて…」のような入れ子の演算が増えてくると，計算の過程で，表示されている変項の記号が「どの語彙に由来している変項なのか」が分かりにくくなってしまう．[6] そこで今後は，各語彙に含まれている記号は，極力異なる記号で表すことにしよう．記号を x から使い始めると，x, y, z となっておしまいになってしまうので，a, b, c, … とアルファベットのはじめから順番に使っていくことにする．[7] また，従来の慣例に従って，e タイプの変項には小文字を，複合タイプの述語の変項には大文字を使うことにしよう．また，まぎらわしい文字は，変項を表す記号としては使わないこととする．[8]

(24)　変項に関する記述方法（この本だけのルール）
　　　a.　各語彙の変項にはそれぞれ異なる記号を使い，a, b, … の順番で使う
　　　b.　e タイプの変項には小文字を，複合タイプの述語の変項には大文字を使う
　　　c.　次の文字は，変項を表す記号としては使わない
　　　　　c　（文脈変項（context variable）と混同するため）
　　　　　e　（e タイプと混同するため）

---

[5] もともと，数学や論理学で未知数を x とおくのは，数学者・哲学者のデカルトが本を出版する時に，活字屋に一番使われていない活字は何の文字か訊いたら，x だという答えだったので，これを未知数の記号として使うことにした，というのが理由である．なので，「数学の x を見ると頭が痛くなる」という人は，数学の先生ではなく，デカルトに文句を言うのが筋である．

[6] (20a) で，*run* の変項に x を，*fast* の変項に y を使っているのは，それが理由である．

[7] 数学や論理学では，a, b, c, … は定数，x, y, z は変数を表す，という慣習がある．しかしこれはあくまでも「慣習」であり，厳密なルールではない．またラムダ式においては，変項は λ がつくことによって明示されるので，変項と定項の区別はそれほど重要ではない．それよりも，FA の繰り返しによって変項がどの語彙に由来するのか一目で分かるほうが重要なので，変項であっても a, b, … の順番に使っていくことにする．

[8] 実際には (24c) の他にも，a は「割当関数」(assignment function)，d は「程度変項」(degree variable)，g は「モデル変項」，n は「任意の index」など，形式意味論で「定番」として使用する文字はあるが，あまり禁止文字が増えると却って分かりにくくなるので，本書ではこれらの文字は変項を表す未知数としても使用することにする．

　　　　i, j　（co-reference を表す指標（index）と混同するため）
　　　　l　　（真理値の 1 と紛らわしいため）
　　　　o　　（真理値の 0 と紛らわしいため）
　　　　s　　（内包意味論のタイプと混同するため）
　　　　t　　（t タイプと混同するため）[9]
　　　　w　　（可能世界を表す変数と混同するため）

　(23) に戻ろう．これらの語彙項目には，別に齟齬はない．(22) の統語構造も狂いはない．ということは，残るひとつの部門「意味計算規則」に鍵がある．このような，$\langle e, t \rangle$ タイプの語彙と，$\langle e, t \rangle$ タイプの語彙を組み合わせるための計算規則として，以下のルールを規定しよう．(3) の FA に次ぐ，ふたつめの意味計算ルールである．

---

(25)　Predicate Modification (PM)
　　　If α is a branching node, $\{\beta, \gamma\}$ is the set of α's daughters, and $[\![\alpha]\!]$
　　　and $[\![\beta]\!]$ are both in $D_{\langle e, t \rangle}$, then
　　　$[\![\alpha]\!] = [\lambda x : x \in D_e . [\![\beta]\!](x) = [\![\gamma]\!](x) = 1]$

　　　　　　　　　　　　　　　　　　　　　　　(Heim and Kratzer (1998: 65))

John is a smart boy. という文のうち，問題の *smart boy* の部分を α とすると，*John* が x, *smart* が β, *boy* が γ に相当する．(25) で定めた等式の右辺が，$\langle e, t \rangle$ タイプであることに注意してほしい．つまり PM というルールは，「$\langle e, t \rangle$ タイプと $\langle e, t \rangle$ タイプのものを併合して，$\langle e, t \rangle$ タイプのものを作る操作」ということになる．集合論でイメージすると，$\langle e, t \rangle$ タイプの外延は「個体の集合」なので，PM というルールは「ふたつの集合の積の部分 (intersection) を求める操作」である．*John is a smart boy.* の場合，PM によって得られる $\langle e, t \rangle$ タイプの表現（$= \alpha$）とは，「*smart* な個体の集合と，*boy* である個体の集合の，共通部分」を求めていることになる．

---

　[9] 実際のところ，t はすでに統語論で痕跡 (trace) として使われているので，すでに十分に紛らわしい．4.4 節の Predicate Abstraction Rule では，統語論における痕跡を表す t と，意味論における真を表す t が両方使われるので，混乱しないように注意してほしい．

(26) PM の集合論的イメージ

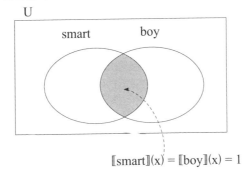

⟦smart⟧(x) = ⟦boy⟧(x) = 1

それでは，実際に意味を計算しよう．

(27) *John is a smart boy.*
    a. 統語構造

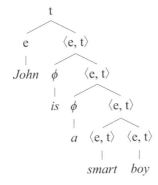

    b. 語彙（= (23)）
        ⟦John⟧ = John
        ⟦is⟧ = ϕ
        ⟦a⟧ = ϕ
        ⟦smart⟧ = [λa : a ∈ D_e. smart(a)]
        ⟦boy⟧ = [λb : b ∈ D_e. boy(b)]
    c. 意味計算
        ⟦*John is a smart boy.*⟧
            = ⟦*is a smart boy*⟧(⟦*John*⟧)　(∵ FA)
            = ⟦*smart boy*⟧(⟦*John*⟧)　　(∵ lexicon of *is* and *a*)
            = [λd : d ∈ D_e . ⟦*smart*⟧(d) = ⟦*boy*⟧(d) = 1] (⟦*John*⟧)

$$= [\lambda d : d \in D_e . [\![smart]\!](d) = [\![boy]\!](d) = 1] \text{ (John)}$$
(∵ PM)

(∵ lexicon of *John*)

= 1 iff John is smart and John is a boy.

iff John is a smart boy.

(27c) の下から 3 行目, λd を展開して John を d に代入する際, 入力すべきスロット (smart の項と, boy の項) がふたつあるので注意しよう．

(28) (27c) における λd の展開

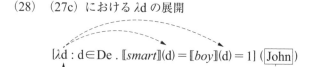

上のラムダ式の展開から, 「SMART という集合と, BOY という集合の, 共通している部分に d という要素が入っており, その d が John である」というイメージをつかめるようにしよう．

4.3. Traces & Pronouns Rule (T&P)

では, 3 番目の意味解釈規則に移ろう. Traces & Pronouns Rule (T&P) という規則である. 読んで名の如く, 意味解釈においては痕跡 (traces) と代名詞 (pronouns) を, 同一の規則で扱う. まずは規則を明記しておこう．

---
(29) Traces and Pronouns Rule

If α is a pronoun or a trace, a is a variable assignment, and $i \in \text{dom}(a)$, then

$[\![\alpha_i]\!]^a = a(i)$ （Heim and Kratzer (1998: 111)）

とりあえず無視しよう．今の段階では, (29) を眺めて,「なんだ, そんなに複雑な演算ではなさそうだな」くらいに感じてくれればよい．しかし, variable assignment だの, dom(a) だの, α_i だの, 知らない概念や表記がいくつか出てくる．焦らずに,「これらは何を意味するのか」を理解しようと頑張るのではなく,「なぜそのようなものが必要なのか」という必要性からひとつひとつ押さえていくことにしよう．

鉄則その 1 「抽象概念が分かりにくい時は, 具体例」に基づき, 実例を考

えよう．T&P は，以下のような文の意味を解釈するために使う．次の文は真だろうか，偽だろうか．

(30)　She loves him.

そんなこと言われても困るだろう．*She* というのが誰で，*him* というのが誰で，前者が後者を愛しているのかどうかを知らなければ，この文の真偽は決定できない．

(30) で使われている代名詞 *she*, *him* は，同じ文の中に生起している個体を指しているのではなく，「文脈上明らかに分かる存在」を指している直示表現（deixis）である．ということは，文脈が与えられていなければ文が解釈できない．そこで，鉄則 2「一般世界で分かりにくければ，箱庭（モデル）で実験する」に基づき，再び Model PEANUTS を使おう．

ここでひとつ，概念的な装置を導入する．「彼」だの「彼女」だのという代名詞表現と個体をリンクさせるために，各個体に番号を割り振ろう．番号が何番であるかに意味はない．個体の識別をする目的だけにつける番号なので，スポーツの背番号のようなものだと思えばよい．ここでは暫定的に，Model PEANUTS 内の個体に，(31) のように番号を振ろう．いわば，このリストが「文脈」になる．

(31)　Model PEANUTS におけるナンバリング

$$a^{\text{Mp}} = \begin{bmatrix} 1 & \rightarrow & \text{Snoopy} \\ 2 & \rightarrow & \text{Woodstock} \\ 3 & \rightarrow & \text{Charlie} \\ 4 & \rightarrow & \text{Sally} \\ 5 & \rightarrow & \text{Lucy} \\ 6 & \rightarrow & \text{Linus} \\ 7 & \rightarrow & \text{Patty} \\ 8 & \rightarrow & \text{Schroeder} \end{bmatrix}$$

1～8 までのそれぞれの番号が，ひとりひとりの個体に対して 1 対 1 の写像関係になっている．「1 といえば Snoopy」「2 といえば Woodstock」という対応関係だ．この「数と個体の対応リスト」を，"a" という記号で表すことにしよう．[10] 特に (31) のリストは，Model PEANUTS におけるリストなので，

---

[10] "assignment" の頭文字であり，Heim and Kratzer (1998) ではこの記号を使っている．一般的には，assignment function を表す記号には *g* が用いられる．意味論の文献にはよく $[\![\alpha]\!]^{\text{M},g}$ という表記が使われるが，これは「モデル M, assignment function g のもとでの，*α*

そのことを明記した a^{Mp} という記号で表すことにする.

さて，このリストから特定の個体を呼び出すためには，a^{Mp} のリストに番号を代入すればいい．たとえば，「6」という数字を入力したら，リスト内の「6」に対応する Linus が得られる．

(32)　リストに数値を入力すると

$$\begin{bmatrix} 1 & \to & \text{Snoopy} \\ 2 & \to & \text{Woodstock} \\ 3 & \to & \text{Charlie} \\ 4 & \to & \text{Sally} \\ 5 & \to & \text{Lucy} \\ 6 & \to & \text{Linus} \\ 7 & \to & \text{Patty} \\ 8 & \to & \text{Schroeder} \end{bmatrix} (6) = \text{Linus}$$

この表記は，関数に変項を入力する時の表記と同じであることに留意してほしい．$f(x) = y$ と同じ書き方であり，f に相当する部分がかなりゴツい表になっているだけである．また，1 から 8 までを列挙したリストは a^{Mp} と名付けたので，(32) は，(33) と書いても同じことである．

(33)　$a^{Mp}(6) = $ Linus　　(∵ (31))

このように，数と個体を対応させたリストのことは，「変項割り当て関数」（variable assignment function，あるいは単に variable assignment）と呼ばれる．何やら怖そうな名前だが，名前の意味を理解すればそれほど怖くない．a^{Mp} は，「数を入力したら，個体を返すもの」なので，関数である．各変項ごとに，個体をひとつひとつ「割り当てる」働きをしている．窓口に「3」が突きつけられたら「Charlie さーん，ご指名ですー」，「8」が入力されたら「Schroeder さーん，出番でーす」などと呼び出すイメージだ．入力された数字ごとに個体を割り当て，出力として返す．念のため，定義を充てておこう．

の外延」という意味である．一見，怖そうな表記だが，モデルと assignment function を想定した上で α の外延を考える，ということは，「α の意味といっても抽象的で分かりにくいから，特定の状況のもとで解釈する『例』を与えたほうが分かりやすいだろう」という，著者の「気持ち」がある．だから $[\![α]\!]^{M,g}$ という表記は，著者が「良かれと思ってやっていること」であることが多い．なお，assignment function の記号として f ではなく g が慣例となっているのは，assignment fucntion は結局のところ関数だから本来は f を使いたいが，f は数学や論理学で多用される関数記号であり一般性が高いので，「assignment function に特化した関数記号」ということで，f の次の記号である g を使った，ということのようだ．

(34) A (variable) assignment is a partial function from |N (the set of natural number) into D.　　　　　(cf. Heim and Kratzer (1998: 111))

"a partial function"（部分関数）という用語は大丈夫だろうか．p. 61 の定冠詞 the のところで出てきた，「定義域が限定されている関数」のことだ．関数 a の入力に課せられる制約や範囲のことを「定義域」（domain）といい，dom(a) と記す．たとえば，(31) で示した，Model PEANUTS の variable assignment である a^{M_P} では，入力できるのはすべての自然数ではなく，1 から 8 までの数までに限られている．これを表すと $\{n|1 \leq n \leq 8\} \subset \text{dom}(a^{M_P})$ である．[11] また，$1 \in \text{dom}(a^{M_P})$ であるし，$8 \in \text{dom}(a^{M_P})$ であるが，$9 \notin \text{dom}(a^{M_P})$ である．9 は (32) で定義されている $\text{dom}(a^{M_P})$ では入力として使われていないので，a^{M_P} の定義域から外れている．

この「入力となる数字」は，代名詞に付随した指標（index）によって与えられる．言い換えると，直示表現の代名詞を解釈するためには，指標が割り振られていないといけない．たとえば，Model PEANUTS において次のように指標が割り振られているとしよう．

(35) She$_4$ loves him$_6$.

これらの代名詞が誰を指しているかは，割り振られている指標を variable assignment のリストに入力すればいい．代名詞の外延を表すときには，「Model PEANUTS での外延」を表す M_P と，「M_P 用の variable assignment」であることを示す a^{M_P} の両方を，二重鍵括弧の右肩に書いておく．

(36) 代名詞の外延の求め方：指標(index)を variable assignment に入力する

$$[\![she_4]\!]^{M_P, a^{M_P}} = a^{M_P}(4) = \begin{bmatrix} 1 & \to & \text{Snoopy} \\ 2 & \to & \text{Woodstock} \\ 3 & \to & \text{Charlie} \\ 4 & \to & \text{Sally} \\ 5 & \to & \text{Lucy} \\ 6 & \to & \text{Linus} \\ 7 & \to & \text{Patty} \\ 8 & \to & \text{Schroeder} \end{bmatrix} (4) = \text{Sally}$$

---

[11] 境界が含まれるのか否かによって，部分集合（⊆）と真部分集合（⊂）を区別する表記があるが，現在の数学ではこれらの区別をつけず，すべて⊂で表すことが多い．従来の真部分集合を表す必要があるときは，⊊という記号で表す．

さて，(29) の T&P をもう一度見てみよう．

(29) Traces and Pronouns Rule
If α is a pronoun or a trace, a is a variable assignment, and $i \in \mathrm{dom}(a)$, then
$[\![\alpha_i]\!] = a(i)$

「α を代名詞か痕跡，a を variable assignment とし，指標が a の定義域に含まれているとする．そのとき，α_i の外延は，a に i を代入したものである．」

いままで出てきたふたつの意味解釈規則 (FA と PM) は，ともに統語構造上で単語と単語が併合する際に作用したが，この T&P は語彙部門の中だけで作用する規則である．[12] その点で T&P は，FA や PM とはやや性質が異なる．

それでは，「作法」に基づいて，(35) の意味を解釈してみよう．

(37) $[\![She_4 \text{ loves } him_6]\!]^{M_P, a^{M_P}}$
   a. Syntax

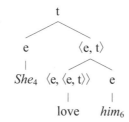

   b. Lexicon
      $[\![She_4]\!]^{M_P, a^{M_P}} = a^{M_P}(4) = \text{Sally}$ ($\because$ T&P and a^{M_P} in (31))
      $[\![him_6]\!]^{M_P, a^{M_P}} = a^{M_P}(6) = \text{Linus}$ ($\because$ T&P and a^{M_P} in (31))
      $[\![love]\!]^{M_P, a^{M_P}} = [\lambda b : b \in D_e . [\lambda d : d \in D_e . d \text{ loves } b \text{ in } M_P]]$
   c. Calculation
      $[\![She_4 \text{ loves } him_6]\!]^{M_P, a^{M_P}}$
      $= [\![loves \ him_6]\!]^{M_P, a^{M_P}}([\![She_4]\!]^{M_P, a^{M_P}})$

---

[12] 正確には，T&P が「純語彙的」に作用するのは，直示的な代名詞だけである．代名詞が文中の先行詞を指す束縛変項 (bound variable) である際には，語彙が統語論に導入される段階では外延が決定できない．その際には，後述する Predicate Abstraction (PA) というルールで導入された変項を介して T&P が統語論内で適用される．詳しくは，束縛変項に関する 8.1 節を参照．

第 4 章　意味計算規則

$$\text{(∵ FA)}$$
$$= [\![love]\!]^{\text{Mp,aMp}} ([\![him_6]\!]^{\text{Mp,aMp}}) ([\![She_4]\!]^{\text{Mp,aMp}})$$
$$\text{(∵ FA)}$$
$$= [\lambda b : b \in D_e . [\lambda d : d \in D_e . \text{d loves b in M}_P]] \text{ (Linus) (Sally)}$$
$$\text{(∵ Lexicon of } love, she_4, \text{ and } him_6)$$
$$= [\lambda d : d \in D_e . \text{d loves Linus in M}_P] \text{ (Sally)}$$
$$= 1 \text{ iff Sally loves Linus in M}_P.$$
$$\langle \text{Sally, Linus} \rangle \in [\![love]\!]^{\text{Mp}} = \{\langle \text{Lucy, Schroeder} \rangle, \langle \text{Sally, Linus} \rangle, \langle \text{Patty, Charlie} \rangle\}$$
Therefore, $[\![She_4 \text{ loves } him_6]\!]^{\text{Mp,aMp}} = 1$.

a^{Mp} のような variable assignment も関数の一種なので，それに含まれる記号には，変項（variable）と定項（constant）の区別がある．She_4 や him_6 のように，指標が含まれ，variable assignment によって外延が得られる表現が変項，love のように，外延が文脈に依存しない表現が定項である．[13]

(38) a. A terminal symbol α is a *variable* iff there are assignments a and a' such that
$[\![\alpha]\!]^a \neq [\![\alpha]\!]^{a'}$.
b. A terminal symbol α is a *constant* iff for any two assignments a and a',
$[\![\alpha]\!]^a = [\![\alpha]\!]^{a'}$.　　　　　　　　(Heim and Kratzer (1998: 116))

(38a) の変項の場合，variable assignment を介して指示対象が得られるので，a という assignment と a' という別の assignment とでは，外延が異なる．一方，(38b) の定項の場合，そもそも外延を導く際に variable assignment は関係ないので，どんな variable assignment のもとでも指示対象は一定となる．

4.4. Predicate Abstraction (PA)

いよいよ，最後の意味解釈規則，Predicate Abstraction に入ろう．この規則を覚えれば，形式意味論で必要な意味計算操作はすべてクリアーしたことになる．さっそく規則を定義しよう．

---

[13] 数学では，変項であることは明記するが，定項であることは明記しないことが多い．f(x, y) = ax + by + 7 という記述は，「変数は x と y だけです」という意味である．このときの a と b は，変化しない特定の数（定数）である．

(39) Predicate Abstraction Rule (PA)
Let α be a branching node with daughters β and γ, where β dominates only a relative pronoun or a numerical index i. Then, for any variable assignment a, $[\![\alpha]\!]^a = \lambda x : x \in D_e . [\![\gamma]\!]^{a^{x/i}}$

(cf. Heim and Kratzer (1998: 96, 186))

この規則が必要な具体例を見てみよう．

(40) The man who Lucy loves is a player.

まず図面を引こう．とりあえずタイプは脇に置いて，統語構造を描くと次のようになる．

(41) *The man who Lucy loves is a player.* の統語構造

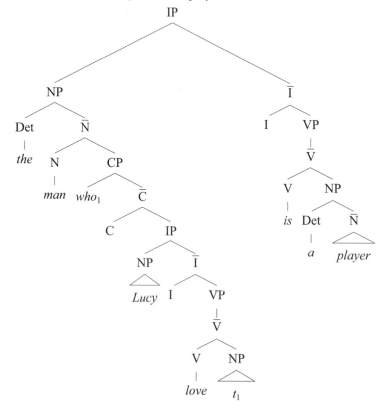

この樹形図に，現時点で分かっているだけのタイプをあてはめると，次のようになる．

(42)
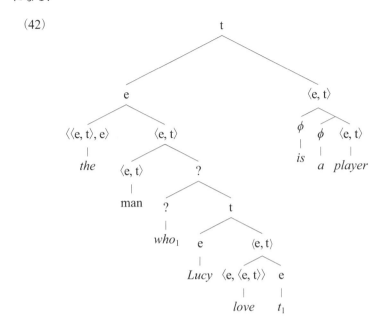

Wh 移動の結果として生じる痕跡（t_1）の外延は，T&P によって与えられるため，e タイプである．現状で分からないのは，who_1 の外延と，CP に相当する who_1 Lucy loves t_1 の部分の意味タイプである．この箇所は，意味的にはどういう機能を果たしているのだろうか．

　IP 以下が完全な文の場合，そのタイプは t となる．その場合，文に使用されている語彙はすべて定項（特定可能な個体）である．ところが Wh 移動の結果，項のひとつが痕跡になると，その部分が変項として扱われる．変項の実際の値は一般的に T&P によって与えられるが，variable assignment が介在しない状態では，変項のままとして扱う．たとえば，She_2 loves him_3 という表現は，variable assignment が介在しない限り，単なる x loves y のような変項を含む表現として理解される．痕跡も代名詞と同じように T&P によって外延が保証されるので，痕跡を含む箇所は (43b) のように解釈される．ここでは，t_1 は，x や y などと同じように，まだ具体的な外延をもたない変項として扱われる．

(43) a. Lucy loves Charlie.
　　　　「Lucy は Charlie を愛している」
　　 b. Lucy loves t_1.
　　　　「Lucy は t_1 を愛している」

実際のところ，*the man who*$_1$ *Lucy loves* t_1 における t_1 の外延は，T&P によって variable assignment から直接与えられるわけではない．なぜなら，t_1 というのは移動の痕跡であり，同じ文中に必ず同一指標をもつ先行詞があるからだ．文を解釈する過程で，痕跡とその先行詞は，同じ個体として認識される必要がある．つまり，痕跡の外延を確定させるのは，variable assignment ではなく，先行詞である．それが，直示的代名詞と痕跡の違いである．

(44) 「直示的代名詞」(pronoun) と「痕跡」(trace)
　　 a. 同じ点…ともに T&P の適用を受ける
　　 b. 違う点…代名詞の外延を決定するのは variable assignment，痕跡の外延を決定するのは先行詞

一方，*who*$_1$ *Lucy loves* t_1 の意味を，集合論的に考えてみよう．「ルーシーが愛している○○○」（○○○は e タイプの固有名詞）という表現は，言い方を変えると「『ルーシーが愛しているものの集合』のなかの一要素」と捉えることができる．「ルーシーが愛している x」は，言い方を変えると「ルーシーが愛している x の集合」である．つまりこの「ルーシーが愛している x の集合」が，*who*$_1$ *Lucy loves* t_1 という表現の外延である．個体の集合なので，その意味タイプは $\langle e, t \rangle$ ということになる．

(45) 関係節は集合を表す

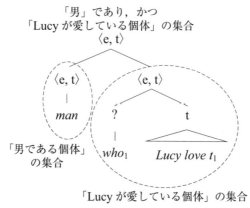

man とその姉妹関係にある *who*$_1$ *Lucy loves t*$_1$ はともに個体の集合（$\langle$e, t$\rangle$ タイプ）なので，その併合は PM によって行われ，両集合の積の部分が外延となる．

すると，wh 句である *who*$_1$ が行っている「仕事」は何だろうか．統語論的には，*who*$_1$ は姉妹関係にある t タイプの接点を，$\langle$e, t$\rangle$ タイプに変換している．語彙的には，本来的には T&P によって e タイプの個体として外延を導かれるはずの痕跡 t$_1$ を，変項に変換している．このふたつの操作を，同時に行うためには，*who*$_1$ の外延を固定して設定し FA によって併合を行うよりも，新たな意味解釈規則を設定するほうが，汎用性が高い．そこで使われるのが PA という規則である．

つまり，関係代名詞 *who*$_1$ は，「それ独自の外延をもたない」と考える．関係代名詞は，痕跡に割り振られている指標（index）と指示対象を同定する働きをしており，「単なる指標」として存在する．そして *who*$_1$ の行っている「仕事」は，語彙項目によってではなく，PA によって遂行される．それを念頭に起きながら，PA の定義を再び見てみよう．

---

(39) Predicate Abstraction Rule (PA)

Let α be a branching node with daughters β and γ, where β dominates only a numerical index i. Then, for any variable assignment a, $[\![\alpha]\!]^a = \lambda x : x \in D_e . [\![\gamma]\!]^{a x/i}$

(cf. Heim and Kratzer (1998: 186))

---

(39) の定義を，(45) の図にあてはめてみよう．α は CP に相当する接点，*who*$_1$ *Lucy loves t*$_1$ の部分である．β は「数値の指標 i だけを支配している接点」なので，「単なる指標」として存在する *who*$_1$ に相当する（ここでは i = 1）．γ は，*who*$_1$ と姉妹関係にある *Lucy loves t*$_1$ に相当する．

すると，(39) の $[\![\alpha]\!]^a = \lambda x : x \in D_e . [\![\gamma]\!]^{a x/i}$ の意味が，なんとなく分かるだろう．γ はもともと t タイプであるが，これに x という変項[14]を「埋め込む」ことによって，$\langle$e, t$\rangle$ タイプの述語に変えてしまう．これは要するに，「文を，述語に変えてしまう」ということである．「Lucy は○○○を愛している」という文を，「Lucy は x を愛している」＝「Lucy が愛している x の集合」に変え

---

[14] PA で重要なのは「変項を導入する」ということなので，別に文字は x である必要はない．x 以外でも，好きな文字を使って一向に構わない．今後は，p. 81 の (24) で定めた「この本だけのルール」によって，PA で導入される変項を表す文字も，a, b, ... の順番に準じて割り振っていくことにする．

てしまうわけだ．真理値がはっきり求められる文を，x という変項を導入することによって「抽象化」する操作なので，Predicate "Abstraction" というわけだ．

それでは，(39) の定義のうち，variable assignment に関する規定を見よう．$[\![γ]\!]^{a^{x/i}}$ などと珍妙な記述が見られるが，PA がやろうとしている仕事から逆算すれば，その意図が掴みやすい．PA が行う「仕事」は，語彙的には，「痕跡と先行詞の指示対象を同一に定めること」である．(39) の定義では，PA によって「命題に埋め込まれる変項」は x ということになっているが，この x を痕跡と先行詞の両方にきちんと割り当てることが必要になってくる．その「意図」をゴールとして意識しつつ，variable assignment のテクニカルな扱い方を見ていこう．

「もともとは別物であるふたつの語彙項目の外延に同じ指標を割り振る」という操作には，variable assignment の「改変」が必要となる．Wh 移動によって生じる痕跡に与えられた指標は，統語構造とは別に文脈によって与えられた assignment を参照しながら割り振られるわけではない．統語論を勉強していて，「この文が話されている文脈は〜だから，trace の指標は i ではなくて j にしよう」... などという指標の割り振り方をしている人はいないだろうし，自然言語の文法はそのようになってはいまい．ということは，痕跡と Wh 句に割り振られている指標が「共通のもの」となるためには，意味計算規則の操作によって「共通」となるべく改変される必要がある．そこで，variable assignment の値を改変する操作を加えよう．

(46) Modified Variable Assignment
Let a be an assignment, $i \in \mathbb{N}$, and $x \in D_e$. Then $a^{x/i}$ (read: "a modified so as to assign x to i") is the unique assignment which fulfils the following conditions:
  (i) $\text{dom}(a^{x/i}) = \text{dom}(a) \cup \{i\}$,
  (ii) $a^{x/i}(i) = x$, and
  (iii) for every $j \in \text{dom}(a^{x/i})$ such that $j \neq i : a^{x/i}(j) = a(j)$
                              (cf. Heim and Kratzer (1998: 112))

Heim and Kratzer (1998) の入門書を独学で読もうとする人が，大挙して脱落する箇所として有名な定義である．実際のところ，この (46) の定義は「直感的にはとても簡単だが，形式的に書くとものすごく面倒で複雑」なものである．それほど怖じ気づく必要はないので，解きほぐしながら見ていこう．

(46) を視覚的にまとめると，(47) のようになる．

第 4 章　意味計算規則　　　　　　　　　　　　　　　95

(47)　Modified Variable Assignment（直感バージョン）
　　　$a^{x/i}$ という表記を見かけたら，a という variable assignment に "i→x"
　　　という対応関係を付け加える．i がすでに a の定義域に含まれる時は，
　　　i の出力を x に書き換える．

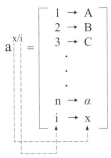

　まず，$a^{x/i}$ という表記である．i は自然数（i∈|N），x は e タイプの変項（x∈
D_e）である．そして，$a^{x/i}$ というのは「i を入力したら x を出力するように修
正された，variable assignment の a」である．[15] そのように修正された variable
assignment の $a^{x/i}$ は，(46) の (i), (ii), (iii) の 3 条件を満たさなければなら
ないそうだ．ひとつひとつ確認しよう．
　まず (i) の条件，dom($a^{x/i}$) = dom(a) ∪ {i} は，「改変された variable assign-
ment の定義域には，i を含めなければならない」という条件である．i は
variable assignment の入力となる自然数なので，当然ながらこの i という数
は，改変後の variable assignment の入力として適格でなければならない．
　次に (ii) の条件 $a^{x/i}$(i) = x だが，これは先ほどの "$a^{x/i}$(read: "a modified
so as to assign x to i")" の部分が正しく読めれば，当たり前の内容だろう．「改
変後の $a^{x/i}$ という variable assignment に i を入力すると，x という出力が得ら
れる」．[16] これは，"'read: ..." の箇所で「もともとそうなるように改変した」
のだから，当然といえば当然だろう．
　最後に (iii) の条件 "for every j∈dom($a^{x/i}$) such that j≠i : $a^{x/i}$(j) = a(j)"

---

[15] 大学院の授業などで輪読をする際，誤訳が多発する箇所である．「読み方」（read: ...）の
読み方を説明するのもくどい話だが，"a modified so as to assign x to i" の箇所は，「あ　も
でぃふぁいど　そう ...」ではなく，「えー，もでぃふぁいど　そう ...」と読む．出だしの "a"
は不定冠詞ではなく，variable assignment を記号で表した a である．(29) の T&P の定義を
参照のこと．
[16] 「x/i に i を入力すると x が出る」というのは，x/i を分数の $\frac{x}{i}$ と見れば分かりやすいだろ
う．これに分母の i を掛けると，x が求まる．このように，「x/i に i を入力する」という操作
は，分数の「分母を払う」というイメージで考えると覚えやすい．

である.これは「改変前から variable assignment の定義域に含まれており,改変に関わらない数は全部,改変後の $a^{x/i}$ に入力しても,改変前と出力が変わらない」ということである.もともと a という variable assignment の定義域に含まれていた i 以外の数字は,variable assignment の改変前でも改変後でも,得られる出力が一定でなければならない.これは要するに,「variable assignment の改変は,i→x という対応関係を付け加えるだけであって,他の項目には一切タッチしない」ということである.

「一般化された抽象的な記述が分からなかったら,具体例で考える」の鉄則に従って,p. 85 の (31) で規定した,Model PEANUTS における variable assignment (a^{Mp}) を使って考えよう.

(31) Model PEANUTS におけるナンバリング

$$a^{Mp} = \begin{bmatrix} 1 & \rightarrow & \text{Snoopy} \\ 2 & \rightarrow & \text{Woodstock} \\ 3 & \rightarrow & \text{Charlie} \\ 4 & \rightarrow & \text{Sally} \\ 5 & \rightarrow & \text{Lucy} \\ 6 & \rightarrow & \text{Linus} \\ 7 & \rightarrow & \text{Patty} \\ 8 & \rightarrow & \text{Schroeder} \end{bmatrix}$$

この variable assignment に「改変を加える」というのは,たとえば上の表に "9→Marcie" という新たな対応関係を付け加えることに相当する.(46) における $a^{x/i}$ という書き方になぞらえると,改変した a^{Mp} は,$a^{Mp,Marcie/9}$ という表記になる.

(48) a^{Mp} を改変した variable assignment

$$a^{Mp,Marcie/9} = \begin{bmatrix} 1 & \rightarrow & \text{Snoopy} \\ 2 & \rightarrow & \text{Woodstock} \\ 3 & \rightarrow & \text{Charlie} \\ 4 & \rightarrow & \text{Sally} \\ 5 & \rightarrow & \text{Lucy} \\ 6 & \rightarrow & \text{Linus} \\ 7 & \rightarrow & \text{Patty} \\ 8 & \rightarrow & \text{Schroeder} \\ 9 & \rightarrow & \text{Marcie} \end{bmatrix}$$

第 4 章 意味計算規則

改変後には，新たに 9→Marcie という対応関係が付け加えられている．この改変バージョンが，(46) の (i), (ii), (iii) の 3 条件を満たしているかどうかを確認しよう．(i) の条件は，「改変後の $a^{Mp,Marcie/9}$ 定義域は，改変前の定義域に i (ここでは 9) を足したもの」である．(ii) の条件は，「改変後の $a^{Mp,Marcie/9}$ に i (= 9) を入力すると，x (= Marcie) が得られる」である．要するに，$a^{Mp,Marcie/9}(9) = $ Marcie，ということである．(iii) の条件は，「改変前から定義域に存在しており，改変に関わる数 (= 9) 以外の 1 から 8 までの数は，改変後に入力しても，改変前と同じ出力が得られる」である．たとえばインデックスの「4」は，改変前の a^{Mp} に入れても，改変後の $a^{Mp,Marcie/9}$ に入れても，同じく Sally を出力する．改変は，「新しく付け加えた要素」以外のものには一切影響しない．これら (i), (ii), (iii) の条件は，(48) の $a^{Mp,Marcie/9}$ ですべて満たされている．

ここで練習問題として，(46) の Modified Variable Assignment を適用する問題を解いてみよう．

---

(49) 練習問題

$$a = \begin{bmatrix} 1 & \to & \text{John} \\ 2 & \to & \text{Mary} \end{bmatrix}$$ とする．この variable assignment に，次の改変を加えなさい．

   a. $a^{Sue/3}$
   b. $a^{Jim/3,Kelly/4}$
   c. $a^{Roy/3,Violet/1}$
   d. $a^{Mary/1,John/2}$

解答

(49a):
$$a^{Sue/3} = \begin{bmatrix} 1 & \to & \text{John} \\ 2 & \to & \text{Mary} \end{bmatrix}^{Sue/3} = \begin{bmatrix} 1 & \to & \text{John} \\ 2 & \to & \text{Mary} \\ 3 & \to & \text{Sue} \end{bmatrix}$$

(49b):
$$a^{Jim/3,Kelly/4} = \begin{bmatrix} 1 & \to & \text{John} \\ 2 & \to & \text{Mary} \end{bmatrix}^{Jim/3,Kelly/4} = \begin{bmatrix} 1 & \to & \text{John} \\ 2 & \to & \text{Mary} \\ 3 & \to & \text{Jim} \\ 4 & \to & \text{Kelly} \end{bmatrix}$$

(49c): $a^{Roy/3,Violet/1} = \begin{bmatrix} 1 & \to & John \\ 2 & \to & Mary \end{bmatrix}$ $_{Roy/3,Violet/1} = \begin{bmatrix} 1 & \to & Violet \\ 2 & \to & Mary \\ 3 & \to & Roy \end{bmatrix}$

(49d): $a^{Mary/1,John/2} = \begin{bmatrix} 1 & \to & John \\ 2 & \to & Mary \end{bmatrix}$ $_{Mary/1,John/2} = \begin{bmatrix} 1 & \to & Mary \\ 2 & \to & John \end{bmatrix}$

さて，再び PA に戻ろう．(39) で定義した PA の，$[\![\alpha]\!]^a = \lambda x : x \in D_e$．$[\![\gamma]\!]^{a^{x/i}}$ という表記は，要するに「t_i という痕跡を含む t タイプの接点と，wh_i という関係代名詞を併合させる時は，適当な変項（ここでは x）をひとつ放り込んで，variable assignment に "i→x" という組を付け加えて，ラムダで x を束縛して変項扱いにする」ということである．それでは，(40) の *The man who Lucy loves is a player.* の例文のうち，FA が適用される箇所だけを切り取って意味計算してみよう．

(50)　$[\![who_1 \text{ Lucy loves } t_1]\!]^a$
　　a.　統語構造

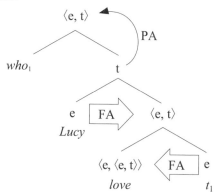

　　b.　語彙
　　　　$[\![Lucy]\!]^a = \text{Lucy}$
　　　　$[\![love]\!]^a = [\lambda g : g \in D_e . [\lambda h : h \in D_e . h \text{ loves } g]]$
　　　　$[\![t_1]\!]^a = a(1)$　　　(∵T&P)
　　c.　意味計算
　　　　$[\![who_1 \text{ Lucy love } t_1]\!]^a$
　　　　$= [\lambda n : n \in D_e . [\![Lucy \text{ love } t_1]\!]^{a^{n/1}}]$
　　　　　　　　　　　　　　　　　…(i) (∵PA)
　　　　$= [\lambda n : n \in D_e . [\![love \ t_1]\!]^{a^{n/1}} ([\![Lucy]\!]^{a^{n/1}})]$

第 4 章 意味計算規則   99

$\qquad\qquad\qquad\qquad\cdots$(ii)($\because$ FA)
$= [\lambda n : n \in D_e . [\![love]\!]^{a^{n/1}}([\![t_1]\!]^{a^{n/1}})([\![Lucy]\!]^{a^{n/1}})]$
$\qquad\qquad\qquad\qquad\cdots$(iii)($\because$ FA)
$= [\lambda n : n \in D_e . [\![love]\!]^{a^{n/1}}(a^{n/1}(1))([\![Lucy]\!]^{a^{n/1}})]$
$\qquad\qquad\qquad\qquad\cdots$(iv)($\because$ T&P)
$= [\lambda n : n \in D_e . [\![love]\!]^{a^{n/1}}([1 \to n](1))([\![Lucy]\!]^{a^{n/1}})]$
$\qquad\qquad\qquad\qquad\cdots$(v)
$= [\lambda n : n \in D_e . [\![love]\!]^{a^{n/1}}(n)([\![Lucy]\!]^{a^{n/1}})]$
$\qquad\qquad\qquad\qquad\cdots$(vi)
$= [\lambda n : n \in D_e . [\lambda g : g \in D_e . [\lambda h : h \in D_e . h \text{ loves } g]](n)(Lucy)]$
$\qquad\qquad\qquad\qquad\cdots$(vii)($\because$ Lexicon of *love* and *Lucy*)
$= [\lambda n : n \in D_e . [\lambda h : h \in D_e . h \text{ loves } n](Lucy)]$
$\qquad\qquad\qquad\qquad\cdots$(viii)($\because \lambda g$ を展開)
$= [\lambda n : n \in D_e . \text{Lucy loves } n]$
$\qquad\qquad\qquad\qquad\cdots$(ix)($\because \lambda h$ を展開)

　意味計算の過程を 1 行ごとに見ていこう．「"1" という指標が含まれる節点（ここでは who_1）」を含む構造を分解する際には，FA ではなく PA が適用される．PA で実際に行う作業は「適当な変項をひとつ放り込んで，その変項を受けるように（＝値域に含むように）variable assignment を改変しろ」ということなので，ラムダを新たに導入しなければならない．付け加える変項のために使う文字は何でもよいが，ここでは n を使おう．その n は，[(数字)→n] となるように variable assignment を改変しなければならない．この文を解釈する際の variable assignment は，Model PEANUTS のように特定のものを想定しているわけではなく，一般的な a としか規定されていない．ここで，who_1 と t_1 によって「改変のための数字は 1 を使え」と指示されているので，改変のために付け加える写像は [1→n] となる．もし仮に，オリジナルの a の定義域に 1 が含まれていた場合，たとえば [1→John] などがすでに規定されていた場合でも，その写像は PA によって [1→n] に書き換えられる．

　(ii) と (iii) は，それぞれ FA で *Lucy loves* t_1 という文を分解している．(iii) でようやく，指標を含む語彙項目（$[\![t_1]\!]^{a^{n/1}}$）が独立した項となる．見た目に煩わしいので，この $[\![t_1]\!]^{a^{n/1}}$ を先に見やすい形に処理しよう．a は variable assignment なので，[(数値)→(個体)] という写像の束であり，$a^{n/1}$ というのは，「a に，[1→n] を新たに付け加えろ」という指示である．当該の文中では，1 以外に使用されている指標は無いので，改変後の variable assignment で

ある $a^{n/1}$ が含む写像のうち, 定義域に 2 以降の数値を含む写像は無視してよい. 文の解釈に関与するのは, [1→n] だけなので, (v) のように書いてしまってよい. t_1 の解釈は, (iii) → (iv) → (v) → (vi) という流れになる.

love と Lucy の外延には, 指標を含む変項が使われていない. よって variable assignment が a のもとであろうが, PA による改変後の $a^{n/1}$ であろうが, 関係ない. よって (vii) の段階で love と Lucy の語彙を開くときには, $a^{n/1}$ は無視してよい. あとは (viii) と (xi) で, 〚love〛に由来するふたつのラムダを展開すればよい. 結果として出てくる〚who_1 Lucy loves t_1〛^{a} の外延は, 〈e, t〉タイプである. つまり個体の集合であり, ここでは「Lucy を愛している個体の集合」となる.

それでは, (40) の *The man who Lucy loves is a player.* という文全体の意味解釈を行うことにしよう. (50) の意味解釈が部分的に含まれている. この文の意味計算には, 4 つの意味解釈規則 (FA, PM, T&P, PA) がすべて使われるので, 理解度を確認してほしい.

(51) 〚*The man who Lucy loves is a player.*〛^{a}
    a. 統語構造

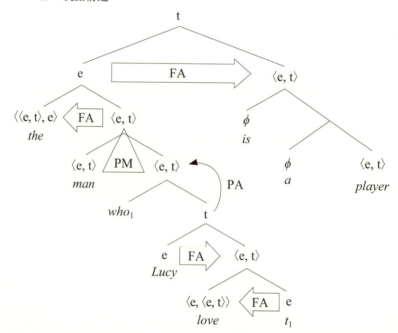

第 4 章 意味計算規則 101

   b. 語彙
   $[\![the]\!]^a = [\lambda b : b \in D_{\langle e, t \rangle}$ and there is exactly one d such that $b(d) = 1$. the unique d such that $b(d) = 1]$[17]
   $[\![man]\!]^a = [\lambda f : f \in D_e$. f is a man$]$
   $[\![Lucy]\!]^a = $ Lucy
   $[\![love]\!]^a = [\lambda g : g \in D_e$. $[\lambda h : h \in D_e$. h loves g$]$ $]$
   $[\![t_1]\!]^a = a\,(1)$　　　$(\because\text{T\&P})$
   $[\![is]\!]^a = \phi$
   $[\![a]\!]^a = \phi$
   $[\![player]\!]^a = [\lambda k : k \in D_e$. k is a player$]$

   c. 意味計算
   $[\![\textit{the man who}_1\textit{ Lucy loves }t_1\textit{ is a player}]\!]^a$
   $= [\![\textit{is a player}]\!]^a\,([\![\textit{the man who}_1\textit{ Lucy loves }t_1]\!]^a)$
   　　　　　　　　　　　$(\because\text{FA})$
   $= [\![\textit{is a player}]\!]^a\,([\![\textit{the}]\!]^a\,([\![\textit{man who}_1\textit{ Lucy loves }t_1]\!]^a))$
   　　　　　　　　　　　$(\because\text{FA})$
   $= [\![\textit{is a player}]\!]^a\,([\![\textit{the}]\!]^a\,([\lambda m : m \in D_e$. $[\![\textit{man}]\!]^a\,(m) = [\![\textit{who}_1\textit{ Lucy loves }t_1]\!]^a\,(m) = 1]))$　$(\because\text{PM})$
   $= [\![\textit{is a player}]\!]^a\,([\![\textit{the}]\!]^a\,([\lambda m : m \in D_e$. $[\![\textit{man}]\!]^a\,(m) = [\lambda n : n \in D_e$. $[\![\textit{Lucy loves }t_1]\!]^{a^{n/1}}]\,(m) = 1]))$　$(\because\text{PA})$
   $= [\![\textit{is a player}]\!]^a\,([\![\textit{the}]\!]^a\,([\lambda m : m \in D_e$. $[\![\textit{man}]\!]^a\,(m) = [\lambda n : n \in D_e$. $[\![\textit{love}]\!]^{a^{n/1}}\,([\![t_1]\!]^{a^{n/1}})\,([\![\textit{Lucy}]\!]^{a^{n/1}})]\,(m) = 1]))$
   　　　　　　　　　　　$(\because\text{FA} \times 2)$
   $= [\![\textit{is a player}]\!]^a\,([\![\textit{the}]\!]^a\,([\lambda m : m \in D_e$. $[\![\textit{man}]\!]^a\,(m) = [\lambda n : n \in D_e$. $[\![\textit{love}]\!]^{a^{n/1}}\,(a^{n/1}(1))\,([\![\textit{Lucy}]\!]^{a^{n/1}})]\,(m) = 1]))$
   　　　　　　　　　　　$(\because\text{T\&P})$
   $= [\![\textit{is a player}]\!]^a\,([\![\textit{the}]\!]^a\,([\lambda m : m \in D_e$. $[\![\textit{man}]\!]^a\,(m) = [\lambda n : n \in D_e$. $[\![\textit{love}]\!]^{a^{n/1}}\,(n)\,([\![\textit{Lucy}]\!]^{a^{n/1}})]\,(m) = 1]))$
   　　　　　　　　　　　$(\because\text{T\&P})$
   $= [\![\textit{is a player}]\!]^a\,([\![\textit{the}]\!]^a\,([\lambda m : m \in D_e$. $[\![\textit{man}]\!]^a\,(m) = [\lambda n : n \in D_e$. $[\lambda g : g \in D_e$. $[\lambda h : h \in D_e$. h loves g$]$ $]\,(n)\,(\text{Lucy})]\,(m) = 1]))$
   　　　　　　　　　　　$(\because\text{Lexicon of }\textit{love}\text{ and }\textit{Lucy})$

---

[17] ラムダで束縛される変項は、a がすでに variable assighment として使われているので、b から使っていくことにする。

$= [\![\textit{is a player}]\!]^a \, ([\![\textit{the}]\!]^a \, ([\lambda m : m \in D_e \, . \, [\![\textit{man}]\!]^a \, (m) = [\lambda n : n \in D_e \, . \, \text{Lucy loves n}] \, (m) = 1]))$ ($\because \lambda g, \lambda h$ を展開)

$= [\![\textit{is a player}]\!]^a \, ([\![\textit{the}]\!]^a \, ([\lambda m : m \in D_e \, . \, [\![\textit{man}]\!]^a \, (m) = 1 \text{ and Lucy loves m}]))$ ($\because \lambda n$ を展開)

$= [\![\textit{is a player}]\!]^a \, ([\![\textit{the}]\!]^a \, ([\lambda m : m \in D_e \, . \, [\lambda f : f \in D_e \, . \, f \text{ is a man}] \, (m) = 1 \text{ and Lucy loves m}]))$ ($\because$ Lexicon of *man*)

$= [\![\textit{is a player}]\!]^a \, ([\![\textit{the}]\!]^a \, ([\lambda m : m \in D_e \, . \, m \text{ is a man and Lucy loves m}]))$ ($\because \lambda f$ を展開)

$= [\![\textit{is a player}]\!]^a \, ([\lambda b : b \in D_{\langle e, t \rangle} \text{ and there is exactly one d such that b(d)} = 1 \, . \, \text{the unique d such that b(d)} = 1] \, ([\lambda m : m \in D_e \, . \, m \text{ is a man and Lucy loves m}]))$

  ($\because$ Lexicon of *the*)

$= [\![\textit{is a player}]\!]^a \, (\text{the unique d such that } [\lambda m : m \in D_e \, . \, m \text{ is a man and Lucy loves m}] \, (d) = 1)$ ($\because \lambda b$ を展開)

$= [\![\textit{is a player}]\!]^a \, (\text{the unique d such that d is a man and Lucy loves d})$ ($\because \lambda m$ を展開)

$= [\lambda k : k \in D_e \, . \, k \text{ is a player}] \, (\text{the unique d such that d is a man and Lucy loves d})$ ($\because$ Lexicon of *is*, *a*, and *player*)

$= 1$ iff the unique d such that d is a man and Lucy loves d is a player.   ($\because \lambda k$ を展開)

iff the unique man whom Lucy loves is a player.

これで，形式意味論に必要な意味計算規則はすべてマスターしたことになる．

第 5 章

否定と接続詞
―命題論理の使い方―

　前節までで，合成的意味計算に必要な 4 つの意味解釈規則を概括した．これで意味論の文献が読み解けるようになるかというと，実はまだ難点がある．ここまでは文の真理条件はすべて自然言語で記述していたが，実際の文献では論理式が多用されることが多い．「形式意味論といえば論理式」というイメージをもっている人も多いのではないだろうか．

　論理式というのは，正しくは「記号論理学」（または「数理論理学」）で使用される表現形で，「命題論理」（Propositional Logic）と「述語論理」（Predicate Logic）のふたつがある（p. 78 参照）．命題論理とは，命題そのものを記号で置き換え，命題同士の論理関係を明らかにする論理学である．述語論理とは，命題の中に変数を設定した命題関数を扱う論理学である．ともに意味論では便利な表現形であり，真理条件の記述によく使われる．

　この節では，まず「命題論理」の使い方に慣れるために，「否定」「接続詞」という言語表現の意味論を考える．それらの表現の意味を表示する際には，「命題論理」という共通の道具を使用する．命題論理は意味論の文献を読むときに多用される表現形であり，この論理体系に慣れることによって，意味論の文献を読む恐怖感がかなり軽くなる．この節では，「そもそも命題論理とは何なのか」の基礎から始めて，論理式に対する拒否感を和らげていくことにしよう．

　まず，以下の例文の意味解釈を試みてほしい．

(1) a.　Woodstock is not cute.
　　 b.　Linus is a player and Lucy is a counselor.

話を簡単にするために，とりあえず Model PEANUTS（=M_P）内での解釈，

という限定をつけよう．M_P の箱庭の中で，(1) の各文は真だろうか，偽だろうか．念のため，これまでに規定してきた M_P の有り様を，再掲して列挙しておこう．

Model PEANUTS

(2) e type entities in Model PEANUTS（p. 34, (5)）
   a. $[\![Snoopy]\!]^{M_P}$ = Snoopy
   b. $[\![Woodstock]\!]^{M_P}$ = Woodstock
   c. $[\![Sally]\!]^{M_P}$ = Sally
   d. $[\![Lucy]\!]^{M_P}$ = Lucy
   e. $[\![Linus]\!]^{M_P}$ = Linus
   f. $[\![Patty]\!]^{M_P}$ = Patty
   g. $[\![Schroeder]\!]^{M_P}$ = Schroeder

(3) $\langle e, t \rangle$ type predicates in Model PEANUTS（p. 35, (6)）
   a. $[\![boy]\!]^{M_P}$ = {Charlie, Linus, Schroeder}
   b. $[\![girl]\!]^{M_P}$ = {Sally, Lucy, Patty}
   c. $[\![dog]\!]^{M_P}$ = {Snoopy}
   d. $[\![bird]\!]^{M_P}$ = {Woodstock}
   e. $[\![player]\!]^{M_P}$ = {Snoopy, Charlie, Lucy, Linus, Patty, Schroeder}
   f. $[\![cute]\!]^{M_P}$ = {Sally, Lucy, Patty}
   g. $[\![crazy]\!]^{M_P}$ = {ϕ}
   h. $[\![counselor]\!]^{M_P}$ = {Lucy}

(4) $\langle e, \langle e, t \rangle \rangle$ type predicates in Model PEANUTS（p. 41, (19)）
   a. $[\![like]\!]^{M_P}$ = {⟨Snoopy, Woodstock⟩, ⟨Snoopy, Charlie⟩, ⟨Charlie, Snoopy⟩, ⟨Charlie, Sally⟩, ⟨Charlie, Schroeder⟩, ⟨Woodstock, Snoopy⟩, ⟨Sally, Lucy⟩, ⟨Lucy, Sally⟩, ⟨Lucy, Lucy⟩, ⟨Linus, Snoopy⟩, ⟨Linus, Charlie⟩, ⟨Schroeder, Charlie⟩}
   b. $[\![love]\!]^{M_P}$ = {⟨Lucy, Schroeder⟩, ⟨Sally, Linus⟩, ⟨Patty, Charlie⟩}
   c. $[\![kiss]\!]^{M_P}$ = {⟨Lucy, Schroeder⟩, ⟨Sally, Linus⟩}
   d. $[\![hit]\!]^{M_P}$ = {⟨Patty, Charlie⟩}
   e. $[\![kick]\!]^{M_P}$ = ϕ

---

(1) のような表現の解釈をするためには，それぞれの文を記号化して考える

と，意味の計算が簡単になる．仮に t タイプの命題を A, B, C, ... のように大文字アルファベットで置き換える[1]と，(1) の各文は以下のような単純な構造となる．

(5) a.　Not C　　　(C = *Woodstock is cute*)
　　b.　A and B　　(A = *Linus is a player*, B = *Lucy is a counselor*)

(5) の A〜C のように，真理値が決められる文のことを「命題」(proposition) という．[2] 命題論理は，命題そのものの内容には全く触れずに，真理値のみに着目して命題同士の関係を記述する．複数の命題が組み合わされた複合命題の真理値は，頭をひねって「真かな？ 偽かな？」などと直感に頼らずとも，単純に計算によって求めることができる．

5.1.　否定 (Negation)

5.1.1.　真理表

まず，(1a) の *Woodstock is not cute.* という否定文を考えよう．命題 A が与えられたとき，「A でない」という命題の A の「否定」と呼び，¬A と表す．[3] 否定文は肯定文とは真理値が逆になる．A という命題が真の場合，A の否定は偽となる．逆に，A という命題が偽のときは，A の否定は真となる．このことを分かりやすく表にすると，(6) のようになる．

---

[1] 命題論理の教科書では，命題を表す記号は p から始めて，p, q, r, ... とつけるのが慣例である．これは「命題」を英語で *proposition* というので，その頭文字をとっているだけである．別に p から始めなければならない必然的な理由はない．本書ではラムダに束縛される変数のつけ方 (p. 81 の (24) 参照) と同様，慣例には怯まずに，命題を表す記号は a, b, ... の順につけていくことにする．

[2] 記号論理学では，「真理値が決められる文」という定義をかなり厳密に遵守する．たとえば「富士山は 3,776m である」は客観的に真偽が判定できるので命題だが，「富士山は美しい」は主観によって真偽が割れるため，命題とはみなさない．形式意味論ではその辺をもうちょっと緩く扱い，とりあえず t タイプとなっている接点のことを大雑把に「命題」と呼ぶことが多く，「文」と「命題」はほぼ同じ意味として用いられる．なお，(1) の各文は，Model PEANUTS 内で解釈する限りにおいては真偽が客観的に定まるので，堂々たる (?)「命題」である．

[3] 本や文献によっては，否定の記号として Ā や 〜A という表記を用いているものもある．言語学では，Ā という表記は X̄ 理論の中間投射として使われており，〜A という表記は文脈変項を構造に導入する関数 (cf. Rooth (1985)) として使われているため，本書では否定の記号には ¬A を使うことにする．

(6) NOT の真理表

A	¬A
1	0
0	1

(6) のように，命題同士の真理値の関係をあらわす表を，真理表と呼ぶ．[4] 真理表の前提として，「複合命題の真理値は，『核となる中心命題』と，中心命題を組み合わせる規則によって，機械的に計算できる」というルールがある．つまり，¬A = *Woodstock is not cute.* という否定命題の真偽を考えるときには，まず「核の命題」である A = *Woodstock is cute.* という命題の真偽が必要となる．その真偽さえ明らかになれば，あとは A という命題の「中身」を考えることなく，自動的に導くことができる．日常，我々が言語の意味を理解する際には，発話された文の「内容」を理解しようとすることによって．文の意味（=真理値）を判断している．しかし命題論理を使うと，文の「内容」に関係なく，文の「構造」によって，文の真理値が計算できる．

(7) 命題論理の利点
文が「何を言っているのか」を直感で理解しようとする必要がなく，命題の構造をもとに単純計算をするだけで，文全体の真理値を求めることができる．

例として複合否定の文を考えよう．「明日の授業は休講にしないこともないこともないこともない」のような意地悪なことをいう先生がいたとしよう．[5] この文の意味を計算するためには，まず「核の命題」の真理値を場合分けし，あとは否定のルールに従って真理値をひっくり返していけばよい．ここでは，「核の命題」を，P = 「明日の授業は休講にする」と設定しよう．

(8) 「明日の授業は休講にしないこともないこともないこともない」の真理表

P	¬P	¬¬P	...	¬¬¬¬P
1	0	1		1
0	1	0		0

---

[4] 真理表では，1 は「真」，0 は「偽」を表す．本によっては，真を T (truth の頭文字)，偽を F (false の頭文字) と記述してあるものもある．

[5] 筆者のことではない．

まず，P＝「明日の授業は休講にする」の真理値を，1 と 0 で場合分けする．次に，それらの値をひっくり返し，否定（¬P）の行をつくる．二重否定（¬¬P）になると，否定の行に記された真理値をさらにひっくり返す．ここまでで，「否定が奇数個であればもとの命題と真理値が逆，偶数個であれば真理値は同じ」ということが分かる．問題の命題「明日の授業は休講にし <u>ない</u> ことも <u>ない</u> ことも <u>ない</u> ことも <u>ない</u>」に使われている否定語を数えてみると，否定が 4 つ使われている．だから真理表により，問題の命題の真偽を求めることができる．

5.1.2. Wh 移動以外の移動に適用される Predicate Abstraction

それでは，統語論に基づく，否定文の合成的な意味解釈の仕方はどうなるのだろうか．P の否定が ¬P，ということは，否定演算子の ¬ は，文全体に付与されていることになる．これは統語論上の樹形図でいうと，いちばんてっぺんに否定がついていることになる．しかし，この構造では *Woodstock is not cute.* という語順と食い違う．構造的に，否定の位置が合わない．

(9) *Woodstock is not cute.*
 a. こうでなければならないが b. 実際はこう

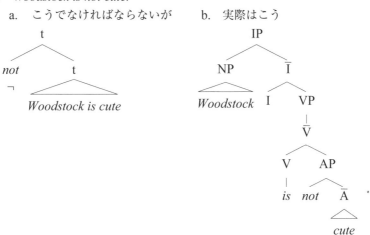

この問題を解決するために，動詞句内主語仮説（VP-internal subject hypothesis, cf. Fukui and Speas (1986), Kitagawa (1986), Kuroda (1988), Koopman and Sportiche (1991), etc.）を採用しよう．文の主語はもともと動詞句内に基底生成され，*Woodstock is cute* という文が動詞句内に生成される，と考える．その文全体に *not* がかかる．のちに主語名詞句が項位置（A-position）

へと上がり，あとに痕跡（trace）を残す．

(10) *Woodstock is not cute.*

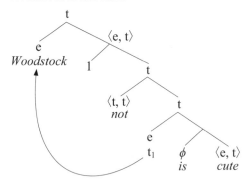

(10) の移動では，ひとつ変なことが起きている．移動元の A 位置に痕跡（t_1）が置かれるのはいいとして，移動後の *Woodstock* に指標（index）がつかず，指標が独立して構成素を成している．統語論の慣習では，指標は移動先の語彙の直接ついているものだろう．

(11) 普通はこう．

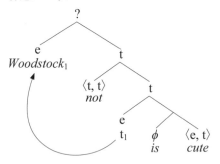

以前 p. 90 で，$\bar{\text{A}}$ 移動である Wh 移動を扱った際，解釈のためのルールとして Predicate Abstraction（PA）を導入した．痕跡に付与されている指標の外延は Traces & Pronouns Rule（T&P）によって与えられるので，その解釈が円滑に進むためには，構造内にその指標を導入するルールとしての PA が必要となる．ということは，PA は指標を「単独の構成素」として扱っていることになる．統語論的には，移動先の語彙についている指標（$Woodstock_1$ のような指標）は，移動の結果として「あたりまえにつくべきもの」として考える．しかし意味論では，指標というものは「PA によって与えられ，T&P によって

解釈される」というものと捉えられる．わりと「どこから来て，何に使われるのか」という素性が明らかなものなのだ．指標がT&Pの対象として，付与される名詞句とは独立して解釈を受ける以上，(11)のように指標と名詞句がくっついている構造は都合が悪い．(10)のように，移動した語彙と指標を独立させた構造のほうが，指標を扱いやすい．

(10)の構造を提唱しているHeim and Kratzer (1998) でも，(10) と (11) の構造のうちどちらが正しいのかを示す経験的な証拠はない，と認めている．むしろ「(10) と (11) は根本的に同じ構造を表しており，(11)の表記の仕方は，(10)の構造を『略して描いた』樹形図である」という考え方を示している (Heim and Kratzer (1998: 187-188))．これらの構造の違いが決定的な問題になるのは，束縛代名詞を含む文を意味解釈するときである．それについては後に8.4節で考察しよう．

ここで，PAをもういちど整理しておこう．p. 90のPAの定義を再掲する．

(12) Predicate Abstraction Rule (PA, p. 90, (39))
Let α be a branching node with daughters β and γ, where β dominates only a relative pronoun or a numerical index i. Then, for any variable assignment a, $[\![\alpha]\!]^a = \lambda x : x \in D_e . [\![\gamma]\!]^{a^{x/i}}$

(cf. Heim and Kratzer (1998: 96, 186))

(13) Predicate Abstraction Rule (PA) を砕いて説明すると
a. Wh移動のとき
移動した関係代名詞は，単なる指標としての役割しか果たさず，語彙的な外延をもたない．
b. Wh移動以外の移動（A移動）のとき
移動した語彙には指標はつかず，移動した接点のsisterの位置に，指標を単独で（＝語彙に付与されることなく）導入する．

110

a. Wh 移動

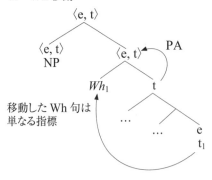

b. Wh 移動以外

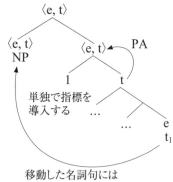

(39) の PA の定義で，β が "a relative pronoun" のみを支配しているときが Wh 移動で，"a numerical index i" のみを支配しているときが A 移動の場合である．

5.1.3. 否定文の合成的意味計算

それでは否定文（1a）の *Woodstock is not cute.* を意味解釈してみよう．統語構造は（10）の樹形図を使う．*Not* の外延は，命題をとって，その否定命題を返す関数だから，意味タイプは $\langle t, t \rangle$ である．

(14) *Woodstock is not cute.*

a. 統語構造

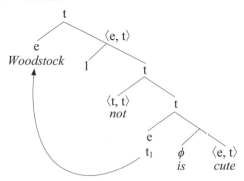

第 5 章　否定と接続詞　　　　　　　　　　　　111

b.　語彙
〚*Woodstock*〛 = Woodstock
〚*not*〛 = [λa_t . ¬a]
〚*is*〛 = ϕ
〚*cute*〛 = [λb_e . cute(b)]

c.　意味計算
〚*Woodstock 1 not t_1 is cute*〛
= 〚*1 not t_1 is cute*〛(〚*Woodstock*〛)
　　　　　　　(∵FA)…(i)
= [λd_e . 〚*not t_1 is cute*〛$^{f^{d/1}}$] (〚*Woodstock*〛)
　　　　　　　(∵PA, variable assignment を f とする)…(ii)
= [λd_e . 〚*not*〛(〚*t_1 is cute*〛$^{f^{d/1}}$))] (〚*Woodstock*〛)
　　　　　　　(∵FA)…(iii)
= [λd_e . 〚*not*〛(〚*cute*〛(〚*t_1*〛$^{f^{d/1}}$))] (〚*Woodstock*〛)
　　　　　　　(∵FA and lexicon of *is*)…(iv)
= [λd_e . 〚*not*〛(〚*cute*〛(〚*t_1*〛$^{[1 \to d]}$))] (〚*Woodstock*〛)
　　　　　　　…(v)
= [λd_e . 〚*not*〛(〚*cute*〛([1 → d](1)))] (〚*Woodstock*〛)
　　　　　　　(∵T&P)…(vi)
= [λd_e . 〚*not*〛(〚*cute*〛(d))] (〚*Woodstock*〛)
　　　　　　　…(vii)
= [λd_e . 〚*not*〛([λb_e . cute(b)](d))] (〚*Woodstock*〛)
　　　　　　　(∵Lexicon of *cute*)…(viii)
= [λd_e . 〚*not*〛(cute(d))] (〚*Woodstock*〛)
　　　　　　　(∵λb を展開)…(ix)
= [λd_e . [λa_t . ¬a] (cute(d))] (〚*Woodstock*〛)
　　　　　　　(∵Lexicon of *not*)…(x)
= [λd_e . ¬cute(d)] (〚*Woodstock*〛)
　　　　　　　(∵λa を展開)…(xi)
= 1 iff ¬cute(Woodstock)
　　　　　　　(∵λd を展開, Lexicon of *Woodstock*)…(xii)
iff it is not the case that Woodstock is cute.
　　　　　　　…(xiii)
iff Woodstock is not cute.

（14b）では，今までと語彙項目の記述の仕方を変えて簡潔にしてある．今までは，たとえば〈e, t〉タイプの語彙であれば，入力となる項のタイプを $\lambda x : x \in D_e$ のように「入力項に課せられる条件」として記述していた．（14b）では，入力項のタイプを簡潔に下付き文字で記述している（p. 58 の（42b）参照）．今後はこのように記述することにしよう．

次に各計算過程を確認しよう．（i）は，統語構造の最初の枝分かれに相当する FA の適用である．主語の *Woodstock* だけを項として外側にはじき出す．（ii）が（鬼門の）PA である．PA では「適当な e タイプの変項をひとつ放り込む」ので，ここでは d を変項として放り込んでいる．また PA では variable assignment を改変する操作が加わるので，文全体に関わる variable assignment を f として設定する．この f は，指標を含む語彙項目の解釈にしか使われないので，*Woodstock, not, cute* の各語彙には関係ない．そして，f は PA によって，「指標の数値を入力に，PA で導入した記号を出力に」という改変がかかる．ここでは，移動要素に付与されている数値を 1 としており，PA によって変項を導入したので，改変として付け足される assignment の写像は [1→d] となる．この（iv）-（vi）までの過程がよく分からない人は，p. 94 の（46），Modified Variable Assignment を復習してほしい．この改変された Variable Assignment と T&P から，痕跡 t_1 が単なる d に変身する．その d は，(ix) において，λb の指示に従って *cute* の項となる．次の（x）において *not* の語彙を開く．*not* のはたらきは，a という命題を ¬a という命題に変えることだ．cute (d) の命題の否定は，¬cute (d) である．（xii）で最後の λd を開き，真理条件としては ¬cute（Woodstock）を得る．あとは，この論理式を自然言語に置き換える．

結果として出てくるものは真理条件なので，「Woodstock が cute であればこの文は真，そうでなければ偽」という「条件」が求められる．それを世の中に「神の視点」で実際の世の中に照らし合わせれば，真理値が出る．Model PEANUTS のモデル内でこの文を解釈すると，（6f）の規定により

⟦*cute*⟧^{M_P} = {Sally, Lucy, Patty}

なので，Woodstock はこの中に入っていない．よって，否定命題は真となり，

⟦*Woodstock is not cute*⟧^{M_P} = 1

である．

Cute の外延のうち，真理条件を示す箇所に使われている cute (b) という記述について確認しよう．いままでは，〈e, t〉タイプの語彙の外延は

第 5 章 否定と接続詞

⟦*cute*⟧ = [λb_e .b is cute]

のように記していた．すでに p. 79 の *fast* の外延の項目で一度説明したが，cute (b) という表記は，「述語論理」という論理体系に基づく論理式を使用している．一方，*b is cute* という表記は，自然言語を使用している．真理条件を記述するとき，その条件を「論理式で書くのか，自然言語で書くのか」という区別をつけることが重要となる．いま自分が書いているのは，論理式か自然言語なのか，はっきり分けなくてはならない．命題論理の (7) で確認したとおり，論理学に基づく記号体系を使用するなによりの利点は，「直感的な理解に頼ることなく，自動的に真理値を計算できる」という点にある．特に (14) のような複雑な演算のときは，記述はすべて論理式に統一して，機械的に扱ったほうが簡単である．自然言語による記述は，意味計算では融通が効かない不便なものなのだ．

(14c) の計算では，(x) から (xi) に至る過程で，その利便性の差が現れる．もし *cute* の真理条件を自然言語として記述し "d is cute" のように記したら，*not* の外延と噛み合わなくなる．*not* の外延は論理式を使って書いているからだ．だから語彙の外延をリストアップする際には，真理条件の箇所を，論理式か自然言語かのどちらかで統一しておく必要がある．

(15)　語彙の外延は，どちらかで統一する．
 a.　自然言語で統一
  ⟦*not*⟧ = [λa_t . it is not the case that a]
  ⟦*cute*⟧ = [λb_e . b is cute]
 b.　論理式で統一
  ⟦*not*⟧ = [λa_t . ¬a]
  ⟦*cute*⟧ = [λb_e . cute (b)]

どちらが簡単な表記なのかは一目瞭然だろう．書くのも楽だし，真理表に基づいて真理値を計算するのも楽だ．今後本書では，語彙に含まれる真理条件の部分は論理式を使って記述し，最後に文全体の真理条件を求めたときに一括して自然言語に置き換えることにする．述語論理のしくみと使い方については，第 6 章の「量化子」で詳細に見ることにする．

5.2. 連言, 選言 (*and, or*)

5.2.1. AND と OR の命題論理

命題論理を使用する実例として, 否定に続いて, 接続詞を見ることにしよう. 文と文をつなぐ接続詞には, 連言 (*and*) と選言 (*or*) がある. 命題論理では,「A かつ B」(A and B) を,「A と B の AND」と呼び, A∧B と表す. 一方,「A または B」(A or B) を「A と B の OR」と呼び, A∨B と表す.

まず記号についての注意点を挙げておこう. 一般的に, *and* のような意味として使われる記号には, ∧, ∩, &[6] などが使われる. また *or* のような記号としては, ∨, ∪ が使われる. これらの記号を混同しないようにする必要がある.

∧ (「かつ」, AND), ∨ (「または」, OR) は, 命題論理の記号である. だから A∧B や A∨B という書き方をしたとき, A, B はそれぞれ「命題」であり, その外延は真理値 (1 か 0 か) である. 一方, ∩ (「交わり」,「積集合」,「共通部分」, intersection), ∪ (「結び」,「和集合」, union) は集合論の記号である. だから A∩B や A∪B という書き方をしたとき, A, B はそれぞれ「集合」であり, その外延は基本的には「個体の集合」を表す. 形式意味論の文献では, これらの記号が両方使われるので, 扱っている変項が「命題」(t タイプ) なのか「集合」($\langle e, t \rangle$ タイプ) なのか, 間違えないように気をつける必要がある.[7]

A と B というふたつの命題があった場合, A and B と A or B の真理値は以下のようになる.

---

[6] & は「アンパサンド」(ampersand) という約号で, 自然言語で記述する *and* の省略記号として使われる. この記号はラテン語の et cetera (「などなど」) の頭文字である e と c を組みあわせた合字. 厳密には論理記号ではないが, 形式意味論の文献では, 真理条件を示す際に記号として使われることがあるので注意. ちなみに多くのプログラミング言語では, & をふたつ重ねたものを論理 AND を表す演算子として使用している.

[7] 実際には, 数理論理学の慣習では, 論理体系ごとに使用している記号を使い分けている. A, B, S, T は集合, f, g は写像, P, Q は命題を表すことが多い. しかし, それらの記号がそれぞれの論理体系を示す, という厳密なルールは存在せず, ただの慣習に過ぎない. また複合命題を扱う際に, 使用する命題変項が増えてくると P, Q だけでは足りなくなる. 論理学のような形式科学が一般に敬遠されがちなのは,「記号が苦手」という記号アレルギーの人が多いためだが, その理由の大元をたどっていくと, このような慣習が弊害となり「なぜその記号を使うのか必然性が分からない」という, 本質とは関係ない理由であることが多い. そのため本書では, 記号アレルギーに対する対処の意味を含めて, 集合も命題も区別せずに A, B, ... の順に使用していく. そのかわり, それぞれの変項が何を表すかを, その都度 (くどいほど) 確認していく.

(16) a. A and B　　　　　　　　　b. A or B

A	B	A∧B
1	1	1
1	0	0
0	1	0
0	0	0

A	B	A∨B
1	1	1
1	0	1
0	1	1
0	0	0

AND と OR は，ふたつの命題 A, B に対する操作なので，NOT に比べて真理表がやや複雑になる．A と B それぞれの命題に 1 と 0 が割り振られるので，その組み合わせは 4 通りになる．もし命題が 3 つになり A, B, C という命題を扱うときには，組み合わせは 8 通りになる．[8] 一般的に，n 個の命題を扱う真理表の列数は，2^n 通りになる．

　AND の真理表は，要するに「両方とも 1 のときのみ，1」である．一方，OR の真理表は，「どちらかが 1 であれば，1」である．一般的な感覚と異なるのは，A or B で，A も B も両方とも真の場合であろう．普通，ファミリーレストランで「食後のドリンクはコーヒーか紅茶のどちらになさいますか？」と訊かれた時，「両方」と答えたら，嫌な顔をされるだろう．「コーヒーか紅茶」というのは「どちらか一方」であって，両方は含まない．しかし「志望校に合格するか，彼女への告白に成功したら，僕は幸せだ」と言った時は，両方とも成就した場合も「幸せ」に含まれるだろう．日常の言語では，OR は「どちらか一方だけなのか」と「両方も含むのか」が，非常に曖昧に使われている．命題論理ではその辺を厳密に規定し，A or B という命題は，A と B の両方が真である場合でも真になる．

　例外的に，A or B から「両方ともに真」を除外して考えることがある．「コーヒーか紅茶かどちらになさいますか？」の OR である．このような「『P または Q』であり，『P かつ Q』ではない」という OR のことを，「排他的または」(exclusive or) と呼び，xor という記号で表すことがある．

---

[8] 考え方としては，「3 つの異なるコインがあります．それぞれが表か裏かになる組み合わせは全部で何通りでしょう」という問題と同じである．

(17) 排他的または (exclusive or)

A	B	A xor B
1	1	0
1	0	1
0	1	1
0	0	0

「排他的または」は，集合論にも該当する名称と記号がある．AとBという集合があるとき，「A∪BではあるがA∩Bではない集合」を，集合AとBの「対称差」(symmetric difference) と呼び，A△Bと表す．

$$A \triangle B = \{x \mid x \in A \cup B \text{ かつ } x \notin A \cap B\}$$
$$= (A \cup B) - (A \cap B)$$
$$= (A - B) \cup (B - A)$$

5.2.2. AND, OR の合成的意味計算

それでは，AND, OR を含む文を合成的に計算してみよう．ここでは，(1b) の文の意味を考えてみよう．

(1) b. Linus is a player and Lucy is a counselor.

And の意味は，「命題をふたつとって真理値を返す関数」なので，タイプとしては $\langle t, \langle t, t \rangle \rangle$ ということになる．仮に and の意味を，(18) のように仮定しておこう．命題論理の上では，ANDはふたつの命題に「挟まれている」ので，ふたつの命題の真理値の組み合わせによって全体の真理値が決まる関数となる．統語構造の上では，この関数に Schönfinkelization をかけ，「ふたつの命題を項として順番にとり，それぞれの真理値に応じた値を返す関数」と考える．

(18)
$$[\![und]\!] = \begin{bmatrix} \langle 1,1 \rangle & \to & 1 \\ \langle 1,0 \rangle & \to & 0 \\ \langle 0,1 \rangle & \to & 0 \\ \langle 0,0 \rangle & \to & 0 \end{bmatrix} = \begin{bmatrix} 1 & \to & \begin{bmatrix} 1 & \to & 1 \\ 0 & \to & 0 \end{bmatrix} \\ 0 & \to & \begin{bmatrix} 1 & \to & 0 \\ 0 & \to & 0 \end{bmatrix} \end{bmatrix} = [\lambda a_t . [\lambda b_t . b = a = 1]]$$

このような and の意味に基づいて，(1b) の Linus is a player and Lucy is a counselor. の文を意味解釈すると，(19) のようになる．

(19) *Linus is a player and Lucy is a counselor.*
    a. 統語構造

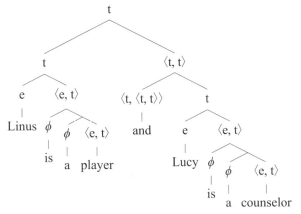

    b. 語彙
⟦*and*⟧ = [λa$_t$. [λb$_t$. a = b = 1]]
⟦*Linus*⟧ = Linus
⟦*is*⟧ = φ
⟦*a*⟧ = φ
⟦*player*⟧ = [λd$_e$. palyer(d)]
⟦*Lucy*⟧ = Lucy
⟦*counselor*⟧ = [λf$_e$. counselor(f)]

    c. 意味計算
⟦*Linus is a player and Lucy is a counselor.*⟧
= ⟦*and Lucy is a counselor*⟧(⟦*Linus is a player*⟧)
                (∵ FA)
= ⟦*and*⟧(⟦*Lucy is a counselor*⟧)(⟦*Linus is a player*⟧)
                (∵ FA)
= ⟦*and*⟧(⟦*counselor*⟧(⟦*Lucy*⟧))(⟦*player*⟧(⟦*Linus*⟧))
                (∵ FA and lexicon of *is* and *a*)
= ⟦*and*⟧([λf$_e$. counselor(f)](Lucy))([λd$_e$. palyer(d)](Linus))
                (∵ Lexicon of *counselor*, *Lucy*, *Player*, *Linus*)
= ⟦*and*⟧(counselor(Lucy))(Player(Linus))
                (∵ λf, λd を展開)
= [λa$_t$. [λb$_t$. b = a = 1](counselor(Lucy))(player(Linus))

　　　　　　　　(∵ Lexicon of *and*)
　　= 1 iff player(Linus) = counselor(Lucy) = 1
　　iff Linus is a player and Lucy is a counselor.

使う意味計算規則は FA だけなので，それほど複雑な計算ではない．

第 6 章

量化子
―形式意味論の歴史と発展―

　この章では，量化子の意味分析を概括する．量化子（Quantifier）は形式意味論の黎明期に，意味論研究の中心的な研究テーマであり，長いこと意味研究の「花形」的なテーマであった．量化子は，文の意味を合成的に意味解釈するプロセスで中心的な位置を占める語彙範疇である．英語の量化子の研究はMontague（1973）の理論に端を発するが，量化子に関する考え方は，時代に沿って大きく変化している．80年代前後の形式意味論の文献を読む際には，当時議論されていた内容とその背景を知らないと，雲を掴むような読み方になってしまう．Montague（1973）で提唱された量化子の考え方は，現在そのままの姿で使われているものは少ない．しかし，当初の発想と，その問題点を改良していく過程には，現代的な観点からも学ぶべきものが多い．[1]

　量化子の意味タイプについては，すでに p. 52 の (30) において，*Every student loves Mary* という文を見た．そこでは，量化子 *every* のタイプは $\langle\langle e, t\rangle, \langle\langle e, t\rangle, t\rangle\rangle$ と定めた．(30) では単純に，プラモデルのように他の語彙のタイプから逆算して量化子のタイプを求めたが，これは意味的にどういう関数なのだろうか．量化子の意味タイプをこのように定めると，その外延はどのように記述するべきなのだろうか．

　意味論の入門書では，「量化子」の章に，いきなり「一般量化子理論」（Generalized Quantifier Theory）なる用語から出発し，Montague（1973）の理論を継承する Barwise and Cooper（1981）の研究の細部から始まるものが多い（Gamut（1991），Swart（2003）など）．しかし多くの読者にとって，こうい

---

[1] たとえば，合成的意味解釈の手法を内包意味論に拡張して考えたときの，様相表現（modal expression）の捉え方がある．*Must* や *may* などの助動詞の意味解釈は，外延意味論で量化子が個体変項に対して果たしている役割を，いわば可能世界に適用するように拡張したものである．

う入門書での導入のしかたは,70-80年代のクラシックな量化子の分析と,現在の生成統語論の成果に乗った意味論分析との「世代のギャップ」に戸惑うことが多いようだ.そこで,この章では,前章までの議論の続きとして,「そもそも,DP (Determiner Phrase) の意味タイプは何なのか」という問題を掘り返して考えよう.ここでいうDPというのは,ざっくり「主語名詞句」と考えてくれればよい.量化子の研究は主に,主語の位置に入る名詞句の外延を中心に議論されることが多い.そこから一般化し,動詞の項となるDPの意味カテゴリーを考えるところから始めよう.DPの意味タイプを考えるときには,様々な諸問題がある.その解決案として,この分野の嚆矢であるMontague (1973) の考え方に遡ることにする.実際の形式意味論の研究史を時代に逆行して遡ることになるが,Montague (1973) の理論は,そもそもの必要性が理解できないと,なかなか直感的に理解しにくい.「どのような理論なのか」よりも,「なぜそう考える必要があるのか」のほうが重要だ.そこで,現代的な観点からMontague (1973) の時代に遡り,量化子の意味を考えていくことにしよう.量化子の研究は,形式意味論の黎明期に研究方策を大きく発展させたテーマなので,本章はやや「形式意味論史」の様相を呈してしまうが,寄り道をしながら量化子の意味解釈について考えていくことにしよう.

6.1. 主語名詞句のタイプは一体何なのか

まず,問題の根源を確認しよう.直感的には,「同じ項の位置に入るものは,同じ意味タイプである」と感じる人が多いだろう.たとえば統語論では,主語の位置に入る語の文法範疇は (*there* 構文などの例を除くと) 基本的には名詞である.それと同じく,意味論的にも,主語の位置に入る語の意味タイプは同じ,と考えるのが自然だろう.具体例を見よう.

(1) a. α vanished.
    b. John vanished.
    c. Someone vanished.

(1a) のようなひな形の文があったとする.αの位置に,主語名詞句が入る.*Vanished* は自動詞なので,意味タイプは $\langle e, t \rangle$,外延としては「消えてしまったものの集合」[2] である.すると,主語名詞句に項として入るものは「個体」で

---

[2] かつて筆者は大学の授業で,「消えてしまったものの集合,というのはおかしくないですか」という質問を受けたことがある.質問の意味が分からなかったので何度か訊き直してみたら,「消えたもの,というのは存在しないものなのだから,それを要素とする集合があるはず

あり，その個体がもし vanished の集合の要素となっていれば文全体の真理値は真，そうでなければ偽，となる．実際に（1b）の文を見よう．主語名詞句の位置には，John という個体（e タイプ）の語が項として入っている．この場合，文全体の真理条件としては，John という個体が「消えてしまったものの集合」の要素であれば（＝ジョンが消えてしまっていたら）真，そうでなければ偽である．

しかし，（1c）の場合は何としよう．この場合，someone という主語名詞句を，John という名詞句と同じ意味タイプとして扱ってよいものだろうか．John という語が個体を表す，というのは直感的に頷けるが，someone という語が表すのは，個体なのだろうか．e タイプのカテゴリーに含まれる，「実在する個体」と言えるのだろうか．

これが，Montague（1973）および Barwise and Cooper（1981）によって提起されている疑問の根幹である．John だって someone だって，同じ vanished の項なのだから，直感的には同じ意味タイプである … と考えても不思議はなかろう．しかし同時に，両者が同じ意味タイプだとは直感的に思えない．

ここでひとつ，意味論の研究方策の根源にかかわることを指摘しておこう．上に挙げた「John と someone は，同じ vanished の主語名詞句でありながら，**同じ意味タイプとは思えない**」という言い方では，研究方策となる問題提起として適切ではない．両者の違いが「〜とは思えない」という，感覚的なものだからだ．つまり（1b, c）のままでは，研究課題として適切なミニマル・ペアになってはいない．

では，どうすればいいのか．（1b, c）の「直感的な違い」を，どうやって研究課題に落とし込めばよいのか．統語論の場合は，問題提起となるためのデータを提示する際，「適格文と非文のコントラストをつくる」というのが王道だろう．それと同様に，意味論の場合には，「真理条件が異なるコントラストをつくる」というのが王道となる．ミニマル・ペアをつくる際に，「片方は真だが，他方は偽」「片方の推論は成り立つが，他方では成り立たない」という，文の意味解釈の相違をつくるようにデータを揃える必要がある．

ここで，（1）で提示した問題を，「同じ述部（＝ vanished）の項でありながら，名詞句（＝ John / someone）によって外延の種類が異なる」という問題に一般化しよう．そして，その問題をどのような形で提示すればよいのか，Heim and Kratzer（1998）での議論を参考にしながら見ていくことにしよう．

がない」という意図らしい．まるで冗談のような質問だが，わりと学生は真剣に質問している．集合論を形式的に学ぶことは，そういう意味でも重要であろう．

Heim and Kratzer（1998）では，(1) のようなデータを拡張して，「e タイプの名詞句（＝個体）」と「量化表現を含む名詞句」が，同じ項の位置に生じたときに現れる，意味解釈のギャップの例をいくつか提示している．以下，個体と量化表現というコントラストに議論を拡張して，両者の違いを見てみよう．

6.1.1. 上位集合，部分集合間の推論関係

まず，(2) の例文を見てみよう．

(2) a. John came yesterday morning.
　　b. John came yesterday.

もし (2a) が真であるならば，(2b) も必ず真になる．ここで，〖came yesterday morning〗を「昨日の朝着いたものの集合」，〖came yesterday〗を「昨日着いたものの集合」と考える．すると，前者は後者の部分集合になっている．すると当然，もしもある個体が前者の集合の要素であれば，必然的にその個体は後者の集合の要素にもなっているはずである．「昨日の朝着いたもの」は，必ず「昨日着いたもの」である．(2) の例では，もし (2a) が真であれば，つまり，もし「ジョンが昨日の朝来た」なら，自動的に (2b) も真となる．つまり，「ジョンは昨日来た」ことになる．

(3) x という個体が，もし内側の要素であれば，必ず外側の要素．

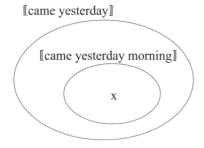

さて，(2) と (4) を比べてみよう．

(4) a. At most one letter came yesterday morning.
　　b. At most one letter came yesterday.

(2) で成り立った推論関係が，(4) では成り立っていない．「昨日の朝，多くても一通の手紙が届いた」(＝昨日の朝，一通しか手紙が届かなかった) からといって，「昨日，多くても一通の手紙が来た」(＝昨日，一通しか手紙が届か

なかった）とは言えない．反例として，「朝に一通の手紙が届き，夕方にもう一通が届いた」という状況を考えてみればよいだろう．その状況では，(4a)は真であるが，(4b)は偽となる．

(2)も(4)も，共に *α came yesterday morning* / *α came yesterday* というひな形である．ふたつの文の，α の位置に相当する主語名詞句が異なるだけだ．主語名詞句が異なるだけで，推論関係に違いが生じている．つまり「同じひな形を共有する文でありながら，α に入るものによって，**推論の結果が異なる**」というミニマル・ペアが成立している．

ここで，(2)の推論は，「状況設定に関係なく，常に成り立つ」ということを確認してほしい．(4)とは違い，(2)の場合には，ジョンが朝来ようが夕方に来ようが，関係なく推論が成り立つ．(4)のように「前者が真でありながら，後者が偽となる」という状況が存在しない．言い換えれば，(2)の推論が成り立つことは，(3)のベン図で示される通り，集合論的な帰結である．ところが，その帰結が(4)ではなぜか成り立たない．

この問題は，どう解けばよいのだろうか．可能性としては，(5)の3つの可能性がある．

(5) a. 使用した集合論自体が間違っている
　　 b. ふたつの述語で表される外延か，あるいは集合の包含関係が間違っている
　　 c. それ以外の，なにか前提としていることが間違っている

研究方策を探る時には，このように可能性を列挙して，一番崩しやすそうなところを攻めるのが王道だ．まず(5a)は，なかなか野心的な方策ではあるが，コストが高すぎる．現行の集合論の体系に挑戦すると，いままでの集合論で説明できたことが説明できなくなったり，その逆に弾かれていた事例が適切な事例となってしまう，などの齟齬が発生する可能性がある．ここでは，対象となる集合論の原則は「ふたつの集合があり，片方が他方の部分集合であるとする．部分集合の要素である個体は，自動的に上位集合の要素となる」ということだ．(3)のベン図を参照してほしい．これを崩すのは容易ではないだろう．それを崩すことによって，説明できなくなる事実が多すぎる．

(5b)はどうだろう．本書のいままでの議論で，「一項述語は個体の集合」と定義した．意味タイプとしては $\langle e, t \rangle$ タイプの表現だ．*came yesterday morning* にしても *came yesterday* にしても，その範疇には入るだろう．また，前者が後者の部分集合であることも自明だろう．どうやら，この可能性も崩せそうにない．

すると可能性としては，(5c) が有望ということになる．この一連の議論で，なにか失念している前提はなかっただろうか．(3) のベン図は，「個体の集合」を表している．当然，図で表されている要素 x は「個体」である．意味タイプとしては e タイプだ．これが，「疑わしき前提」だろう．(2) の場合，*John* という主語名詞句は，個体とみなして問題はない．しかし，*at most one letter* というのは，果たして個体なのだろうか？ (3) のベン図の，x で表せるような存在なのだろうか？ もし *at most one letter* という表現の意味タイプが e タイプではなかったとしたら，(3) のようなベン図に基づく推論関係は使えない．当該のベン図は，あくまでも「個体（＝ e タイプ）の集合」を表しているからだ．ここに，仮説のヒントが隠されていると考えてよいだろう．

この考え方は，そもそも議論の出発点だったことを思い出してほしい．(1) で示した *John vanished* と *Someone vanished* での問題は，「*John* と *someone* って，同じ意味タイプなの？」ということだった．しかし，この形のままでは直感に頼っているだけで，適切なミニマル・ペアではない．そこで「包含関係にある集合間の推論」という事例を使って，(2) と (4) というミニマル・ペアを用意した．つまり，*John* と *someone* の意味タイプの違いは，**疑問点ではなく，仮説のほうなのだ**．必要なのは，両者の直感的な違いを，データとして適切な形のミニマル・ペアに落とし込むこと，要するに「問いを正しく作ること」だ．このように「問題として考えていたことが，実は問いではなく答えのほうだった」ということは，論理学や意味論研究ではよく起こる．何が問いで，何について答えを出そうとしているのか，適切な形に揃えて考察する必要があることを確認しよう．

6.1.2. 矛盾律

次の例を見よう．

(6) a. Mount Rainier is on this side of the border, and Mount Rainier is on the other side of the border.
  b. More than two mountains are on this side of the border, and more than two mountains are on the other side of the border.

ちなみに，レーニア山（Mount Rainier）というのは，アメリカのワシントン州にある山の名前で，日本ではコンビニでよく売っているコーヒーの商品名としてよく知られている．

(6a) の文は，矛盾している．もしレーニア山が州境のこちら側にあるので

あれば，同時に州境のあちら側にあることはできない．[3] よって (6a) の文は，偽である．一方，(6b) では矛盾は生じない．州境のこちら側にふたつ以上の山があり，あちら側にもふたつ以上の山がある，という状況は不思議ではない．

(6) も，*α is on this side of the border, and α is on the other side of the border* というひな形で一般化できる．主語名詞句の α に，*Mount Rainier* が入ると文は偽となるが，*more than two mountain* が入ると真になる．この意味解釈の違いが，ミニマル・ペアを構成している．

なぜ意味解釈が異なるのか．*Mount Rainier* の外延は，e タイプで表される「個体」でよいだろう．しかし，*more than two mountain* が「個体」を表すとは，直感的に考えにくい．6.1.1 節と同様，ここでも *more than two mountain* の意味タイプを考えることが，鍵になりそうだ．

6.1.3. 排中律

次の例を見よう．

(7) a. I am over 30 years old, or I am under 40 years old.
　　b. Every woman in this room is over 30 years old, or every woman in this room is under 40 years old.

(7a) は，いついかなる時でも真となる．「私は 30 歳以上だ」「私は 40 歳以下だ」のふたつのうち，どちらかは必ず成り立つ．ふたつの命題では 30 歳から 40 歳までの間が重複しているが，このふたつの命題ですべての年齢をカバーすることになる．

一般的に，「P であるか，あるいは P でない」($P \vee \neg P$) という形の複合命題は，必ず真となる．ある特徴 P を考えるとき，個体は P であるか P でないかのいずれかなのだから，そのふたつを合わせると必ず真である．集合論的には，P という集合の，中と外を合わせると，領域全体を指す．これを排中律 (excluded middle) という．排中律のように，常に真となる命題のことを，恒真命題 (tautology) という．

しかし，*α is over 30 years old, or α is under 40 years old* という形の文が常に恒真命題であるかというと，そういうわけではない．(7b) は，状況によっては偽になることがある．状況としては，部屋に 10 歳の女の子と 50 歳の女性のふたりがいる場合を考えればよいだろう．「すべての女性が 30 歳以上」か，

---

　[3] 日本の富士山のように，県境にある場合は考えないでおこう．富士山の場合は県境の「上」にあるのであって，県境の「こちら側」「あちら側」という議論に使える山ではない．

あるいは「すべての女性が40歳以下」か，どちらかが満たされなければならないが，前者には10歳の少女が，後者には50歳女性が，それぞれ反例となる．この文が Every woman in this room is over 30 years old, or under 40 years old ではないことに注意してほしい．「すべての女性が，『30歳以上』か『40歳以下』のいずれか」という文ではない．「全員30歳以上か，全員40歳以下かのいずれか」である．

今までと同様に，(7a, b) の解釈の違いは，主語名詞句の意味タイプの違いに起因するものだろう，という見当をつけておこう．一人称代名詞の I は e タイプの個体であっても，*every woman in this room* は，どうも個体ではなさそうだ．

6.1.4. 統語的な齟齬

ここまで，「主語名詞句に相当する DP は，はたして e タイプだけなのだろうか」という疑問に対して，意味解釈の観点から反例を見てきた．この節では，統語的な操作による反例を見ていこう．まず，(8)，(9) の例を見よう．

(8) a. I answered question #7.
    b. Question #7, I answered.

(9) a. Almost everybody answered at least one question.
    b. At least one question, almost everybody answered.

(Heim and Kratzer (1998: 135-136))

(8)，(9) は，話題化 (topicalization) の例である．ちょっと脇道に逸れるが，復習として (8b) の意味解釈をしてみよう．「意味解釈をしろ」といわれた時に行うべき手続きは，p. 67 の「文の真理条件の導き方」を思い出してほしい．

(10) 文の真理条件の導き方（version 3, p. 67, (8)）
    a. 文の樹形図を描く（p. 7（7b）の「統語構造」を使う）
    b. 樹形図を「意味論用」に描き替える
       接点，中間投射，統語範疇などの情報をすべて取り除き，構成素だけのシンプルな樹形図にする
    c. 単語を樹形図に配置して，意味タイプを確認する（p. 7（7a）の「単語」を使う）
       それぞれの単語の意味タイプをまず記入する．それらを組み合わせて，文全体が t タイプになっているかどうかを確認する
    d. 文で使用されているすべての語句の外延を記述する．複合タイ

プの語彙の外延は，ラムダ演算子を使って関数の形で記述する
- e. 文を各語彙の外延に分解し，意味計算規則に従って意味計算を行う
- f. 最終的な出力を吟味する．世界の有り様が分かっているときは真理値，分かっていない時には文の真理条件を求める

すでに前章までの内容を理解している人にはくどいと思われるだろうが，ひとつずつ行おう．まず「設計図」として，(8b) の統語構造を用意する．

(11) (8b) の統語構造

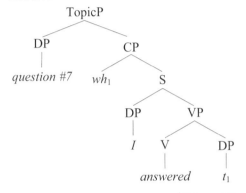

(Heim and Kratzer (1998: 136))

次に (10b, c) に従って，樹形図を意味論用に簡略化し，単語の意味タイプを確認する．

(12) (11) の統語構造に沿って意味タイプを確認

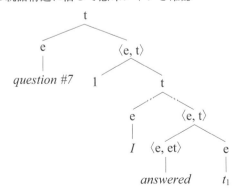

さらに，(10d) に従って，「部品」としての語彙項目を用意する．ここでは便宜上，一人称代名詞の *I* の意味を，「その文の話者」と規定しておこう．また，*answered* は過去形だが，ここでは過去形の意味を捨象して考える．目的語名詞句の位置に，痕跡 (t_1) があり，この語彙項目だけが Traces & Pronouns Rule の適用を受けるので，文を解釈する際のモデル (＝箱庭世界) が必要となる．ここでは，(8b) の文を解釈する際のモデルを，(13d) で示す通り，c と名付けよう．

(13)　(8b) に必要な語彙項目
 a.　$[\![question\ \#7]\!]$ = question #7
 b.　$[\![I]\!]$ = the speaker of the sentence
 c.　$[\![answered]\!]$ = [λa_e . [λb_e . b answered a]]
 d.　$[\![t_1]\!]^c$ = c(1)

では，(8e) の手続きとして，実際の意味計算を行ってみよう．

(14)　(8b) の意味解釈計算
$[\![question\ \#7\ 1\ I\ answered\ t_1]\!]^c$
$= [\![1\ I\ answered\ t_1]\!]^c\ ([\![question\ \#7]\!])$
     (∵ FA)
$= [\lambda d_e\ .\ [\![I\ answered\ t_1]\!]^{c^{d/1}}]\ ([\![question\ \#7]\!])$
     (∵ PA)
$= [\lambda d_e\ .\ [\![answered]\!] ([\![t_1]\!]^{c^{d/1}})\ ([\![I]\!])]\ ([\![question\ \#7]\!])$
     (∵ FA × 2)
$= [\lambda d_e\ .\ [\![answered]\!] ([\![t_1]\!]^{[1\to d]})\ ([\![I]\!])]\ ([\![question\ \#7]\!])$
     (∵ モデル c を改変)
$= [\lambda d_e\ .\ [\![answered]\!] ([1\to d](1))\ ([\![I]\!])]\ ([\![question\ \#7]\!])$
     (∵ T&P Rule)
$= [\lambda d_e\ .\ [\![answered]\!] (d)\ ([\![I]\!])]\ ([\![question\ \#7]\!])$
     (∵ $[1\to d](1)$ を展開)
$= [\lambda d_e\ .\ [\lambda a_e\ .\ [\lambda b_e\ .\ b\ answered\ a]]\ (d)\ (the\ speaker\ of\ the\ sentence)]$
 (question #7) (∵ Lexicon of *answered*, *I*, *question #7*)
$= [\lambda d_e\ .\ the\ speaker\ of\ the\ sentence\ answered\ d]\ (question\ \#7)$
     (∵ $\lambda a, \lambda b$ を展開)
$= 1$ iff the speaker of the sentence answered question #7.
     (∵ λd を展開)

計算結果を見れば分かるが，話題化された *Question #7, I answered* の真理条件は，(8a) の *I answered question #7* と同じである．生成文法の標準理論の時代には，これを「統語操作は，意味を変えない」という言葉で表現していた．

しかし，主語名詞句と目的語名詞句を変えた (9) の場合はどうだろうか．この例の場合では，話題化すると真理条件が変わってしまう．たとえば，学生が10人いて，問題が10題あったとしよう．状況として，「学生1は問題1を，学生2は問題2を，…学生10は問題10を答えた」という場合を考えよう．この場合，どの学生も同じ問題を答えてはいない．この状況では，(9a) は真であるが，話題化された (9b) は偽である．(9b) は，「少なくとも1題に関して，ほぼすべての学生がそれを答えた」という意味なので，少なくとも2人の学生の間で答える問題が重複していなければならない．この齟齬も，*Question #7, I* という e タイプの表現と，*Almost everybody, at least one question* という表現とでは，意味タイプが違うことに起因するだろう．*everybody* という量化表現と，*one question* という量化表現の語順が変わると，両者のスコープ関係に変化が生じてしまい，解釈が変わってしまう．[4]

また統語操作ではないが，スコープによって意味解釈に違いが生じる場合もある．

(15) a. It didn't snow on Christmas Day.
b. It didn't snow on more than two of these days.

(Heim and Kratzer (1998: 137))

たとえば，12月21日から12月30日までの10日間を考えよう．そのうち最初の3日間に雪が降ったとする．その状況のもとで，(15b) は真だろうか，偽だろうか．

実は (15b) は多義的な文であり，上述の状況のもとでは，真とも偽とも言える．真と考える場合，「3日だけ雪が降って，7日間は降らなかった．つまり『2日以上降らなかった日がある』わけだから，(15b) は真」である．この場合，(15b) を「雪が降らなかった日が，2日以上ある」と解釈している．一方，この文を偽と考える場合，「3日間，雪が降った．つまり『2日以上雪が降った』わけだから，(15b) は偽」である．この場合，(15b) を「2日以上は雪が降っていない（＝雪が降ったのは，せいぜい2日間である）」と解釈している．

---

[4] これは，いわゆる数量詞上昇（Quantifier Raising）によって意味解釈が変わってしまう例である．このような，移動操作を伴う構造の意味解釈については，第7章で詳しく見る．

このように解釈が分かれる理由は，否定 not と，more than two of these days という，スコープをとるふたつの表現が競合しているからである．そのうち片方の表現が，Christmas Day という特定の日になっている（15a）では，そのような多義は生じない．この例からも，Christmas Day という表現と，more than two of these days という表現には，意味タイプの違いがあると考えることができる．

6.1.5. 述語（⟨e, t⟩ タイプ）としての DP

ここまで，DP すべてが e タイプではない例として，量化子が含まれる表現を見てきた．e タイプは「個体」を表すので，直感的にも量化子がその意味タイプに属するとは考えにくい．その「直感的な違い」は，部分集合の推論，矛盾律，排中律などのデータにより「真理条件の違い」として確認できる．では，DP を「個体の集合」，つまり ⟨e, t⟩ タイプとして考えたらどうだろうか．⟨e, t⟩ タイプの表現は，集合論的には「個体の集合」，項構造的には「自動詞などの一項述語」を表す．もし，前節までに観察した「e タイプとは考えられない DP」を，⟨e, t⟩ タイプと考えたら，齟齬は生じないだろうか．

　主語の位置に入る DP だけを考えると，その意味タイプを ⟨e, t⟩ と考えても，計算自体に問題はない．動詞句の意味タイプは ⟨e, t⟩ なので，主語名詞句のタイプを ⟨e, t⟩ と考えると，Functional Application ではなく Predicate Modification（p. 80, 4.2 節）を適用するという方法がある．しかしその場合，文全体の意味タイプが t にならず，⟨e, t⟩ のままになってしまうという問題が生じる．文の意味タイプは，「集合」ではあるまい．

(16) 主語名詞句の意味タイプを ⟨e, t⟩ とすると

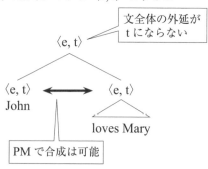

もし，名詞句の意味タイプを ⟨e, t⟩ タイプだとすると，次の文の意味はどのようになるだろうか．

(17) a. Ann vanished.
　　 b. Everything vanished.
　　 c. Nothing vanished.　　　　　　　(cf. Heim and Kratzer (1998: 139))

これらの文の意味を考えるために，それぞれの語彙の外延を次のように考えるとしよう．

(18) a. 〚*Ann*〛= {Ann}
　　 b. 〚*everything*〛= D
　　 c. 〚*nothing*〛= ϕ
　　 d. 〚*vanished*〛= [λA ∈ Pow (D) . A ⊆ {b_e : b vanished}]　　(ibid.)

Ann の外延は，Ann という個人（= e タイプ）ではない．ここでは，DP の外延を 〈e, t〉タイプと仮定しているので，*Ann* の外延は「Ann という個体をひとつだけ含むような集合」ということになる．実質的には Ann 個人を指すことと変わりないようだが，指示対象のレベルが異なっている．以前，p. 35 の (6) で Model PEANUTS を考えた時に，*councelor* の外延は「Lucy をひとりだけ含む集合（= {Lucy}）」であって，「Lucy という個体（= Lucy）」ではなかったことを思い出してほしい．*everything* の外延は，その領域に含まれるすべての個体なので，要するに「領域全体」である．一方，*nothing* の外延は，一切の要素を含まない空集合（= ϕ）と考える．[5] *vanished* の意味には，見慣れない記号が使われている．まず λA ∈ Pow (D) の部分だが，Pow (D) というのは，べき集合（power set）を表している．べき集合というのは，「ある集合の，部分集合全体の集合」のことであり，Pow (D) = {X : X ⊆ D} と定義される．べき集合は「集合の集合」であることに注意してほしい．たとえば，Model PEANUTS では 〚*girl*〛^{Mp} = {Sally, Lucy, Patty} と定めた (p. 35, (6b) 参照)．これは「女の子の集合」であるが，このべき集合を求めると，以下のような「集合の集合」になる．空集合もべき集合の要素に含まれる．

　Pow (〚*girl*〛^{Mp}) = {ϕ, {Sally}, {Lucy}, {Patty}, {Sally, Lucy},
　　　　　　　　　　　　　{Lucy, Patty}, {Patty, Sally}, {Sally, Lucy, Patty}}

さて，(18d) で示した *vanished* の外延は，変項として A という集合をとる関数である．その A というのは，「D（= 領域全体）のべき集合」なのだから，これは要するに「領域 D 内に存在する要素を，任意に含んだ集合のうちのひ

---

[5] 紛らわしいが，空集合は「なにもない状態」とは異なる．空集合は，「要素がない集合」として存在するものと考える．たとえば，「空っぽの袋」を想像してもらえればイメージできるだろう．

とつ」ということになる．イメージとしては，集合Aは「Dの中から，適当な個体を，適当な数だけ選びだしてできた集合」と考えればよい．そうした集合Aが，「消えたものの集合」の部分集合になっていれば真，そうでなければ偽となる．この vanished の語彙は，「集合をとって，真理値を返す関数」なので，意味タイプは $\langle\langle e,t\rangle,t\rangle$ ということになる．

さて，語彙の外延を（18）のように考えると，（17）の各文は適切に意味計算ができるだろうか．統語構造は，FA を一度だけ適用する単純な構造だ．

(19) a. 統語構造

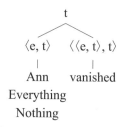

Ann
Everything
Nothing

b. $[\![Ann\ vanished]\!]$
= $[\![vanished]\!]([\![Ann]\!])$ （∵ FA）
= $[\lambda A \in \mathrm{Pow}(D).A \subseteq \{b_e : b\ vanished\}]\ (\{Ann\})$
　　　　　　　　　　（∵ Lexicon of *vanished*, *Ann*）
= 1 iff $\{Ann\} \subseteq \{b_e : b\ vanished\}$　（∵ λA を展開）

c. $[\![everything\ vanished]\!]$
= $[\![vanished]\!]([\![Everything]\!])$　（∵ FA）
= $[\lambda A \in \mathrm{Pow}(D).A \subseteq \{b_e : b\ vanished\}]\ (D)$
　　　　　　　　　（∵ Lexicon of *vanished*, *everything*）
= 1 iff $D \subseteq \{b_e : b\ vanished\}$　（∵ λA を展開）

d. $[\![Nothing\ vanished]\!]$
= $[\![vanished]\!]([\![nothing]\!])$　（∵ FA）
= $[\lambda A \in \mathrm{Pow}(D).A \subseteq \{b_e : b\ vanished\}]\ (\phi)$
　　　　　　　　　（∵ Lexicon of *vanished*, *nothing*）
= $\phi \subseteq \{b_e : b\ vanished\}$　（∵ λA を展開）

おかしいのは，(19d) である．この真理条件を見てみると，「空集合が，『消えたものの集合』の部分集合になっていれば真，そうでなければ偽」ということになっている．しかし，べき集合の定義で確認した通り，空集合というものは，必ず任意の集合の部分集合として含まれている．つまり，(19d) の真理

条件は，常に真となるトートロジーなのだ．これはすなわち，「いついかなる時でも，*nothing vanished* という文は，必ず真になる」ということになってしまう．しかし，実際にはそんなことはないだろう．ここに，量化表現を ⟨e, t⟩ タイプと考えることに齟齬が生じてしまう．

では，量化表現の意味タイプをどのように考えればいいのか．これが，「主語名詞句の意味タイプは何なのか」という壮大な研究の端緒である．次節では，この問題を延々考えてきた形式意味論の考え方を振り返りつつ，量化表現の意味解釈のしかたを考えてみよう．

6.2. 量化子の考え方—形式意味論の軌跡

6.2.1. モンタギュー文法

形式意味論の歴史は，Montague（1970, 1973）をもってその嚆矢とされることが多い．まだ構造主義言語学の影響で，言語の分析といえば直接観察可能な音声を対象としていた時代に，Montague は形式言語と同様に自然言語の意味を分析しようとする試みを行った．Montague の言語理論は，Montague (1973) "*The proper treatment of quantification in ordinary English*"（通称 "PTQ"）と，Montague (1970) "*Universal Grammar*"（通称 "UG"）[6] によって体系化されている．これらの言語理論は，「モンタギュー文法」(Montague Grammar)，あるいは「モンタギュー意味論」(Montague Semantics) と呼ばれている．一般的には Montague (1973) の PTQ のほうが有名だが，Montague の言語理論をより包括的に論じているのは Montague (1970) の UG のほうである．ただし，Montague (1970) は極めて抽象的で難解な論文のため，具体例を使って論じている Montague (1973) のほうが理解しやすい (!!) という理由[7] で，Montague (1973) をもって「Montague 文法のはじまり」とされることが多い．

Montague が提唱した言語理論は，次の 5 点を特徴とする．

---

[6] Montague のいう Universal Grammar というものは，Chomsky が提唱する「人間に本能として備わっている言語能力」という意味での UG とはまったく別物である．たまたま同じ用語を使っているからややこしいが，Montague (1970) を読むときには，「統語と意味を包括して言語の内包のしくみを明らかにする演算体系」として読む必要がある．

[7] くれぐれも注意してほしいが，Montague (1973) のほうが「分かりやすい」のは，あくまでも「Montague (1970) に比べれば」という比較の問題でしかない．Montague (1973) も十分に難解な論文であり，一読して内容を理解するのは相当に骨が折れる．筆者は大学院修士課程の時期に，無謀にも先行研究発表の素材としてこの論文を選んでしまい，敢えなく「討ち死に」した苦い経験がある．

(20) Montague の言語理論の特徴
    a. 合成的意味論を採用する
    b. 真理条件的意味論の考え方に基づく
    c. 言語の内包と外延を明確に区別している
    d. 可能世界という形式装置を使用する[8]
    e. モデル理論的意味論の方策を適用する

(20a) の合成性の原理は，本書でもすでにお馴染みだろう．「文全体の意味は，『部分』の意味の合成によって得られる」という考え方である．Montague は，Gottlob Frege (1848–1925) の考え方に基づき，語彙の意味の総和として文の意味を算出する理論を提唱した．

一般的によく誤解されているが，**Montague の言語理論は意味論だけに限ったものではない**．合成性の原理（cf. p. 5, (4)）に立脚した考え方では，語彙を統語論に従って組み上げていく必要がある．当然，Montague の言語理論には，統語論も含まれている．PTQ では，意味解釈のための Translation Rule（翻訳規則）を 17 個提案しているが，それと表裏一体の形で，Syntactic Rule（統語規則）も 17 個提案している．つまり Montague の言語理論は，統語論と意味解釈理論が完全一体となった理論と言ってよい．

とはいえ，Montague が（理論全体の一部として）提唱した統語理論は，現在の生成文法に馴染んだ眼からすると，かなり異質なものである．Montague の統語論の特徴は，すべてを文法範疇同士の掛け合わせとして定義している点にある．FA に相当する「語彙同士の組み合わせ」によって構造を計算するので，Montague の統語論は，かなり「語彙寄り」の統語論と言ってよい．Montague が作った理論体系のうち，統語論の部分はのちに範疇文法（categorial grammar）として独自に発展し，のちに一般化句構造文法（Generalized Phrase Structure Grammar, GPSG）や，主辞駆動句構造文法（Head-driven Phrase Structure Grammar, HPSG）に発展していくことになる．

(20c) について少し解説しておこう．「内包」と「外延」の違いについては，この本のはじめの p. 4 で述べた．

(21) 「意味」の定義 (p. 4, (3))
    a. 外延意味論
        「自然言語表現」と「世界のあり方」の対応関係（= p. 3, (1)）

---

[8] 本書では，(20d) の「可能世界」については扱わない．この形式装置は，内包意味論を考えるときに非常に有用なものだが，本論は外延的意味論だけを扱うので，無視することにしよう．

b. 内包意味論
「人間の信念・観念」が規定する,「自然言語表現」と「世界のあり方」の対応関係

現代的な観点からはおおむね (21) のように考えておけばよいが，Montague の言語理論では，内包をより精密に定義する．言語表現の外延とは，文を解釈する際の世界における，言語表現の指示対象のことだ．これは (21a) を言い換えただけの定義であり，本質的に言っていることは同じである．一方，言語表現の内包とは，Montague の定義では，文が解釈される（現実）世界だけでなく，存在し得るすべての可能世界を対象とする．内包とは，それぞれの可能世界に対して，その外延を与える関数として規定される．たとえば，映画「ハリー・ポッター」の世界を考えよう．ハリー・ポッターの世界では，「動物」(*animal*) という語が示す対象が，我々が住んでいる現実世界よりも広い．猫，カエル，フクロウといった，我々の世界でも馴染みのある動物だけでなく，ドラゴン，ゴブリン，ケンタウロス，ユニコーンといった「空想上の動物」までもが闊歩している．ここで，我々の世界と，ハリー・ポッターの世界での，*animal* という語の意味を比べてみよう．*animal* という語の意味タイプを $\langle e, t \rangle$ として，その外延を「動物であるものの集合」とすると，その「集合」を可能世界ごとに与えるのが「内包」である．

(22) Montague の枠組みにおける「内包」と「外延」

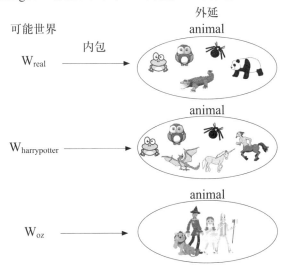

各可能世界ごとに *animal* の外延が「個体の集合」として規定されており，それを与える関数が内包，と考えればよい．Montague (1973) では，17個の統語規則 (syntactic rules) と解釈規則 (translation rules) が提唱されているが，後者の「解釈規則」とは，言語表現から直接的に外延を導くための規則ではない．言語表現を，内包を表す表現型（内包論理，intensional logic）に翻訳するためのものだ．Montague (1973) の枠組みでは，言語表現から直接外延が導かれるのではなく，言語表現と可能世界をつなぐ内包論理が「橋渡し」をしている．言語表現からまず中間段階として内包論理を導き，その内包によって可能世界ごとに外延が規定される，という2段階の解釈過程をとっている．実際に，内包と外延の違いがどのように言語現象に表れるのか，具体例を見よう．

(23) a. John seeks a unicorn.
    b. John found a unicorn.

(23a, b) ともに目的語名詞句に *a unicorn* が使われているが，両文の指しているものは，本質的に異なる．(23a) の場合，*a unicorn* という実体は，存在しなくても構わない．仮に unicorn（一角獣）が架空の存在であっても，(23a) は真として解釈できる．一方，(23b) が真となったら，これは大変なことになる．筆者は寡聞にしてまだ unicorn なるものを見たことがないが，仮にもし (23b) が真になるとしたら，unicorn という存在が実在することになる．つまり (23b) においては，unicorn は架空の存在であってはならず，この文が解釈される世界において実在するものでなければならない．

この区別を，Montague は「内包」「外延」という概念で区別した．Montague は (23a, b) における unicorn の実在性の違いを，*a unicorn* という名詞句の意味に帰着させるのではなく，*seek* と *find* というふたつの動詞がとる構文の違いに帰着させた．*seek* は内包的動詞，*find* は外延的動詞である．外延的動詞は，実在物しか目的語にとることはできないが，内包的動詞は概念も実在物も目的語にとることができる．つまり (23a) の文は多義であり，「一角獣というものが実際に存在する．ジョンはそれを探している」という解釈と，「一角獣というものが実在するかどうか分からないが，とにかくジョンはそれを探している」という解釈がある．前者の解釈を de re，後者の解釈を de dicto と呼ぶ．

これらの違いをどうやって Montague の理論で導くかは，議論が煩雑になってしまうので省略しよう．興味のある方はぜひ原著の Montague (1973) に挑戦してほしい．ポイントだけ簡単に説明すると，Montague は (23a) の *John* seeks a unicorn という文の多義性を，unicorn という名詞ではなく，seek と find の語彙項目でもなく，統語構造に起因する，と分析している．de re と de dicto のふたつの読みが生じる原因は，それぞれの動詞が異なる統語構造をとっているからだ，という考え方だ．[9] ここに「合成性の原理を遵守して意味解釈を導く」という Montague の基本姿勢が表れている．

さて，Montague の言語理論について延々と脇道に逸れたが，この章の主題である量化子（Quantifier）に話を戻そう．Montague の言語理論は，統語論をすべて文法範疇に依存したシステムになっている．本書で考えてきた意味計算のあり方では，「統語論」「語彙項目」「意味計算規則」の 3 部門がそれぞれ独立したものとして考えているが，Montague の意味論では，統語論は語彙項目のカテゴリーによって強く影響を受ける．つまり，同じ統語構造であれば，語彙項目のカテゴリーも同一である，という直感に基づいている．たとえば他動詞構文（学校文法でいう SVO 構文）であれば，それぞれの項の位置に表れる語彙範疇も同じである，ということになる．構文が同じ，というのであれば，語彙項目も同じ，ということになる．この点，Montague の統語論は，かなりの比重で，語彙項目の意味タイプに「駆動」される構造であると言えるだろう．

また，同一の文法範疇であるものは，意味的にも同一のカテゴリーに属しているとみなすことになる．この考え方では，John も someone も every dog も，すべて「名詞句」という同一カテゴリーに属するため，その意味カテゴリーも同じということになる．しかし直感的には，これらの名詞句が同じ意味カテゴリーに属するとは考えにくいであろう．これらの名詞句が同じ意味カテゴリーに属するとしたら，そのカテゴリーはどのようなものなのだろうか．

Montague は，指示対象が異なると思われる種々の名詞句の意味カテゴリーは，すべて「集合の集合」であると考えた．これは「個体の集合」のような単純な集合よりも「より上位の階層」の集合である．Montague はこのカテゴリーを「量化子」（quantifier）と呼んだ．つまり，Montague の研究では，現在我々が「名詞句」（Noun Phrase）と呼んでいるものを，「量化子」と呼んでいる．これは Montague（1973）を読むときに，理解を阻害する原因となる用

---

[9] seek を用いた（23a）の文が，de re と de dicto のふたつの構造をとるのであれば，find を用いた（23b）の文でも同様に複数の構造をとることができるはずで，結果として多義になることが予測されてしまう．Montague はこれを阻止するために，find によって導かれるふたつの真理条件を同一のものに変換する，意味公準（meaning postulate）というものを提案している．この意味公準というものは，後世，「特定の現象だけを対象とするアド・ホックな規則である」という批判の対象になっている．

語の誤謬だろう．普通，我々は「量化子」というと，*every, some, no* などの，論理記号に変換できる量化表現で，DP の主要部になるものを指すことが多いが，Montague の言語理論では「量化子」とはすなわち「集合の集合」，つまり「名詞句」のことを指す．PTQ の名で知られている Montague（1973）の題名は *The proper treatment of quantification in ordinary English* だが，この題名のうち *quantification* とは「名詞句による表現」のことなので，この論文は実際のところ「**名詞句**に関する一般的な考察」ということになる．「いろいろあるように見える名詞句の意味解釈は，どう考えたらいいんだろうね」という論文だ．用語の混乱を避けるため，本書では今後，*quantifier*（「量化子」）は，Montague の用語にならって *all boys* のような名詞句全体を指すとしよう．*all, some, no* のような量化表現のことは，今後，本書では *determiner*（「限定詞」）と呼ぶことにする．

　名詞句の意味カテゴリーが「集合の集合」と言われても，直感的には理解しにくい．*John* という表現の，何が「集合の集合」なのだろうか．Montague の考え方では，*John* という表現は，「ジョンがもつ属性の集合」と捉えられる．「属性」というのは，要するにジョンがどういう人間かを表すもので，「男性である」「学生である」「メアリーを愛している」「ソフトクリームが好き」「背が低い」... などを指す．形式的には，これらの属性のひとつひとつは，$\langle e, t \rangle$ タイプ，つまり「個体の集合」であることに注意してほしい．たとえば「男性である」という集合は，世の中の男性諸氏から成る集合であるし，「学生である」という集合は，世の中の学生全員から成る集合である．こうした各々の「個体の集合」たる属性のうち，ジョンが満たす属性を集めたものが，*John* という名詞句が指している意味である．[10]

---

[10] 正確には，Montaguen のいう「属性」とは内包的対象であり，（現実世界を含む）特定の可能世界における集合という「外延」ではない．内包的対象として Montague が想定している属性とは，単に個体の集合ではなく，それぞれの可能世界に対して，その世界における属性をもつ個体の集合を与える「関数」である．本書では言語の内包は無視するので，とりあえず「属性」を (24) のように理解しておこう．

(24)「〚*John*〛は集合の集合」のイメージ

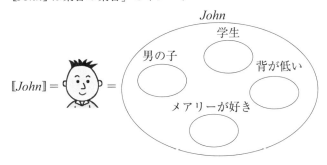

この図で示している「属性」は，個体の集合なので，$\langle e, t \rangle$ タイプである．それらの属性が集まった集合は，$\langle \langle e, t \rangle, t \rangle$ タイプである．[11] つまりここでは，*John* という名詞句の意味タイプは，$\langle \langle e, t \rangle, t \rangle$ タイプである．

一方，*every boy* という名詞句の表現は，集合論的にどのようなものとして捉えられるだろうか．Montague の考え方では，*every boy* という名詞句も，*John* と同様，「属性の集合」(=「個体の集合」の集合) として捉える．ただし，*every boy* の場合は，「すべての少年が共通して含む属性の集合」である．つまり，数多ある属性のうち，重なっている部分を指している．

(25)「〚*every boy*〛はすべての少年が共通して持つ属性」のイメージ

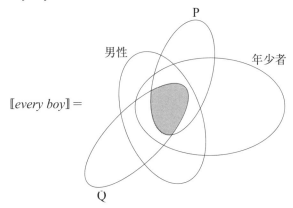

なぜ Montague は，こんな面倒な規定をしたのだろうか．*John* という名詞

---

[11] 一般的に，「α というタイプを要素とする集合」は $\langle \alpha, t \rangle$ という形をしていることを思い出してほしい．(24) のベン図で示している *John* という集合では，α に相当するものが $\langle e, t \rangle$ タイプ (個体の集合) なので，全体として $\langle \langle e, t \rangle, t \rangle$ タイプということになる．

句の意味は，文字通り「ジョンという個体」というeタイプと考えたほうが，直感的に理解しやすいし，計算も楽だ．それなのに，なぜ John の意味タイプを，⟨⟨e, t⟩, t⟩ などという面倒なタイプとしているのだろうか．それは，（これまで何度か繰り返してきたことだが）Montague (1973) の題名が *The proper treatment of quantification in ordinary English* であることが答えとなっている．つまり Montague の研究の目標は，「英語の名詞句に対する統一的な解釈システムを構築すること」であった．その指針としては，「統語的なカテゴリーが同じ語彙は，意味カテゴリーも同じはずだ」という直感がある．英語の名詞句には，*someone* や *every dog* など，「どう考えてもeタイプとは思えない表現」がある．[12] であるならば，*John* のような「一見eタイプのように見える固有名詞」も，*someone* などのような量化子のように考えてしまったほうが，名詞句全体を統一的に扱える．つまり *John* であれ *someone* であれ，⟨⟨e, t⟩, t⟩ という「量化表現」と見なしていることになる．かくして，Montague の言語理論においては「名詞句」=「⟨⟨e, t⟩, t⟩ タイプ」=「量化子」，ということになる．

6.2.2. 一般量化子理論（Generalized Quantifier Theory）

前節で，Montague の言語理論では「名詞句をすべて量化子（⟨⟨e, t⟩, t⟩ タイプ）として扱う」ということを紹介した．これは現在，1970年代の形式意味論の文献を読む時に，最も誤解のもととなりやすい点だろう．Montague (1973) は，「英語の名詞句の意味解釈を，すべて統一的に説明する」という壮大なビジョンのもとに書かれた論文である．その中では，すべての名詞句の意味を，同じ意味タイプとして扱うことは，いわば必然だったと言える．

実は Mongatue 自身は，このように「名詞句の意味タイプって，実は全部同じなんだぜ」ということを，ことさら強調して書いてはいない．Montague (1973) の主要なテーマは，内包的文脈（intensional context）にまつわる論理哲学上の問題であった．本書では内包を扱わないので釈然としないだろうが，言語の外延だけに限って言えば，Montague (1973) で Montague が苦心している点は，名詞句の意味を統一的に仮定したとしても，合成性の原理に従って，統語論と齟齬を生じることなく，適切に意味解釈ができる，という「辻褄合わせ」にある．

しかし後に，Montague の理論のうち，この「名詞句の意味タイプは全部同

---

[12] ここでは直感的に「どう考えても ... とは思えない」などという雑な書き方をしているが，実際に「これらの表現はeタイプではない」ことは，6.1節を参照．

第6章 量化子　　141

じ」という特徴に注目し，Montague 的な意味ではなく，限定詞（*every, some, no* など DP の主要部に入る語彙）の研究の発展に寄与した一連の研究があった．そうした一連の研究を「一般量化子理論」（Generalized Quantifier Theory）という．その発端となったのが，Barwise and Cooper (1981) である．[13] 現在，形式意味論の文献で「一般量化子理論」の名称を見たら，Montague の考え方のうち，内包的な内容を差っ引いて，「すべての名詞句は同じ意味タイプ」という考え方のことだな，と思えば，当たらずとも遠からずである．

　Barwise and Cooper (1981) が提起した問題点は，一般量化子理論に従うと，文の統語構造と論理構造の間にギャップが生じてしまう，ということであった．例を見てみよう．次のそれぞれの文の意味は，論理的にどのような構造をしているだろうか．

(26) a. Harry sneezed.
　　 b. Some person sneezed.
　　 c. Every man sneezed.　　　(cf. Barwise and Cooper (1981: 164))

(26) の各文の意味を，述語論理で示すと，以下のようになる．

(27) a. sneeze(Harry)
　　 b. $\exists x \ [\text{person}(x) \land \text{sneeze}(x)]$
　　 c. $\forall x \ [\text{man}(x) \rightarrow \text{sneeze}(x)]$

頭が痛くなるような表記で申し訳ないが，(27) では，以前 p. 59, p. 78 で簡単に紹介した「述語論理」（predicate logic）が使われている．ここまで本書には何度か述語論理が登場してきたが，そのたびに「見ない振り」をしてきた．しかし，さすがに量化子を扱う際には述語論理の基本を知らん振りするわけにはいかない．ここでしばらく脱線になるが，Barwise and Cooper (1981) の意図を理解するために，述語論理の概略をもういちど押さえておこう．述語論理の表記はいままで何度か出てきたが，ここで述語論理の最も大きな利点「量化表現を記述しやすい」ということを理解しよう．

　第5章で，*and* や *no* の意味を考えるために，命題論理（predicate logic）というものを導入した．命題論理の場合は，命題（＝文）そのものが記号に置き換えられる．たとえば，(28) のような表記の仕方をする．

---

[13] そもそも一般量化子理論の背景には，言語学とは別に，数理論理学の分野で量化子を統一的に説明する試みがあった（cf. Mostowski (1957)）．Barwise and Cooper (1981) の研究は，そうした数理論理学の流れを，言語学にも援用したものである．

(28) a. P :「今日は雨だ」
　　 b. Q :「今日は休講だ」
　　 c. ￢P :「今日は雨ではない」
　　 d. P∧Q :「今日は雨で，かつ休講だ」
　　 e. P∨Q :「今日は雨か，あるいは休講だ」
　　 f. P→Q :「今日雨ならば，今日は休講だ」

　命題論理は，記号として「文」を扱うので，文と文との関係を考えるときにはとても便利な道具だ．(28d, e, f) では，それぞれ *and*, *or*, *if* という接続詞の論理構造を示している．しかし，ひとつの文の論理構造を考えるときには，文の「内部」の構造を考えなければならないので，文全体を記号に置き換える命題論理では，道具の単位が大きすぎて不便である．そこで，記号に置き換える単位を「文」から「述語」に「下げた」ものが，述語論理である．

　述語論理は，文ではなく述語を中心とした記述のしかたなので，述語の項構造を論理式に翻訳しやすい，という長所がある．例として (29) を見よう．

(29) a. John smokes.
　　 b. John loves Mary.
　　 c. John introduced Sarry to Mary.

これを述語論理に置き換えると，(30) のようになる．

(30) a. smoke (John)
　　 b. love (John, Mary)
　　 c. introduce (John, Sarry, Mary)

　命題論理と違って，述語論理の場合，述語が項をとることを記号で表現する．(30a) は一項述語，(30b) は二項述語，(30c) は三項述語を表している．
　述語論理の強みは，変数を含む命題を扱えることだ．ここで，(26) の例文と，その翻訳である (27) を再び見てみよう．

(26) a. Harry sneezed.
　　 b. Some person sneezed.
　　 c. Every man sneezed.

(27) a. sneeze (Harry)
　　 b. $\exists x$ [person (x) ∧ sneeze (x)]
　　 c. $\forall x$ [man (x) → sneeze (x)]

(26a) の場合は，*Harry* という表現を，Harry という記号で表しても問題はない．しかし，(26b) の *some person* や，(26c) の *every man* は，そのまま記号にしてよいものではない．Montague の主張（=「名詞句はすべて同じ意味タイプ」）を一旦棚上げして直感的に考えてみると，*Harry* は個体を表す表現であるが，*some person* や *every man* は特定の個体を指している表現ではない．そこで，*some* や *every* のような限定詞（determiner）[14] は，「ある個体の集合の中で，ある一定量の集合を表す表現」として捉える．そして，集合の要素を変数 x として表す．この考え方に拠ると，「すべての x について，P(x) である」という命題を，∀xP(x)，「ある x について，P(x) である」という命題を，∃xP(x) と表す[15]（p. 78 参照）．∀を「普遍量化子」(universal quantifier)，∃を「存在量化子」(existential quantifier) という．

every, some などの限定詞に関しては (27) のように示せばよいが，自然言語にはこれ以外にも様々な限定詞がある．

(31) a. More than half the people voted for Carter.
    b. Most people voted for Carter.

(cf. Barwise and Cooper (1981: 160))

例文に使われているのがカーター大統領（任期1977-1981）なのが歴史を感じさせるが，これらの文を述語論理を使って翻訳すると，どのようになるだろうか．たとえば (31b) を考えよう．*Most* を表す量化表現を暫定的に MOST と表してみると，(31b) の意味を表す論理式は，以下のいずれが正しいだろうか．(32a) は存在量化子∃を使った (27b) からの類推で，(32b) は普遍量化子∀を使った (27c) からの類推である．

(32) a. MOSTx [people(x) ∧ vote-for-Carter(x)] [16]
    b. MOSTx [people(x) → vote-for-Carter(x)]

答えは，「どちらも正しくない」である．(32a) を読み下すと，「ほとんどの x

---

[14] 前述の通り，本来であれば，*some* や *every* などの範疇は量化子（quantifier）と呼ばれる表現だが，ここでは quantifier という用語を Montague (1973) での意味に合わせている．
[15] (27b, c) で使われる角括弧（[ ]）は，∃と∀が作用する「範囲」をわかりやすくするために，慣習的に使われている記号である．角括弧がないと，たとえば (27b) では∃x person(x) ∧ sneeze(x) となり，[∃x person(x)] ∧ [sneeze(x)] と誤読してしまう可能性がある．
[16] ここで，*voted for Carter* を表す述語を，ハイフンでつないで vote-for-Carter と示しているのは，この語の繋がりで「ひとつの述語」を表す，ということを強調するためである．意味論の論文では，このように，複数の単語からなる句をひとつの述語として述語論理で表す場合，ハイフンでつなぐ慣例がある．

に関して，そのxは人間であり，かつカーターに投票する」，(32b) は「ほんどのxに関して，そのxがもし人間であるならば，そのxはカーターに投票する」という意味である．しかし実際のところ，(31b) の意味は，「人であるxのうち，そのほとんどは，カーターに投票する」であろう．これを強引に述語論理に翻訳すると，(33) のようになる．

(33)　[MOST people] x [vote-for-Carter(x)]

(33) の表記の問題点はふたつある．ひとつは，*most* の意味を，ざっくりとMOST という暫定的な論理記号に置き換えていることである．これは要するに，自然言語の意味現象を扱うときには，∀や∃のような単純な論理表記では記述し切れない，ということである．Barwise and Cooper (1981) では，*most* の他にも，*many, both, neither* などの限定詞を取り上げ，それらの表現が従来の述語論理では十分に意味表示ができないことを示している．もうひとつの問題点は，(33) の論理式の「構造」が，(27b, c) の両方と異なっていることである．量化子を表す論理記号を Q と一般化すると，(27b, c) は要するに，Qx[...∧...]，Qx[...→...] という形をしている．ところが (33) はそのどちらの構造もとっておらず，統語構造と論理構造の関係が恣意的に過ぎる．

こうした問題を解消するために，Barwise and Cooper (1981) は，「名詞句」という単位の意味単位から，その構造を掘り下げ，「限定詞」(Determiner) という語彙範疇の意味に注目した．限定詞 Det と名詞 Nom によって構成される名詞句 NP の統語構造 (34a) は，(34b) の論理構造に対応する．

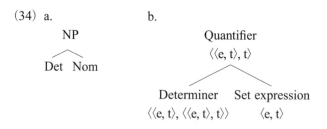

(34) a.　　　　　　b.
　　　NP　　　　　Quantifier
　　　　　　　　　⟨⟨e, t⟩, t⟩
　　Det　Nom
　　　　　　Determiner　Set expression
　　　　　　⟨⟨e, t⟩, ⟨⟨e, t⟩, t⟩⟩　⟨e, t⟩

何度も繰り返すが，(34b) の Quantifier とは，文法範疇ではいわゆる「名詞句」のことであることに注意してほしい．名詞句は統一して「個体の集合の集合」として扱われる．正確には「個体がもつ属性（＝個体の集合）の集合」である．Set expression というのは，いわゆる ⟨e, t⟩ タイプの一般名詞である．これは「個体の集合」である．たとえば *boy* という一般名詞の外延は，「少年である個体の集合」を表す．

第 6 章 量化子

このように一般量化子理論に従って考えると，帰着として，限定詞（Determiner）の意味タイプは，$\langle\langle e, t\rangle, \langle\langle e, t\rangle, t\rangle\rangle$ タイプということになる．これはすでに，3.1.4 節の (25c)（= p. 49）で every の意味タイプとして考察した通りだ．p. 49 では，単なる意味タイプの機械計算として「every の意味タイプは $\langle\langle e, t\rangle, \langle\langle e, t\rangle, t\rangle\rangle$」などと定めたが，これは一体どのようなタイプなのだろうか．

$\langle\langle e, t\rangle, \langle\langle e, t\rangle, t\rangle\rangle$ タイプは，形の上では二項述語（他動詞）の意味タイプ $\langle e, \langle e, t\rangle\rangle$ と似ている．両方ともに，同じ意味タイプのものがふたつ入力となり，上がりとして t タイプを出す二項関数である．$\langle\alpha, \langle\alpha, t\rangle\rangle$ という形をしており，他動詞の場合は $\alpha = e$，限定詞の場合は $\alpha = \langle e, t\rangle$ となっている，というだけの違いだ．

以前，他動詞 love の外延を考えるときに，主語名詞句と目的語名詞句の関係を，写像的イメージ，関数的イメージ，Schönfinkelization，と発展させて考えたことを覚えているだろうか (pp. 44-47)．基本的には，限定詞 every のような語彙も，同様に考えればよい．違いは，他動詞 love の場合には，項の写像や関数が「個体と個体」との関係であったのに対し，限定詞 every の場合には「集合と集合の関係」になっただけである．

例として，以前に p. 49 で見た (25c) の例文，Every student loves Mary を考えよう．この文の統語構造は以前，p. 53 ですでに示してある．

(35) *Every student loves Mary.* (p. 53, (31))

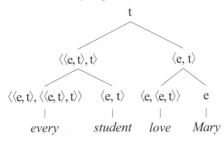

ここで限定詞 every は，ふたつの集合を項としてとる．ひとつは *student*，もうひとつは *love Mary* である．念のためこの文の各語句の外延を示し，FA で動詞句を組み上げるところまでを示してみよう．

(36) *Every student loves Mary*
    a. Lexicon
        ⟦*student*⟧ = [λa . a is a student]

⟦*love*⟧ = [λb_e λd_e . d loves b]
⟦*Mary*⟧ = Mary
b. VP の外延
⟦*love Mary*⟧
= ⟦*love*⟧(⟦*Mary*⟧)
= [λb_e λd_e . d loves b] (Mary)
= [λd_e . d loves Mary]

限定詞 *every* がとるふたつの項 *student*, *love Mary* の外延は，[λa . a is a student] と，[λd_e . d loves Mary] となる．これは要するに，「学生の集合」「メアリーを愛している人の集合」のことだ．限定詞が行っている意味的な仕事は，このふたつの集合の結びつける写像の役割を果たすことである．[17]

(37) ⟦*every*⟧ の外延（写像的イメージ）

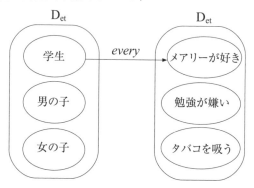

他動詞 *love* の場合は，(37) のような写像的イメージから関数的イメージを経て，Schönfinkelization で項の関係を示した．しかし Barwise and Cooper (1981) は限定詞の意味を考える際，「限定詞はふたつの集合の関係を表している」ということに注目した．(37) のような写像関係は，要するに「集合と集合の関係」である．すると，限定詞の意味は，ふたつの集合がどのような関係にあるのか，という統一的な見方ができるようになる．

---

[17] 他動詞 *love* の時と同様の写像だが，写像の対象となる領域が e タイプではなく ⟨e, t⟩ タイプになっているところが異なる．p. 44 の (20) と比較してほしい．

(38) 限定詞と，その2項の関係

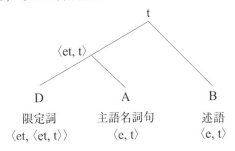

(38) では，⟨⟨e, t⟩, ⟨⟨e, t⟩, t⟩⟩ を，⟨et, ⟨et, t⟩⟩ と簡略化して記している．et という表記は，⟨e, t⟩ のことである．(38) で示す通り，D という限定詞の意味は，A という主語名詞句で表される個体の集合と，B という述語で表される個体の集合の，相互の関係を表している．*Every student loves Mary.* の場合，A の集合が「学生の集合」，B の集合が「メアリーを愛している人の集合」である．限定詞の *every* であれば，前者が後者の部分集合になっていることを示している．同様の分析は，*some* や *no* のような限定詞に関しても同様に適用できる．

(39) 限定詞の外延（集合論的イメージ）
(a) Every student loves Mary. (b) Some students love Mary. (c) No student loves Mary.

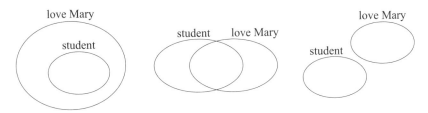

(39) で示した，集合論的なイメージでの限定詞の外延に基づいて，各語彙の外延を作ってみよう．

(40) a. ⟦*every*⟧ = [λA_{et} λB_{et} . {d_e : A(d) = 1} ⊆ {f_e : B(f) = 1}]
b. ⟦*some*⟧ = [λA_{et} λB_{et} . {d_e : A(d) = 1} ∩ {f_e : B(f) = 1} ≠ φ]
c. ⟦*no*⟧ = [λA_{et} λB_{et} . {d_e : A(d) = 1} ∩ {f_e : B(f) = 1} = φ]

(40a) の *every* から見よう．まず，λ で束縛されている変項が A, B と大文字になっているが，これは A, B が ⟨e, t⟩ タイプだからである．本書では，

p. 81の (24b) で定めた「この本だけのルール」によって，eタイプの項は小文字で，⟨e, t⟩などの複合タイプの項は大文字で表すことにしている．限定詞がとるふたつの項は⟨e, t⟩という複合タイプなので，それを分かりやすく大文字で表しているだけである．A_{et}, B_{et}という表記は，A, Bそれぞれの変項が⟨e, t⟩タイプの項 (＝個体の集合) であることを示している．ピリオドよりも後ろの部分は，ふたつの集合の関係になっている．$\{d_e : A(d) = 1\}$の部分から見よう．これは中括弧 (curly brackets) で括られているので，集合を表している (p. 16 の (5b) を参照)．具体的には，この部分は，主語名詞句で表される個体の集合である．集合をAと表し，その集合の要素となっている個体がd_eである．下付き文字のeは，dという記号がeタイプの個体を表すことを示している．つまり$\{d_e : A(d) = 1\}$の部分は，「これはある集合です．その要素はdという個体で，そのdはAという特徴を満たしています」と読む．簡単に言うと，「これは，Aであるような個体dの集合です」ということだ．同様に，後半の$\{f_e : B(f) = 1\}$は，「これは，Bであるような個体fの集合です」と読む．これは，述語で示される個体の集合のことだ．このふたつの集合が，⊆ (部分集合) の関係になっている．(40b) の *some* の場合，は，A, Bふたつの集合の積 (intersection, 交わり) の部分に，何らかの要素がある (＝空ではない) ことが真理条件となり，(40c) の *no* の場合，A, Bふたつの集合が交わらず，積の部分が空であることが真理条件となる．

　余談だが，筆者はかねがね，形式意味論や述語論理が敬遠されやすい理由は，(40) のような記述の「読み方」が分からないからではないか，という気がしている．統語論を専門にしている学生さんなどは，口述で樹形図を「描く」などという器用なことを難なく成し遂げるものの，(40) のような論理式になるとお手上げ，という人が多い．輪読会などで発表担当に当たったとき，(40) のような記述があると，何と読めばよいのか分からないので困る，ということが多いのではないか．本来的には，それぞれの論理式の表す内容が分かっていれば，それを自分の言葉で説明できるはずなのだが，そんな正論は実際問題として何の役にも立たないだろう．実際，(40) のような表記を口頭発表しなければならない時には，どのように読めばよいのだろうか．たとえば (40a) の *every* の読み方としては，筆者自身の経験として，以下のように読んでおけばよいと思う．

　　(41) a.　本当はこう読むとカッコいい．
　　　　　　「*every* の外延は，個体dを要素とする集合A, 個体fを要素とする集合Bを項にとり，AがBの部分集合となっていれば1，そ

うでなければ0を返すような関数である」[18]
b. 実際はこんな読み方になりがち．
「*every*の外延は，関数で，（どういう関数かと言うと）ラムダA，ラムダB，（えーと，AとBはそれぞれ〈e, t〉タイプ），AがBに含まれていれば真，そうでなければ偽．」[19]

(41a)のような読み方は，確かに関数の全体像を捉えており，すっきりとした説明なのだが，問題は「聞いている人たちが一発で理解しにくい」ということである．口頭発表で，論理式や関数の内容を，行儀よく，一気呵成に読み上げる発表というのは，たとえ論理式に通じている人にとっても理解しにくいものなのだ．初見の論理式に関しては，(41b)のように，はじめから順を追ってゆっくり説明しながら読むようにしたほうが，聞き手にやさしい読み方と言える．

それでは，(40a)の*every*の外延に従って，p. 49 の(25c)の例文，*Every student loves Mary.* の意味を計算してみよう．動詞句の計算までは(36)で行っているが，ここでは最初から計算を行おう．

(42) *Every student loves Mary.*
 a. 統語構造と意味タイプ（=(35)）

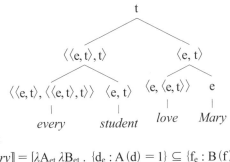

 b. 語彙
 $[\![every]\!] = [\lambda A_{et} \lambda B_{et} . \{d_e : A(d) = 1\} \subseteq \{f_e : B(f) = 1\}]$
 $[\![student]\!] = [\lambda g . g \text{ is a student}]$
 $[\![love]\!] = [\lambda h_e \lambda k_e . k \text{ loves } h]$

---

[18] ちなみに英語では，the denotation of *every* is a function which takes a set of A of individual d, and a set of B of individual f. If A is a subset of B, the output is 1. Otherwise 0. のように読む．
[19] ちなみに，「〜の外延は関数で，どういう関数かと言うと」までは，セットフレーズの如く一気に読むのがコツだ．だいたい読み方が分からない外延のタイプは，eタイプ，tタイプ以外の「複合タイプ」であることが多く，複合タイプであればそれは必ず入力と出力が備わっている「関数」に決まっているからである．

⟦*Mary*⟧ = Mary

c. 意味計算

⟦*Every student loves Mary*⟧

= ⟦*every*⟧(⟦*student*⟧)(⟦*love Mary*⟧)

　　　($\because$ FA × 2)

= ⟦*every*⟧(⟦*student*⟧)(⟦*love*⟧(⟦*Mary*⟧))

　　　($\because$ FA)

= ⟦*every*⟧(⟦*student*⟧)([$\lambda h_e \lambda k_e$. k loves h](Mary))

　　　($\because$ Lexicon of *love, Mary*)

= ⟦*every*⟧(⟦*student*⟧)([λk_e . k loves Mary])

　　　($\because \lambda h$ を展開)

= [$\lambda A_{et} \lambda B_{et}$. {d_e : A(d) = 1} $\subseteq$ {f_e : B(f) = 1}]([λg . g is a student])([λk_e . k loves Mary])

　　　($\because$ Lexicon of *every, student*)

= [λB_{et} . {d_e : [λg . g is a student](d) = 1} $\subseteq$ {f_e : B(f) = 1}]([λk_e . k loves Mary])

　　　($\because \lambda A$ を展開)

= [λB_{et} . {d_e : d is a student} $\subseteq$ {f_e : B(f) = 1}]([λk_e . k loves Mary])

　　　($\because \lambda g$ を展開)

= 1 iff {d_e : d is a student} $\subseteq$ {f_e : [λk_e . k loves Mary](f) = 1}

　　　($\because \lambda B$ を展開)

iff {d_e : d is a student} $\subseteq$ {f_e : f loves Mary}　　　($\because \lambda k$ を展開)

求めた真理条件は，(39a) で示した通り，「学生の集合」が，「メアリーを愛している人の集合」の，部分集合になっている．これが *Every student loves Mary.* という文の「意味」である．

次に，(40b) の限定詞 *some* を使った文として，*Some students love Mary.* という文を考えよう．直感的な意味としては「何人かの学生が，メアリーを愛している」という文だが，(27) で使用した述語論理で記述すると，文の意味は以下のようになる．

(43) *Some students love Mary.*

a. 述語論理で記述すると

$\exists$x [student (x) $\wedge$ love (x, Mary)]

b. 論理式の読み方

第 6 章 量化子　　　　　　　　　　　　　151

「学生であり，かつメアリーを愛しているような，個体 x が存在する」

統語構造と意味計算の過程は，(42) の *Every student loves Mary.* と同様なのだが，確認のために意味を計算してみよう.[20]

(44)　*Some students loves Mary.*
　　a.　統語構造と意味タイプ

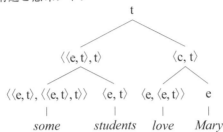

　　　　　　some　　students　love　Mary

　　b.　語彙
　　　　$[\![some]\!] = [\lambda A_{et}\, \lambda B_{et}\, .\, \{d_e : A(d) = 1\} \cap \{f_e : B(f) = 1\} \neq \phi]$
　　　　$[\![student]\!] = [\lambda g.\ g \text{ is a student}]$
　　　　$[\![love]\!] = [\lambda h_e\, \lambda k_e\, .\, k \text{ loves } h]$
　　　　$[\![Mary]\!] = \text{Mary}$
　　c.　意味計算
　　　　$[\![some\ student\ loves\ Mary]\!]$
　　　　$= [\![some]\!]([\![student]\!])([\![love\ Mary]\!])$
　　　　　　($\because$ FA × 2)
　　　　$= [\![some]\!]([\![student]\!])([\![love]\!]([\![Mary]\!]))$
　　　　　　($\because$ FA)
　　　　$= [\![some]\!]([\![student]\!])\,([\lambda h_e\, \lambda k_e\, .\, k \text{ loves } h]\,(\text{Mary}))$
　　　　　　($\because$ Lexicon of *love*, *Mary*)
　　　　$= [\![some]\!]([\![student]\!])\,([\lambda k_e\, .\, k \text{ loves Mary}])$
　　　　　　($\because \lambda h$ を展開)

---

[20] *Some students love Mary* で使われている語彙 *students* は複数形なので，厳密には「複数形とは何ぞや」という問題を考えなくてはならない．複数形形態素をもつ *students* が，語彙レベルですでに複数形になっているのか，それとも統語構造に導入された段階ではじめて複数形形態素をもつようになるのかは，形態論および統語論で議論が分かれるところだろう (cf. Chomsky (1970))．その件を徹底的に追求すると議論が煩雑になるため，ここでは暫定的に後者の立場をとり，単独の語彙としては *student* という単数形を用意し，文構造に導入された時点で複数形形態素が付与される，という考え方を採ることにしよう．これに類似した問題として，三人称単数現在形の -s の扱いについては，p. 157 で議論する．

$\quad = [\lambda A_{et}\, \lambda B_{et}\,.\,\{d_e : A(d) = 1\} \cap \{f_e : B(f) = 1\} \neq \phi]\,([\lambda g.\ g\ is\ a\ student])\,([\lambda k_e\,.\,k\ loves\ Mary])$
　　　　($\because$ Lexicon of *some, student*)
$\quad = [\lambda B_{et}\,.\,\{d_e : [\lambda g.\ g\ is\ a\ student](d) = 1\} \cap \{f_e : B(f) = 1\} \neq \phi]$
$\quad\quad ([\lambda k_e\,.\,k\ loves\ Mary])$
　　　　($\because \lambda A$ を展開)
$\quad = [\lambda B_{et}\,.\,\{d_e : d\ is\ a\ student\} \cap \{f_e : B(f) = 1\} \neq \phi]\,([\lambda k_e\,.\,k\ loves\ Mary])$
　　　　($\because \lambda g$ を展開)
$\quad = 1$ iff $\{d_e : d\ is\ a\ student\} \cap \{f_e : [\lambda k_e\,.\,k\ loves\ Mary](f) = 1\} \neq \phi$
　　　　($\because \lambda B$ を展開)
$\quad\quad$ iff $\{d_e : d\ is\ a\ student\} \cap \{f_e : f\ loves\ Mary\} \neq \phi$
　　　　($\because \lambda k$ を展開)

　導き出した真理条件を確認してみると，「学生 d の集合」と「メアリーを愛している f の集合」の交わりの部分が ϕ でない，という意味になる．これは (43) で記した *Some students love Mary.* の意味と同じである．

　以上のように，一般量化子理論では，限定詞の意味を「集合をふたつ入力としてとる関数」と捉えている．このように考えると，限定詞の意味的な仕事は「ふたつの集合の関係を規定すること」と捉えることができる．Montague は名詞句の外延はすべて「個体の集合の集合」（＝属性の集合）と考え，本書では固有名詞の意味は e タイプ，一般名詞の意味を $\langle e, t \rangle$ タイプと考えた．[21] 意味タイプに違いはあるが，「名詞句の外延というのは，集合という表現形ですべて表せるのではないか？」という根本の発想は同じだ．集合論と関数は表裏一体の関係だから，集合論で表現できることは関数でも表現できる．自然言語に構造があるとしたら，入力手順まで規定できる関数は，非常に使い勝手が良い．そこでラムダという記号を使って自然言語を関数で表し，その入力・出力

---

[21] そもそも Montague の意図は，「すべての名詞句の意味を統一的に扱う」という壮大な試みだったので，その意味タイプが何であるのかは当時大きな研究課題だった．ここでは可能性として $\langle\langle e, t\rangle, t\rangle$，$\langle e, t\rangle$，e という 3 つのタイプが挙げられているが，Partee and Rooth (1983)，Partee (1987) は「名詞句は，状況や文脈によって様々な意味タイプをとることができる」という発想で「タイプ転換」(type shift) という操作を提案し，これらの議論に対する折衷案を提案している．また同じ発想で，Chierchia (1984) は属性と区分された名詞概念を表すために '∩' で表される「名詞化」(nominalization) という操作を提案し，Chierchia and Turner (1988) は個体を述語に変換する叙述演算子を提案している．なお，この Chierchia の叙述演算子は，e タイプの表現を $\langle e, t \rangle$ タイプの表現に変換するものであり，本書で使用している意味計算ルールのひとつ Predicate Abstraction と機能は同じである．

によって言語の意味を計算しよう... というのが大きな流れである．Montague の試みのうち，名詞句の意味タイプをすべて統一する，という「狭い意味での統一性」は現在では否定されているが，集合論と関数に基づいて言語の意味をすべて組み合わせる「広義の統一性」への試みは，現在でも脈々と続けられている．

第 7 章

数量詞上昇（Quantifier Raising）

前章では，形式意味論の発展に中心的な役割を果たした量化子の研究を，研究史的観点を絡めて概括した．限定詞の意味を「集合と集合の関係」と捉え，ふたつの集合を項とする関数と捉えると，量化表現を一般化して捉えることができる．それでは，前章までの考えを活かしつつ，次のような文の意味を考えてみよう．

(1) Every boy loves a girl.

統語論と意味論を学んだことがある人であれば，「あれか」と思いつくであろう，有名な文だ．ここで，この文の直感的な解釈は脇に置いて，機械的に文の意味を計算してみよう．状況やモデルが与えられていないので，「意味を計算する」とは，この文の真理条件を求めることになる．

7.1. 単語の外延を設定する

ここで，冠詞 a の意味を考えてみよう．いままで，冠詞の a は，「意味的に空虚なもの」として扱ってきた．p. 26 では，*Mary is a student.* という文の意味を考えるときに，動詞の *is* や冠詞の *a* の意味を考えなかった．しかし前章で量化了の考え方を身につけた今，冠詞の a の語彙項目を集合論的に考えてみよう．

ある語彙の外延を記述することは，形式意味論の研究の最も基本的な「技術」である．意味論の研究では，意味現象の原因を，(i) 語彙項目，(ii) 統語論，(iii) 意味計算規則，の 3 つのいずれかに帰着させることになる．我々が依拠している意味論のシステムにはこの三部門しかないのだから，そのどれか

第7章 数量詞上昇（Quantifier Raising）

に「責任を負わせる」ことになる．そして，形式意味論の研究では（i）の語彙項目に原因を求める分析が多い．[1] だから，語彙の直感的な意味を，ラムダを駆使して形式的に記述することは，意味論研究の基本中の基本と言える．

まず，語彙の意味を記述するコツを示しておこう．それは，「いきなり問題の文を使って考えず，単純な文に置き換えて考える」ことである．(1) は，すでに every という限定詞が使われており，これだけでも相当にややこしい．それに加えて冠詞の a を限定詞として考えると，「限定詞と限定詞を組み合わせて考えると …」「限定詞は『集合をとって集合をとって真理値を返す関数』だから，それがふたつあるということは …」ということになり，脳を噛んでしまう．そういうときは，まずは単純な例文を使って考えるほうがよい．そこで，いきなり (1) に取り組むのではなく，冠詞 a を使っている，より単純な例文を考えてみよう．

(2) a. Every student smokes.
    b. Some students smoke.
    c. A student smokes.

まず，(2a) の意味を集合論的に考えてみよう．この文にはふたつの集合が含まれる．「学生の集合」と，「タバコを吸う人の集合」である．限定詞 every の意味は，すでに p. 147, (40a) で考えたように，「前者の集合が，後者の集合の部分集合になっていること」である．つまり，Every student smokes. という文の意味（＝真理条件）は，「学生の集合」が「タバコを吸う人の集合」にすっぽり含まれていれば真，そうでなければ偽，である．

次に (2b) の意味を考えよう．限定詞 some の意味は，p. 147, (40b) ですでに考えたように，「ふたつの集合の積（交わり）の部分が，空ではないこと」である．これに students, smoke というふたつの集合の意味を組み合わせて真理条件を考えると，Some students smoke. の真理条件は，「学生の集合」と「タバコを吸う人の集合」が交わっている部分に，何らかの個体が属していれば真，そうでなければ偽，である．

この Some students smoke. の意味は，直感的に (2c) の A student smokes. に近いだろう．ふたつの文の意味の違いは，前者では当該の個体が複数であり，後者ではひとつ，という違いである．であれば，冠詞 a の意味は，限定詞 some の意味に手を加えて修正することで求められるだろう．

---

[1] その理由は大きな声では言えないが，実際のところは p. 76 の脚注を参照のこと．

(3)　*every*, *some* と比較して冠詞 *a* の意味を考えると …

a. *Every student smokes.*　　b. *Some students smoke.*　　c. *A student smokes.*

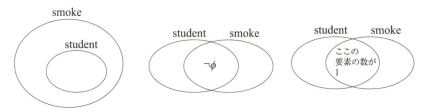

集合 A に含まれる要素の数は，|A| と，絶対値記号を使って記述する．[2] この表記を使うと，冠詞 *a* の意味は，(4) のように表現できる．

(4)　$[\![a]\!] = [\lambda A_{et} \lambda B_{et} . |\{d_e : A(d)\} \cap \{f_e : B(f)\}| = 1]$

(4) は，今までの表記よりも簡素化して記述している．p. 147, (40b) での *some* の意味は，関与するふたつの集合を，$\{d_e : A(d) = 1\}$, $\{f_e : B(f) = 1\}$ と書いていた．$A(d) = 1$, $B(f) = 1$ はそれぞれ，「個体 d が，特徴 A を満たしている，**ということが真である**」，「個体 f が，特徴 B を満たしている，**ということが真である**」という意味である．この「ということが真である」という部分は慣例的に省略されることが多いので，ここでは述語論理の表記を使って，単純に $A(d)$（=「d は A である」），$B(f)$（=「f は B である」）と記述することにしよう．(4) の真理条件の部分が言わんとするところは，ふたつの集合 A, B があったときに，$|A \cap B| = 1$，つまり「ふたつの集合の共通部分に含まれる要素がひとつである」ことだ．

念のため，答え合わせとして，(2c) の *A student smokes.* という文の意味計算をしてみよう．(5b) での *student, smoke* の語彙項目では，(4) の冠詞 *a* と同様に，真理条件の部分を述語論理を使用して簡潔に記してある．

---

[2] 集合論では用語の違いが誤解を引き起こす場合があるので注意しよう．集合に含まれる要素 (element) のことを，文献によっては「元 (げん)」と呼ぶことがある．また，集合に含まれる要素の数のことを「濃度」(cardinality) という．「ある集合の元の濃度は」というのは，言い換えると「ある集合の要素の数は」という意味である．決して「集合のもともとの濃さは」などと，集団の発足時の団結力を表しているわけではない．また，集合 A に含まれる要素の数を表す際，本書で採用している |A| という表記ではなく，n(A)，card(A)，#A などのように記述している本もある．

第 7 章　数量詞上昇（Quantifier Raising）　　157

(5)　*A student smokes.*
　　a.　統語構造

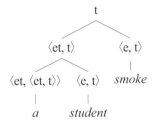

　　b.　語彙項目
　　　　$[\![a]\!] = [\lambda A_{et}\, \lambda B_{et}\, .\, |\{d_e : A(d)\} \cap \{f_e : B(f)\}| = 1]$
　　　　$[\![student]\!] = [\lambda g_e\, .\, \text{student}(g)]$
　　　　$[\![smoke]\!] = [\lambda h_e\, .\, \text{smoke}(h)]$
　　c.　意味計算
　　　　$[\![a\ student\ smoke]\!]$
　　　　$= [\![a\ student]\!]([\![smoke]\!])$　　（∵ FA）
　　　　$= [\![a]\!]([\![student]\!])([\![smoke]\!])$　　（∵ FA）
　　　　$= [\lambda A_{et}\, \lambda B_{et}\, .\, |\{d_e : A(d)\} \cap \{f_e : B(f)\}| = 1]\,([\lambda g_e\, .\, \text{student}(g)])$
　　　　　$([\![smoke]\!])$
　　　　　　　（∵ lexicon of *a* and *student*）
　　　　$= [\lambda B_{et}\, .\, |\{d_e : [\lambda g_e\, .\, \text{student}(g)](d)\} \cap \{f_e : B(f)\}| = 1]\,([\![smoke]\!])$
　　　　　　　（∵ λA を展開）
　　　　$= [\lambda B_{et}\, .\, |\{d_e : \text{student}(d)\} \cap \{f_e : B(f)\}| = 1]\,([\![smoke]\!])$
　　　　　　　（∵ λg を展開）
　　　　$= [\lambda B_{et}\, .\, |\{d_e : \text{student}(d)\} \cap \{f_e : B(f)\}| = 1]\,([\lambda h_e\, .\, \text{smoke}(h)])$
　　　　　　　（∵ lexicon of *smoke*）
　　　　$= 1 \text{ iff } |\{d_e : \text{student}(d)\} \cap \{f_e : [\lambda h_e\, .\, \text{smoke}(h)](f)\}| = 1$
　　　　　　　（∵ λB を展開）
　　　　$\text{iff } |\{d_e : \text{student}(d)\} \cap \{f_e : \text{smoke}(f)\}| = 1$
　　　　　　　（∵ λh を展開）

　つまり，「要素 d から成る学生の集合」と「要素 f から成る喫煙者の集合」の共通部分に含まれる要素の個数が 1 であれば真，そうでなければ偽である．これは直感的にも正しいであろう．
　注意点として，この箇所を授業でとりあげる時に，よく出てくる質問を 3 つ

紹介しておこう．まずひとつめは，「なぜ (5a, c) では，*a student smokes* ではなく，三人称単数現在形の s が抜けた *a student smoke* になっているんですか？」という質問だ．実際のところ，そのような可愛い気のある質問の仕方ではなく，「先生，そこ綴りが違っています．*smoke* ではなくて *smokes* ですよね」と，鬼の首でも取ったかのような「間違いの指摘」をされることが多い．
　そのような，上から目線の指摘にムッとしたときや，こちらの機嫌が悪いときには，「SS ではなくて LF でしょ」と答える．可愛い気のある質問の仕方をしてくれた学生には，丁寧に「意味計算への入力になるのは，実際に発話される表層構造 (surface structure, SS) ではなく，意味計算を導くために必要な統語操作をすべてかけ終わった後の論理形式 (logical form, LF) だからですよ」と答える．[3] 意味計算を行うときは，二重鍵括弧（〚　〛）の中に当該の表現を入れて記述するが，その表現は「実際に発話される文」ではなく，「計算用に用意した語彙」の集積による「意味計算のために作った樹形図を反映した語順の文」でなければならない．もしここで，意味計算のはじめとして〚*a student smokes*〛という記述から始めたら，FA によって語彙項目に分解され，いずれ〚*smokes*〛という表現が出てくる．しかし，ここでの三人称単数現在形の -s は，統語上の一致現象によって「主語が三人称単数である」ことを反映しているだけであり，文の真理値に何ら影響を与えるものではない．なので，ここでは *smokes* は，動詞 *smoke* の異形態 (allomorph) として扱い，意味的には *smoke* と同じものとして扱っている．[4]「二重鍵括弧の中には，発話される文そのものではなく，LF の表記を入れる」ということを確認しておこう．
　ふたつめのよくある質問は，(5) の中ではなく，その下の「つまり，『要素 d から成る学生の集合』と『要素 f から成る喫煙者の集合』の共通部分に含まれる要素の個数が 1 であれば真，そうでなければ偽である」という説明に関する質問である．「『要素 d から成る学生の集合』... ということは，ここで想定している『学生の集合』というのは，d というひとつの要素しかいない集合ということですか？」という質問だ．数学に慣れていない文系の学生から，たまにこういう質問がある．
　質問をした学生が混乱した理由は，「定項」と「変項」を取り違えてしまったことにある．「要素 d から成る学生の集合」という言い方を，「あるひとつの d があり，その d が〜」と読んでしまっている．つまり，その d は特定可

---

　[3] このポイントについては，p. 26 の注を参考のこと．
　[4] これは，たとえば冠詞 *a* の異形態 *an* についても同様である．*John ate an apple.* という文の意味を考えるとき，*a* とは別に *an* という別の語彙項目を立てるようなことはしない．発話するときには *an* という形をしていても，意味上は *a* と同一の語彙項目として扱う．

第 7 章 数量詞上昇（Quantifier Raising） 159

能な一個体である，という理解をしたことになる．これは，すなわち定項のことだ．しかし実際には，集合の要素を表す記号として d を使用しているので，この d は変項である．本書では，変項を表す記号について「定項」と「変項」に区別する，ということをくどいほど繰り返してきたが，その理由はこのような混乱を避けることにある．

こういう質問の答えとしては，単に d を x に置き換えただけで納得してもらえることが多い．これがもし「要素 x から成る学生の集合」であれば，容易にイメージできる学生が多いようだ．学生は x を変数（変項）として扱うことに慣れているので，項に割り当てた記号が x であれば，理解が早いようだ．しかし，d などという使い慣れない記号を使っているので，これが変項であることがイメージしにくいのだろう．また，ここでの d や f が変項であることは，ベン図を描くと理解しやすい．

(6) 「要素 d から成る学生の集合」と「要素 f から成る喫煙者の集合」

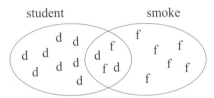

3 つ目の質問は，「(5c) の下から 4 行目，おかしくないですか？『＝ 1 iff ... ＝ 1』ってことは，『1 であるための必要十分条件が，1 である』ということですよね？」という質問である．この 3 つの質問の中では，最も「スジのよい質問」と言える．

ここで注意するべき点は，(5c) の意味計算では「＝ 1」がふたつの異なる意味で使われている，ということである．(5c) の下から 3 行目のはじめに出てくる「＝ 1 iff ...」の「1」は，真理値の 1 である．つまり，1 行目の〚a student smoke〛をうけて，これが 1，つまり「真であること」を指す．間の計算過程を飛ばして，最初と最後だけをつなげて書くと，〚a student smoke〛＝ 1 iff ...，つまり「a student smoke という文が真になるための必要十分条件は」と読む．一方，同じ下から 4 行目の最後に出てくる「... ∩ {f$_e$: [λh$_e$. smoke(f)] (f)}| ＝ 1」の「1」は，ただの数字の 1 だ．これは冠詞 a の語彙項目から出てきたもので，「ふたつの集合の共通部分にある要素の数が**ひとつ**」の「1」である．真理値の 1 と，数字の 1 を混同しないようにしてほしい．

7.2. 目的語に量化子を含む文

さて，若干の回り道をしたが，冠詞の a の外延は，(4) で示したものでどうやら妥当らしい，ということが確認できた．(2c) の文を踏み台にして a の意味を考えたが，これで (1) の *Every boy loves a girl.* の文の意味計算ができるだろうか．

答えを先に言うと，残念ながらできない．練習問題として，その理由を考えてみよう．

> (7) 練習問題
> (4) の冠詞 a を想定しても，*Every boy loves a girl.* の意味計算ができない理由を考えなさい．

ここで，「答え」よりも先に，「考え方」を確認しよう．こういう時は，常に基本に立ち返る．p. 7 の (7) で示した通り，本書における我々の意味体系には，「語彙項目」「統語論」「意味計算規則」の 3 部門しかない．ということは，意味計算ができないということは，その 3 つの部門のどれかに原因がある，ということだ．語彙項目はすでに今まで検証してきた．意味計算規則は FA, PM, T&P, PA の 4 つしか使わない．すると消去法によって，犯人は「統語論」ということになる．

試しに図面を引いてみよう．*Every boy loves a girl.* の統語構造に，各語彙の意味タイプを貼りつけると，(8) のようになる．

(8) *Every boy loves a girl.*

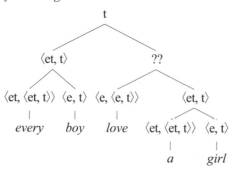

犯人の正体見たり，となっただろうか．*love a girl* という VP 節点のところで，おかしなことが起きている．*love* の意味タイプである ⟨e, ⟨e, t⟩⟩ と，*a*

第7章 数量詞上昇（Quantifier Raising）   161

girl の意味タイプである ⟨⟨e, t⟩, t⟩ が，かみ合わないのだ．この「意味タイプのミスマッチ」が，(7) の答えである．

では，どうすればよいのか．原則として，「トラブルの解決は，問題のある部門の内部で解決する」のが好ましい．統語論が原因で意味計算ができないのであれば，その解決は統語論の内部で片付ける．たとえば，統語論が理由であるのに，その解決を語彙項目での工夫によって行う，というのは，さらなる問題を引き起こす原因となる．

この問題を解決するために，統語論ではすでに（もはや古典的とも言える）解決案を提示している．数量詞繰り上げ（quantifier raising）（cf. May (1977)）によって，量化表現の *a girl* を移動させてしまうのだ．すると，移動によって痕跡とインデックスが付与され，(9) のような構造となる．

(9) *Every boy loves a girl.* の論理形式（logical form）
　　a. 簡単に描くと

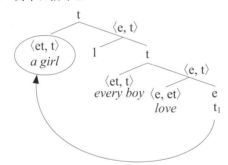

　　b. 正確には

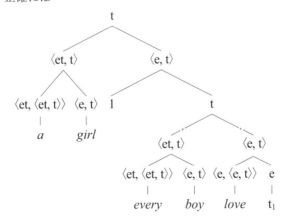

インデックスの「1」の上下で「んっ!?」となった人もいるかもしれないが，Predicate Abstraction（PA）というルールは，「文を，述語に変える操作」であったことを思い出してほしい．意味タイプ的には，「tタイプを，$\langle e, t \rangle$ タイプに変換する操作」である．関係代名詞を作る際に，「ジョンは犬が好きだ」という文を，「x は犬が好きだ」のように，個体をひとつ抽象化（abstraction）し，一項述語に変えてしまう．「x は犬が好きだ」というのは，集合論的には「犬が好きな x の集合」のことだ．

それでは，(9) の統語構造に従って，意味計算を行ってみよう．

(10) *Every boy loves a girl.*
 a. 語彙項目
  $[\![every]\!] = [\lambda A_{et} \lambda B_{et} . \{d_e : A(d)\} \subseteq \{f_e : B(f)\}]$
  $[\![boy]\!] = [\lambda h_e . boy(h)]$
  $[\![love]\!] = [\lambda k_e \lambda m_e . love(m, k)]$
  $[\![a]\!] = [\lambda N_{et} \lambda P_{et} . |\{q_e : N(q)\} \cap \{r_e : P(r)\}| = 1]$
  $[\![girl]\!] = [\lambda u_e . girl(u)]$
 b. 統語構造
  (9b) 参照
 c. 意味計算
  $[\![a\ girl\ 1\ every\ boy\ love\ t_1]\!]^g$
  $= [\![a\ girl]\!]([\![1\ every\ boy\ love\ t_1]\!]^g)$
   $(\because FA)$
  $= [\![a\ girl]\!]([\lambda v_e . [\![every\ boy\ love\ t_1]\!]^{g^{v/1}}])$
   $(\because PA)$
  $= [\![a\ girl]\!]([\lambda v_e . [\![every\ boy\ love\ t_1]\!]^{[1 \to v]}])$
   $(\because g^{v/1}$ を展開$)$
  $= [\![a\ girl]\!]([\lambda v_e . [\![every\ boy]\!]([\![love\ t_1]\!]^{[1 \to v]})])$
   $(\because FA)$
  $= [\![a\ girl]\!]([\lambda v_e . [\![every]\!]([\![boy]\!])([\![love]\!]([\![t_1]\!]^{[1 \to v]}))])$
   $(\because FA \times 2)$
  $= [\![a\ girl]\!]([\lambda v_e . [\![every]\!]([\![boy]\!])([\![love]\!](v))])$
   $(\because T\&P\ rule)$
  $= [\![a\ girl]\!]([\lambda v_e . [\![every]\!]([\![boy]\!])([\lambda k_e \lambda m_e . love(m, k)](v))])$
   $(\because lexicon\ of\ love)$
  $= [\![a\ girl]\!]([\lambda v_e . [\![every]\!]([\![boy]\!])([\lambda m_e . love(m, v)])])$

第 7 章 数量詞上昇（Quantifier Raising） 163

(∵ λk を展開)
= ⟦*a girl*⟧ ([λv$_e$. [λA$_{et}$ λB$_{et}$. {d$_e$: A(d)} ⊆ {f$_e$: B(f)}] ([λh$_e$. boy(h)]) ([λm$_e$. love(m, v)])])

(∵ lexicon of *every*, *boy*)
= ⟦*a girl*⟧ ([λv$_e$. [λB$_{et}$. {d$_e$: [λh$_e$. boy(h)] (d)} ⊆ {f$_e$: B(f)}] ([λm$_e$. love(m, v)])])

(∵ λA を展開)
= ⟦*a girl*⟧ ([λv$_e$. [λB$_{et}$. {d$_e$: boy(d)} ⊆ {f$_e$: B(f)}] ([λm$_e$. love(m, v)])])

(∵ λh を展開)
= ⟦*a girl*⟧ ([λv$_e$. {d$_e$: boy(d)} ⊆ {f$_e$: [λm$_e$. love(m, v)] (f)}])

(∵ λB を展開)
= ⟦*a girl*⟧ ([λv$_e$. {d$_e$: boy(d)} ⊆ {f$_e$: love(f, v)}])

(∵ λm を展開)
= ⟦*a*⟧ (⟦*girl*⟧) ([λv$_e$. {d$_e$: boy(d)} ⊆ {f$_e$: love(f, v)}])

(∵ FA)
= [λN$_{et}$ λP$_{et}$. |{q$_e$: N(q)} ∩ {r$_e$: P(r)}| = 1] ([λu$_e$. girl(u)]) ([λv$_e$. {d$_e$: boy(d)} ⊆ {f$_e$: love(f, v)}])

(∵ lexicon of *a*, *girl*)
= [λP$_{et}$. |{q$_e$: [λu$_e$. girl(u)] (q)} ∩ {r$_e$: P(r)}| = 1] ([λv$_e$. {d$_e$: boy(d)} ⊆ {f$_e$: love(f, v)}])

(∵ λN を展開)
= [λP$_{et}$. |{q$_e$: girl(q)} ∩ {r$_e$: P(r)}| = 1] ([λv$_e$. {d$_e$: boy(d)} ⊆ {f$_e$: love(f, v)}])

(∵ λu を展開)
= 1 iff |{q$_e$: girl(q)} ∩ {r$_e$: [λv$_e$. {d$_e$: boy(d)} ⊆ {f$_e$: love(f, v)}] (r)}| = 1

(∵ λP を展開)
iff |{q$_e$: girl(q)} ∩ {r$_e$: {d$_e$: boy(d)} ⊆ {f$_e$: love(f, r)}}| = 1

(∵ λv を展開)

さて，検算をしよう．まず意味計算の対象となる LF には，インデックスを含む痕跡 t$_1$ が含まれる．このインデックスは文脈によって値が定まるので，この文の意味計算には変項割り当て関数（variable assignment function）の g が必要となる．これは要するに「文脈」を記号化したものだと思えばよい．この

gは，痕跡のt_1の解釈のみに関わるので，FAによってインデックスを含まない語彙が分離されたら，無視してよい．

難しいのは等式の3行目，Predicate Abstractionが関与する部分だろう．PAは多くの人にとって，常に意味計算の鬼門である．PAは要するに，「ラムダで新しい変項を導入して，変項割り当て関数gに『インデックスの数字から，導入した変項へ』という修正を加える」という操作である．ここでは新たにvという変項を導入している．そして，変項割り当て関数に[1→v]という修正を加える．あとは，FAで各節点をバラしていき，樹形図の末端に達したところで語彙項目を入れていけばよい．そして，ラムダの指示に従って式を展開していけば，真理条件が出る．

等式の7行めで，Traces & Pronouns Ruleが適用されている．1というインデックスが割り振られている痕跡t_1の外延を得るために，PAによって修正された変項割り当て関数（[1→v]）を参照する．T&P Ruleというのは，この関数の入力部分に，痕跡で割り振られているインデックスを入力する，という操作だった．つまり，$[\![t_1]\!]^{[1→v]} = [1→v]\,(1) = v$，ということになる．

最後の行の真理条件を読んでみよう．「当該の文が真になる必要十分条件は，女の子qの集合と，すべての男の子dが愛している人rの集合の，ふたつの交わりの部分の個体数が，1である」ということになる．パニックにならず落ち着いて，要素を分解してひとつひとつ見てみよう．まずこの真理条件には，大きく分けてふたつの集合が関与している．ひとつめは，女の子qの集合である．これは単純な集合で，世の中の女の子qをすべて集めた集合である．問題はもうひとつの集合だ．交わり（∩の記号）の右辺を見てみると，これは単なる集合でなく，「男の子dの集合」が，「fがrを愛している，という関係を示す集合」の部分集合になっている．ややこしいので，集合の表記の外側から見てみよう．右辺の集合は，大きく見ると $\{r_e : ...\}$ という形をしている．これは要するに，「eタイプ（=個体）であるrの集合」ということである．では，そのrはどういう特徴のものなのか．それを端的に捉えるためには，それ以降の部分でrがどこに現れているのかを見ればよい．rは，love(f, r)の部分に現れている．rは第二項，つまり目的語の位置に入っているので，rというのは「愛されている人」の集合ということになる．では，rを愛しているのは誰か．love(f, r)という表記から，rを愛しているのは，fであるとわかる．このfというのは愛をしている様々な人から成るが，注目すべきは，このfの中に「男の子の集合」がまるまる含まれていることである．つまり，fの要素をずらっと並べると，その中には世の中のすべての男の子dが含まれることに

なる。[5] つまりこの部分の意味は，「すべての男の子 d が愛している人 r の集合」のことである。

ではズームを引いて，この集合の全体の形を見てみよう。$|\{q_e : girl(q)\} \cap \{...\}| = 1$ という表記は，「女の子 q の集合」と，「$\{...\}$ という集合」の，交わりの部分に含まれる個体がただひとつしかないことを表している。つまり，$\{...\}$ の特徴を満たす女の子は，ひとりしかいない。そして先ほど見たように，$\{...\}$ の部分に相当するのが，「すべての男の子が愛している人」である。これを満たす女の子がただひとり，というのが，この文の真理条件である。つまり，誰からも愛されるスーパーアイドルの女の子がひとりいて，すべての男の子がその女の子に夢中になっている，という状況である。

7.3. もうひとつの意味解釈

(10) で求めた意味解釈では，なんとも羨ましい境遇の女の子がいたものだが，これでめでたしめでたし，というわけにはいかない。統語論の分野では，この *Every boy loves a girl.* という文は，もうひとつの意味があることが指摘されている。別にスーパーアイドルの女の子がひとり存在するわけではなく，男の子それぞれに違った彼女がいる，という状況である。

(11)　*Every boy loves a girl.*
　　　a.　(10) で計算した意味　　　b.　...のほかにこういう意味もある[6]

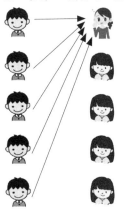
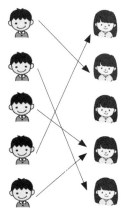

---

[5] ゼミや学会での発表用としては，「$\langle f, r \rangle$ から成る二項関係の集合の定義域に，集合 BOY の要素 g がすべて含まれる」という言い方を覚えておこう。

[6] 厳密には，(11) のふたつの読みは，全く違う解釈というわけではない。男の子の各要素

このふたつの解釈の違いは,ふたつの限定詞 a と every のスコープの違いとして捉えられる.(9) の樹形図では,a のほうが every よりも高い位置にある.よって a のほうが広いスコープをとり,「ある女の子がひとりいる.その女の子とは...」という読みになる.一方,(11b) のほうの解釈は,「すべての男の子に関して,...」という読みであり,every のほうが広いスコープをとっている.

　この (11b) の解釈は,どうやって導けばよいのだろうか.仮説として「樹形図で上にあるほうの量化子が,より広いスコープをとる」と考えると,操作としては「every boy を移動して上にあげる」ということになる.つまり,数量詞上昇 (QR) を,2 回かける操作を行えばよい.

(12) (11b) の解釈を導く統語論
　　a. 簡単に描くと

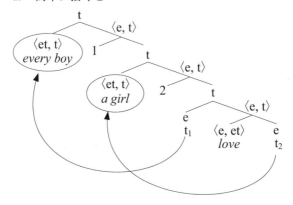

と,女の子の各要素が,1 対 1 に対応しているという点で,関数的には同じ解釈と捉えることができる.(11a) の解釈は,love (x, y) という関係にある y が「たまたま同一の個体だった」という状況に過ぎず,(11b) の解釈によって導かれる状況のひとつに過ぎない.しかし,この関係は可逆的なものではなく,(11b) は (11a) の例のひとつ,というわけではない.

第 7 章 数量詞上昇（Quantifier Raising）

b. 正確には

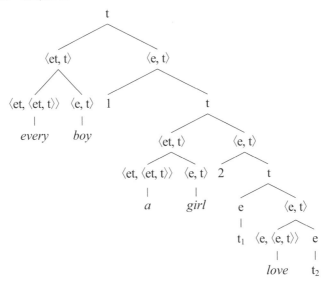

移動が二回かかり，痕跡とインデックスがそれぞれ 2 個ずつ絡んでいるということは，PA の操作を 2 回かけるということである．計算がややこしくなるが，さっそく意味計算をしてみよう．語彙項目は（10a）をそのまま援用しよう．

(13) *Every boy loves a girl.*　(every > a)
　　a. 語彙項目
　　　$[\![every]\!] = [\lambda A_{et}\, \lambda B_{et}\,.\, \{d_e : A(d)\} \subseteq \{f_e : B(f)\}]$
　　　$[\![boy]\!] = [\lambda h_e\,.\, \text{boy}(h)]$
　　　$[\![love]\!] = [\lambda k_e\, \lambda m_e\,.\, \text{love}(m, k)]$
　　　$[\![a]\!] = [\lambda N_{et}\, \lambda P_{et}\,.\, |\{q_e : N(q)\} \cap \{r_e : P(r)\}| = 1]$
　　　$[\![girl]\!] = [\lambda u_e\,.\, \text{girl}(u)]$
　　b. 統語構造
　　　(12) 参照
　　c. 意味計算
　　　$[\![every\ boy\ 1\ a\ girl\ 2\ t_1\ love\ t_2]\!]^g$
　　　$= [\![every\ boy]\!]([\![1\ a\ girl\ 2\ t_1\ love\ t_2]\!]^g)$
　　　　　($\because$ FA)
　　　$= [\![every\ boy]\!]([\lambda v_e\,.\, [\![a\ girl\ 2\ t_1\ love\ t_2]\!]^{g^{v/1}}])$

$(\because \text{PA})$

$= [\![every\ boy]\!]([\lambda v_e\ .\ [\![a\ girl]\!]([\![2\ t_1\ love\ t_2]\!]^{g^{v/1}})])$

$(\because \text{FA})$

$= [\![every\ boy]\!]([\lambda v_e\ .\ [\![a\ girl]\!]([\lambda x_e\ .\ [\![t_1\ love\ t_2]\!]^{g^{v/1,x/2}}])])$

$(\because \text{PA})$

$= [\![every\ boy]\!]([\lambda v_e\ .\ [\![a\ girl]\!]([\lambda x_e\ .\ [\![love]\!]([\![t_2]\!]^{g^{v/1,x/2}})([\![t_1]\!]^{g^{v/1,x/2}})])])$

$(\because \text{FA} \times 2)$

$= [\![every\ boy]\!]([\lambda v_e\ .\ [\![a\ girl]\!]([\lambda x_e\ .\ [\![love]\!]([\![t_2]\!]^{\begin{bmatrix}1 \to v \\ 2 \to x\end{bmatrix}})([\![t_1]\!]^{\begin{bmatrix}1 \to v \\ 2 \to x\end{bmatrix}})])])$

$(\because g^{v/1,x/2} \text{を展開})$

$= [\![every\ boy]\!]([\lambda v_e\ .\ [\![a\ girl]\!]([\lambda x_e\ .\ [\![love]\!](x)(v)])])$

$(\because \text{T\&P Rule} \times 2)$

$= [\![every\ boy]\!]([\lambda v_e\ .\ [\![a\ girl]\!]([\lambda x_e\ .\ [\lambda k_e\ \lambda m_e\ .\ love(m, k)](x)(v)])])$

$(\because \text{lexicon of } love)$

$= [\![every\ boy]\!]([\lambda v_e\ .\ [\![a\ girl]\!]([\lambda x_e\ .\ love(v, x)])])$

$(\because \lambda k, \lambda m\ \text{を展開})$

$= [\![every\ boy]\!]([\lambda v_e\ .\ [\![a]\!]([\![girl]\!])([\lambda x_e\ .\ love(v, x)])])$

$(\because \text{FA})$

$= [\![every\ boy]\!]([\lambda v_e\ .\ [\lambda N_{et}\ \lambda P_{et}\ .\ |\{q_e : N(q)\} \cap \{r_e : P(r)\}| = 1]([\lambda u_e\ .\ girl(u)])([\lambda x_e\ .\ love(v, x)])])$

$(\because \text{lexicon of } a, girl)$

$= [\![every\ boy]\!]([\lambda v_e\ .\ [\lambda P_{et}\ .\ |\{q_e : [\lambda u_e\ .\ girl(u)](q)\} \cap \{r_e : P(r)\}| = 1]([\lambda x_e\ .\ love(v, x)])])$

$(\because \lambda N\ \text{を展開})$

$= [\![every\ boy]\!]([\lambda v_e\ .\ [\lambda P_{et}\ .\ |\{q_e : girl(q)\} \cap \{r_e : P(r)\}| = 1]([\lambda x_e\ .\ love(v, x)])])$

$(\because \lambda u\ \text{を展開})$

$= [\![every\ boy]\!]([\lambda v_e\ .\ |\{q_e : girl(q)\} \cap \{r_e : [\lambda x_e\ .\ love(v, x)](r)\}| = 1])$

$(\because \lambda P\ \text{を展開})$

$= [\![every\ boy]\!]([\lambda v_e\ .\ |\{q_e : girl(q)\} \cap \{r_e : love(v, r)\}| = 1])$

$(\because \lambda x\ \text{を展開})$

$= [\![every]\!]([\![boy]\!])([\lambda v_e\ .\ |\{q_e : girl(q)\} \cap \{r_e : love(v, r)\}| = 1])$

第 7 章　数量詞上昇（Quantifier Raising）

$\qquad\qquad$（∵ FA）
$= [\lambda A_{et} \lambda B_{et} . \{d_e : A(d)\} \subseteq \{f_e : B(f)\}] ([\lambda h_e . boy(h)]) ([\lambda v_e . |\{q_e : girl(q)\} \cap \{r_e : love(v, r)\}| = 1])$
$\qquad\qquad$（∵ lexicon of *every*, *boy*）
$= [\lambda B_{et} . \{d_e : [\lambda h_e . boy(h)](d)\} \subseteq \{f_e : B(f)\}] ([\lambda v_e . |\{q_e : girl(q)\} \cap \{r_e : love(v, r)\}| = 1])$
$\qquad\qquad$（∵ λA を展開）
$= 1 \text{ iff } \{d_e : boy(d)\} \subseteq \{f_e : [\lambda v_e . |\{q_e : girl(q)\} \cap \{r_e : love(v, r)\}| = 1](f)\}$
$\qquad\qquad$（∵ λh, λB を展開）
$\text{iff } \{d_e : boy(d)\} \subseteq \{f_e : |\{q_e : girl(q)\} \cap \{r_e : love(f, r)\}| = 1\}$
$\qquad\qquad$（∵ λv を展開）

　さて，真理条件が出たところで，この表記が何を表すのかを読んでみよう．明らかに，(10c) の最後の行で出た真理条件とは異なる．この真理条件を読み下すと，「d という要素から成る『少年の集合』が，f を要素とする集合にすっぽり含まれている．f を要素とする集合とは，すなわち，『その f に愛されている r の集合』と『女の子 q の集合』の交わりの部分で，そこに含まれる個体が1つしか存在しないような集合のことである」... となる．

　この奇怪な表現を噛み砕いてみよう．脳が咀嚼しにくいのは「f を要素とする集合とは，すなわち ...」以下の部分だ．それ以降の部分は一体どういう集合のことを表しているのか．「女の子 q の集合」のほうはよいだろう．これは，世の中の女の子すべてを集めた集合のことだ．一方，「f に愛されている r の集合」というのは，何のことか．

　世の中に love (f, r) という論理述語で表される関係が数多存在する，と考えよう．f が愛する人，r が愛される人だ．たとえば p. 41 の (19) で作った Model PEANUTS の世界では，⟨f, r⟩ の関係にある個体は，⟨Lucy, Schroeder⟩，⟨Sally, Linus⟩，⟨Patty, Charlie⟩ の 3 組だった．このような，愛し愛されるペアのうち，愛される人のほうに注目したのが $\{r_e : love(f, r)\}$ の部分の意味だ．つまり，「(f という個体に) 愛されている人の集合」である．この幸せ者の集合と，女の子の集合の交わりの部分というのは，要するに「愛されている女の子の集合」である．そこに含まれる要素がひとつしかない，ということは，この f なる個体はやたらと真面目な性格で，浮気をせずにただひとつの個体（＝女の子）のみを愛している，ということである．そのような，真面目一徹で彼女一筋な f という個体から成る集合が，$\{f_e : |\{q_e : girl(q)\} \cap \{r_e :$

love(f, r)}| = 1} という箇所の意味である.

問題となっている真理条件では，男の子の集合が，その彼女一筋のfから成る集合にまるまるすっぽり含まれている．つまり，「すべての男の子が，それぞれにただ一人だけの女の子を愛している」ということである．実際の世の中がそうではないのは残念だが，(13c)で求めた真理条件は，そのような世界のあり方を示している．この真理条件は，確かに (11b) で見た every boy loves a girl の「もうひとつの解釈」である．この解釈は，移動によって every boy という名詞句を上げることによって，a girl よりも広いスコープをとることによって得られる解釈であることが，統語論と語彙項目から成る意味計算によって正確に確認できる．

さて，ここまで見た一連の過程から導かれる予測は，どういうことになるだろうか．(10) と (13) で行った意味計算では，それぞれ数量詞上昇の操作が加えられている．(10) では a girl だけが，(13) では a girl と every boy の両方が移動の適用を受けている．しかし，それらの移動の適用理由はそれぞれ違う．

そもそも (10) で a girl を移動させたのは，是が非でもそうしなければならない理由があったからだ．表層語順のまま意味計算をしようとすると，(8) の樹形図で見た通り，意味タイプのミスマッチが起きてしまう．動詞 love の意味タイプ ⟨e, ⟨e, t⟩⟩ と，名詞句 a girl の意味タイプ ⟨⟨e, t⟩, t⟩ が，噛み合わない．FA の操作で分解することができないのだ．よってこの移動は，タイプミスマッチを回避して意味計算を収束させるために行う「仕方がない移動」と捉えることができる．

一方，(13) で行った意味計算の基となる統語論 (12) では，every boy の移動までもが適用されている．この移動は別に，しなければ困る移動ではない．現に，every boy が移動していない (10) では無事に意味計算が収束している．この every boy の移動は，(11b) の意味を導くための，「解釈を導く」という要請によって引き起こされた移動だ．every boy の移動は，いわば意味側の事情によって適用されているオプションのようなものだ．

つまり，(11a, b) のふたつの意味を比べてみると，表層語順とはスコープ関係が逆転している (11a) の意味（a > every）のほうがデフォルトの意味解釈であり，(11b) の意味 (every > a) は，後から出てくるオプションの解釈，ということになる．[7] これが，Every boy loves a girl. という文におけるスコー

---

[7] 数量詞上昇（Quantifier Raising）を提唱した May (1977) は，表層語順通りのスコープ関係のときも，スコープ関係が逆転している時でも，主語位置の量化子と目的語位置の量化子の両方に移動がかかる，と考えている．Someone likes everyone. という文の意味解釈に関し

第 7 章　数量詞上昇（Quantifier Raising）　　　171

プ関係に対する,「意味論側からの予測」である.

　この予測は，直感に反しているだろう．なにしろ，表層語順では every＞a というスコープ関係になっているのだから，第一に導かれる解釈も every＞a のほうであるべきだと感じる人が多いのではあるまいか．統語論のほうでは独自の根拠によって，a＞every のスコープ関係のほうが「派生的」とみなすことも可能であろうし，言語獲得の分野からは，幼児にとってどちらの読みのほうが習得が早いかを示すデータが提示されることもあろう.

　ここから先は，意味論と，他の隣接分野との「擦り合わせ」が必要な部分になってくる．形式意味論というものは，使用する数学的・論理学的な道具立てに影響され，閉じた論理体系の中の整合性をひたすら突き詰めるだけの研究になってしまいがちなものである．(10) や (13) のような計算ドリルをゴリゴリと解いて，真理条件が予測通りにバシッと求まると，あたかも「これで世の中の真実を掴んだ」とばかりに，仮説に自信を持ってしまうことがある．ところが実際には，(10) や (13) のような計算がうまくいった，ということは，事実を検証するための出発点であって，ゴールではない．意味論の内部の計算体系ではいくら妥当に見えようとも，言語をとりまく他の視点から見てみれば，到底容認できない仮説に陥ってしまうこともあり得る．逆に，形式意味論の側から，他の隣接分野の仮説に対する傍証を提供する寄与の仕方もあり得る．意味計算は，それ自体が目的なのではなく，それを上手に利用して，より妥当性の高い仮説を構築するための「道具」と心得るべきだろう．統語論，形態論などの分野の研究を志す人が形式意味論を学ぶ意義は，そういう新たな「検証のための道具」を手に入れることにあるだろう.

て，次のふたつの論理形式（LF）を提唱している.
　　(i)　[someone$_i$ [everyone$_j$ [t$_i$ likes t$_j$]]]　　　(some＞every)
　　(ii)　[everyone$_j$ [someone$_i$ [t$_i$ likes t$_j$]]]　　　(every＞some)
この (ii) の LF では，表層語順とはスコープ関係が逆転しており，(10) の構造 (9) に相当する．この構造の時にも，主語位置の量化子が「不要な移動」を起こしており，(i), (ii) の構造は「移動の手間」という観点からいわば「互角」である．ただし，統語論の分野では，この移動の距離に関する経済性の議論の余地は残るだろう.

第 8 章

代名詞（Pronoun）と省略（Ellipsis）

　本章では，代名詞と省略というふたつのテーマについて考察する．このふたつの現象は，統語論でも頻繁にとり上げられるテーマだが，意味論的な観点からは，「どうやってインデックスに解釈を与えるか」という共通の問題として取り扱うことができる．ここでは，インデックスの解釈に関わる Traces & Pronouns Rule を中心的な道具として，これらの現象を考えてみよう．

8.1. 指示代名詞（Referencial pronoun）と束縛代名詞（Bound pronoun）

　まず，用語を整理しよう．代名詞類は，意味的に大きく分けて指示表現（referential expression）と，束縛代名詞・照応形（bound pronoun, anaphor）に分かれる．Heim and Kratzer (1998) では，前者を "free pronoun"（自由代名詞），後者を "bound-variable pronoun"（束縛変項代名詞）と呼んでいる．これらの代名詞類は，すべて Traces & Pronouns Rule によって解釈が与えられる，という点で違いはない．両者の違いは，T&P Rule において主要な役割を果たす変項割り当て関数（variable assignment function）とインデックスが，どのように働くか，である．

(1) a. *He$_1$ said that John$_1$ smokes.
　　b. He$_1$ said that John smokes.

　(1a) は，he と John が同じ個体を指している．この表現は，意味的な理由ではなく，統語的な理由で非文法的である．John という指示表現が，he という代名詞に束縛されてしまっており，束縛原理 C の「指示表現は自由でなければならない」に反している．一方，(1b) のほうは，he が John とは別の個

体を指しており，両者の間に束縛の関係がない．(1b) の「誰だか分からない *he*」の解釈は，文脈から得るしかない．形式意味論では，この「文脈」の形式的な装置として，変項割り当て関数というものを設定した．p. 85 の (31) で，Model PEANUTS というモデル (=箱庭世界) における変項割り当て関数 a^{Mp} というものを設定した[1]ので，ここでは例としてその「文脈」を使うことにしよう．

(2) Model PEANUTS におけるナンバリング (p. 85, (31))

$$a^{Mp} = \begin{bmatrix} 1 & \to & \text{Snoopy} \\ 2 & \to & \text{Woodstock} \\ 3 & \to & \text{Charlie} \\ 4 & \to & \text{Sally} \\ 5 & \to & \text{Lucy} \\ 6 & \to & \text{Linus} \\ 7 & \to & \text{Patty} \\ 8 & \to & \text{Schroeder} \end{bmatrix}$$

この文脈を (1b) に適用すると，he_1 という表現の外延が，T&P Rule によって得られる．$[\![he_1]\!]^{a^{Mp}} = a^{Mp}$ (1) = Snoopy なので，(1b) における主語名詞句 he_1 が指す個体は，Snoopy ということになる．

(1b) において，*John* にはインデックスが振られていない．統語論の文献では，この文を He$_1$ said that John$_2$ smokes. などと表記して，*John* が *he* に対する束縛子の候補ではないことを強調する慣例がある．しかし，意味論においては，名詞表現にインデックスが振られていたら，それはすべて「変項」と見なすことになる．つまり，a^{Mp} のもとで *John*$_2$ という表現を意味解釈すると，$[\![John_2]\!]^{a^{Mp}} = a^{Mp}$ (2) = Woodstock，ということになってしまう．つまり，*John*$_2$ という表現が指し示している個体は，Woodstock のことである，という訳のわからない事態になってしまう．(1b) において，*John* にインデックスが割り振られていないのは，そういう理由である．この表現は，「*he*$_1$ とは束縛関係がない」ということを表しているだけでなく，「この表現は文脈から自由に解釈を得られる」ということも示している．「文脈から自由」ということは，つまり解釈のために変項割り当て関数 (ここでは例として a^{Mp}) を使う必要が

---

[1] 「うわーっ，この記号ってどういう意味だっけー！」... という人のために念のため確認すると，ここでは，変項割り当て関数 a に，「Model PEANUTS の世界」を意味する Mp という名称をつけているだけである．

ない,ということである.では,そう考えると,束縛代名詞はどのように考えればいいのだろうか.

(3) John₁ said that he₁ smokes.

(3)の表記は,そのまま意味解釈にかけられるLFではない.もしこの構造のまま意味解釈送り(!!)にしてしまえば,*John*₁という表現は,インデックスが割り振られている以上,束縛子ではなく変項としての解釈を受けてしまう.だから,我々が手持ちの道具としてT&P Ruleを持っている以上,インデックスの1を語彙項目としての*John*に負わせるわけにはいかない.

すると,(3)を適切に解釈するためには,どうすればいいのだろうか.我々の手持ちの意味解釈規則で,T&P Rule以外で,インデックスが絡む規則は,Predicate Abstractionだった.PAの規則は,命題のタイプ(tタイプ)に,ひとつ変項を埋め込んで⟨e, t⟩タイプに変え,その変項をインデックスで束縛する規則だった.この規則を使うと,(3)の構造は以下のようになる.

(4) (3)のLF

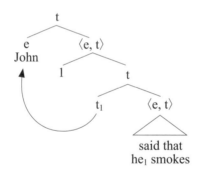

(3)の構造では,主語名詞句の*John*が「無意味な移動」で上がっている.この移動は統語的にはまったく意味がないが,意味的にはインデックスの1を生み出すための役割を果たしている.この移動によって導入されたインデックスの1は,*John*の痕跡であるt_1と,従属節の代名詞*he*₁の両方を束縛している.PAのルールによって,文を解釈するための変項割り当て関数に[1→John]という変更が加えられ,T&P Ruleによってt_1と*he*₁の両方にJohnという解釈が与えられる.

繰り返しになるが,(4)のLFの特徴は,移動した*John*自体にはインデックスが振られていない,ということである.インデックスがついている語彙項目は,すべてT&P Ruleの「餌食」となり,インデックスの数字を入力して個

体を出力する，変項割り当て関数に巻き込まれてしまう．*John* は文脈から自由に解釈される「定項」なので，T&P Rule の適用から逃れるために，インデックスを割り振らない．その替わり，he_1 を *John* と同一の解釈とするために，移動を適用させてインデックスを「作り出す」操作を施す．[2]

ここで，変項割り当て関数に関してひとつ（当たり前のことを）注意しておこう．代名詞が指示表現（referencial expression）として解釈される時には，当然ながら，変項割り当て関数の中にそのインデックスが含まれていなければならない．例として，p. 85 の (31) で挙げた，Model PEANUTS の世界における，変項割り当て関数 a^{M_P} を考えよう．Model PEANUTS の世界には 8 個体しか定義していない．そのため，その世界における変項割り当て関数 a^{M_P} には，定義域に 1 から 8 までしか個体が割り振られていない．こういう世界のあり方（Model PEANUTS）と，その世界に基づく変項割り当て関数（a^{M_P}）のもとでは，次の文を意味解釈することはできない．例えて言えば，背番号が 1 番から 8 番までしか選手がいないチームに，「背番号 9 番の人，出場してください」と呼びかけても，誰も返事をしないのと同じだ．

(5) She$_9$ is a councelor.

T&P Rule により，$[\![she_9]\!]^{a^{M_P}} = a^{M_P}(9)$ ということになるが，Model PEANUTS に基づいて定義した a^{M_P} には，9 を入力することはできない．

Heim and Kratzer (1998) では，この条件を次のように定めている．

(6) Appropriateness Condition
A context c is *appropriate* for an LF ϕ only if c determines a variable assignment g_c whose domain includes every index which has a free occurrence in ϕ.　　　　　　　　　　(Heim and Kratzer (1998: 243))

---

[2] ここでは，インデックスをもたらすための移動の必要性をしれっと書いているが，この仮定は，実は，統語論と意味論の関係全般にわたる大問題である．従来，統語論と意味論の関係は「一方通行」で，統語論によって適切な構造が作られてから，それが意味論に送られる，というイメージで言語理論が作られることが多かった．しかし，ここで想定している「インデックスをもたらすための移動」は，いわば意味論側からの要請によって統語的な移動がかかることを示唆している．このように，意味論が干渉して統語的な移動を引き起こすことの妥当性は，双方からの視点による様々な議論が必要だろう．

(7) Truth and Falsity Condition for Utterances
If ϕ is uttered in c and c is appropriate for ϕ, then the utterance of ϕ in c is *true* if $[\![\phi]\!]^{g_c} = 1$ and *false* if $[\![\phi]\!]^{g_c} = 0$. (ibid.)

(6) の記号をまず確認しよう．ここでは，cがモデル世界であり，たとえば本書で仮定したModel PEANUTSのようなモデル（箱庭世界のようなもの）に相当する．その箱庭cにおいて，数字のインデックスから各個体を導く関数が，g_c である．g_c という表記は，「モデルcにおける，変項割り当て関数g」を表している．p. 85の(31)では，変項割り当て関数に記号aを用いたが，ここでは関数にgを使っていることに注意してほしい．(6)の内容は，もう明らかだろう．文（ここでは仮にϕとする）が，世界cにおいて発話されるとき，これをϕ_c と表記することにしよう．このとき，cがϕに対して「適切である」とは，ϕ_c の指示表現に現れるすべてのインデックスを，g_c が含んでいることである．つまり，ϕ_c に含まれるインデックスが，すべてg_cのリストの中に含まれていれば，世界cは文ϕに対して「適切」である．文字で書くととてもややこしいが，直感的には「背番号のついているプレーヤーしか，試合に出ることはできない」と覚えておけばよい．

8.2. 省略（Ellipsis）

さて，前節で見たことをまとめてみよう．予測としては，同じ解釈が得られる表現でも，二通りの構造があり得ることになってしまう．

(8) Charlie$_1$ likes his$_1$ teammate.

(9) a. Charlie likes his$_3$ teammate.
   b. Charlie 1 t$_1$ [$_{VP}$ likes his$_1$ teammate]

(8) は，統語論の文献でよく見かける表現で，*Charlie*$_1$ と *his*$_1$ が同一の個体を指すことを示している．つまり「チャーリーは，チャーリーのチームメイトが好き」という意味である．ところがこの表現は，前節で見た通り，意味論的には適切な表記のしかたではない．Heim and Kratzer (1998) では，(8) のように，同一指標（co-index）に基づく束縛関係を「統語的束縛（syntactic binding）」，(9b) のように，インデックスと痕跡による束縛関係を「意味的束縛（semantic binding）」と呼び，区別している．[3] 本書で展開している意味論

---

[3] 詳しくは Heim and Kratzer (1998: 260-264) を参照．

第8章 代名詞 (Pronoun) と省略 (Ellipsis)

では,インデックスがついている表現はすべて T&P Rule の適用対象となる「変項」なので,このままでは $Charlie_1$ という表現が変項扱いされてしまう.そこで適切な表現は,(9a, b) のいずれかということになる.(9a) の his_3 は,束縛されていない指示表現 (referential expression) である.この語彙の外延は,変項割り当て関数から T&P Rule によって直接与えられる.仮に,(9a, b)の文を解釈するためのモデルを,本書でずっと使ってきた Model PEANUTS (p. 32 (2)) として,変項割り当て関数を a^{Mp} (p. 85 (31)) としよう.a^{Mp}には,8 の個体が定義されているが,3 番のインデックスに関しては $[3 \to Charlie]$ と規定されている.つまり,T&P Rule を適用すると,

$$[\![his_3]\!]^{a^{Mp}} = a^{Mp}(3) = [3 \to Charlie](3) = Charlie$$

ということになり,(8a) の解釈は,「チャーリーは,チャーリーのチームメイトが好き」という解釈になる.

一方,(9b) の his_1 は,$Charlie_1$ の移動によって与えられたインデックス「1」によって束縛されている,束縛代名詞 (bound pronoun) である.この場合,his_1 の外延は,インデックス「1」と Predicate Abstraction Rule によって,移動した Charlie と同一の外延となる.すると (9b) の his_1 は,結果として (9a) の his_3 と,同じ Charlie という外延を指すことになる.

ここまでの議論を整理すると,「同じ意味解釈を与える文でも,違うふたつの構造があり得る」[4] ということになる.これは別に本書で展開している意味論において困ったことではない.「ひとつの構造から,違うふたつの解釈が出てくる」というのであれば問題だが,違うふたつの構造が,偶然に同じ意味解釈を導くことは,あり得ないことではない.しかし,本当に Charlie likes his teammate という文で,his が Charlie を指す解釈のときに,(9a, b) のふたつの構造があり得るのだろうか.この問題が疑似問題ではないことを示す,なにか経験的な事実はあるのだろうか.

その根拠となるのが,省略 (ellipsis) である.(10) の例文を見てみよう.

(10)　Charlie likes his teammate, and Schroeder does too.
　　a.　Charlie likes Linus's teammate, and Schroeder likes Linus's teammate.
　　b.　Charlie likes Charlie's teammate, and Schroeder likes Charlie's teammate.

---

[4] Heim and Kratzer (1998) は,このことを "invisible" ambiguity という言葉で表現している (Heim and Kratzer (1998: 248)).

c. Charlie likes Charlie's teammate, and Schroeder likes Schroeder's teammate.
d. Charlie likes Linus's teammate, and Schroeder likes Schroeder's teammate.

(10) は，動詞句削除（VP-ellipsis）と呼ばれている現象である．(10) では (a)-(d) の4つの解釈が示してあるが，実際には (10d) の解釈だけ不可能である．省略が行われている (10) の文を復元してみると，(11) のような構造をしている．このように，ふたつの動詞句がまったく同じ構造をしている時に，後者のほうを省略することができる．

(11) Charlie [$_{VP}$ likes his teammate], and Schroeder [$_{VP}$ likes his teammate].

(12) LF Identity Condition on Ellipsis
A constituent may be deleted at PF only if it is a copy of another constituent at LF.　　　　　　　　　　(Heim and Kratzer (1998: 250))

問題は，ふたつの VP に含まれる代名詞 his が何を指しているか，である．(10a) の解釈では，両方の his が両方とも指示表現で，その外延は変項割り当て関数をもとに T&P Rule で直接導かれる．

(13) (10a) の LF
Charlie [$_{VP}$ likes his$_6$ teammate], and Schroeder [$_{VP}$ likes his$_6$ teammate].

(13) は，正確には「Model PEANUTS (M_P)，および変項割り当て関数 a^{M_P} のもとでの，(10a) の LF」である．a^{M_P} の規定では，Linus の「背番号」は 6 なので，T&P Rule によって，$[\![he_6]\!]^{a^{M_P}}$ = Linus である．また，his に割り振られているインデックスまで含めて，ふたつの VP がまったく同一の形をしているので，(12) のルールにも抵触していない．

(10b, c) は，それぞれ「厳密な同一性（strict identity）」，「ゆるい同一性／ずさんな同一性（sloppy identity）」と呼ばれている解釈である．(10b) の厳密な同一性の読みでは，his は指示表現であり，(10c) のゆるい同一性の読みでは，his は束縛代名詞である．だから意味論では，「厳密な同一性（strict identity）」のことを "referential reading"，「ゆるい同一性（sloppy identity）」のことを "bound-variable reading" と呼ぶことが多い．

(10d) は不可能な読みだが，ここでは前者の his が指示表現，後者の his が

第 8 章 代名詞（Pronoun）と省略（Ellipsis）

指示表現あるいは束縛代名詞になっている．LF を示すと，(14a, b) のいずれかになるはずである．後ろの文で，省略される *like his teammate* が，(14a) では指示表現，(14b) では束縛代名詞になっている．

(14) (10d) の LF
   a. Charlie [$_{VP}$ likes his$_6$ teammate], and Schroeder [$_{VP}$ likes his$_8$ teammate].
   b. Charlie [$_{VP}$ likes his$_6$ teammate], and Schroeder 6 t$_6$ [$_{VP}$ likes his$_6$ teammate].

しかし実際には，(14a, b) の両方とも，(10d) の意味での，(10) の LF たり得ることはできない．(14a) は，確かに (10d) の意味になるが，ふたつの VP が同一ではない．片方には *his$_6$* が含まれ，他方には *his$_8$* が含まれている．(10d) の意味を，指示表現の代名詞を使って得るには，〚*his$_6$*〛= Linus's, 〚*he$_8$*〛= Schroeder's，というふたつの外延が必要となるが，その結果，ふたつの VP が同じものではなくなってしまう．よって，(12) の LF Identity Condition on Ellipsis に抵触してしまい，省略操作がかけられなくなってしまう．

一方，(14b) のほうは，両方の VP が同じ *his$_6$* という代名詞をもつので，一見 (12) のルールには抵触していないように見える．ここでは，前文の *Charlie likes his$_6$ teammate* に含まれる *his$_6$* は指示表現で，後文の *Schroeder likes his$_6$ teammate* に含まれる *his$_6$* は束縛代名詞である．つまり，ふたつの代名詞は一見同一に見えるものの，その「出自」が異なる．

Heim and Kratzer (1998) では，このように，同じインデックスを持っていながら，異なる「出自」をもつ代名詞がふたつ存在する事を禁じるルールを仮定している．

(15) No LF representation (for a sentence or multisentential text) must contain both bound occurrences and free occurrences of the same index. (Heim and Kratzer (1998: 254))

つまり，同じインデックスをもっている代名詞なら，指示表現か束縛代名詞かのどちらかで統一しなければならない，ということである．文中に仮に *he$_1$* という代名詞が複数回にわたって使用されていたら，それはすべて指示表現か，すべて束縛代名詞かのいずれかでなければならず，両者を混ぜて使ってはならない．(14b) は，このルールに抵触している．表面的には同じに見える *his$_6$* というふたつの表現が，片方は指示表現で，他方が束縛代名詞だからである．

さて，(15) が適切に (10d) の解釈を排除できたことを確認した上で，

(10b, c) の解釈に戻ってみよう．(10b) の，厳密な同一性（strict identity / referential reading）のとき，省略箇所を復元した LF は (16a) のようになる．

(16) Charlie likes his teammate, and Schroeder does too. (=(10))
   a. Charlie likes his$_3$ teammate, and Schroeder likes his$_3$ teammate.
   b. Charlie likes Charlie's teammate, and Schroeder likes Charlie's teammate.

(12) で定めた「ある構成素が省略できるのは，その省略箇所が，他所の構成素の LF と同一のときに限る」というルールと，(15) で定めた「LF 内において割り振られている同じインデックスは，すべて束縛表現か，すべて指示表現かの，いずれかでなければならない」というルールを足し合わせると，(16b) の解釈をもたらす LF で生起するふたつの his は，両方とも指示表現ということになる．もし，(16b) の解釈（厳密な同一性）でありながら，両方の his$_3$ が束縛表現だとしたら，その代名詞はインデックスによって束縛される必要があるので，(17) のような LF になるはずである．

(17) Charlie 3 t$_3$ likes his$_3$ teammate, and Schroeder likes his$_3$ teammate.

しかし，この LF では，移動の痕跡 (t$_3$) と前文の his$_3$ はインデックスの 3 によって構成素統御（c-command）されるが，後文の his$_3$ は接続詞 *and* を超えているために構成素統御されない．よってこの LF は，統語的には束縛条件（Binding Condition）違反となり，意味論的には T&P Rule が適切に適用することができず，後文の his$_3$ の外延を導くことができなくなる．よって (17) は適切な LF ではあり得ず，両方の his$_3$ が指示表現となっている (16a) が適切な LF となる．

一方，(10c) の，ゆるい同一性（sloppy identity）のほうはどうだろうか．

(18) Charlie likes his teammate, and Schroeder does too.
   a. Charlie 9 t$_9$ likes his$_9$ teammate, and Schroeder 9 t$_9$ likes his$_9$ teammate.
   b. Charlie likes Charlie's teammate, and Schroeder likes Schroeder's teammate.

(18a) が，ゆるい同一性の解釈（=(18b)）が得られる際の LF である．この場合，前文と後文に生起する his$_9$ が，ともに主語名詞句の移動によって付与さ

第 8 章 代名詞（Pronoun）と省略（Ellipsis）　　　　181

れるインデックスに束縛されている．前文でも後文でも，移動によって割り当てられているインデックスおよび指標がともに「9」となっているが，これは単なる偶然である．両方の痕跡，両方の his_9 は，ともに束縛表現であるが，束縛しているものが違う．統語論における表記と異なり，意味論上の表記では，束縛している先行詞には指標が付与されない．痕跡，代名詞などの指標付きの表現を束縛するのはあくまでインデックスであって，「それが何を指しているか」は，インデックスを含む構成素が何と FA によって併合（merge）するかによって決まる．

(19)　(18a) の LF[5]

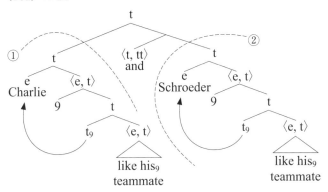

(19) の LF では，前文（点線①内の構造）にも，後文（点線②内の構造）にも，同じ his_9 という束縛表現が含まれている．それぞれの his_9 は，各文に生起しているインデックス 9 に束縛されている．インデックスと sister の位置にある t タイプの節点は，PA ルールによって変項をひとつ導入され，[λx . x like x's teammate] という意味構造になる．その構成素に，前文では *Charlie*，後文では *Schroeder* が FA によって融合（merge）するため，前文の意味は Charlie like Charlie's teammate，後文の意味は Schroeder like Schroeder's teammate という意味になる．また，この構造において前文，後文とも動詞句

---

[5] この LF は，厳密には正確ではない．動詞句の *like his$_9$ teammate* のところでタイプミスマッチが生じてしまう．それを回避するために，Heim and Kratzer (1998) では
　　(i)　*teammate* は，関係を表す二項名詞で，タイプは $\langle e, \langle e, t \rangle \rangle$
　　(ii)　*his$_9$ teammate* は，[$_{NP}$ the [he$_9$ teammate]] と LF 表示される
のふたつを仮定している（実際の Heim and Kratzer (1998) では，*his father* という表現について論じている）．(i) については，*teammate* は，単なる「個体の集合」ではなく，「誰が，誰のチームメイト」「誰と，誰がチームメイト」などのように，ふたつの個体の間の「関係」

の *likes his₉ teammate* という箇所が同一であり，(12) の削除に関するルールを満たしている．また，使用されている代名詞が両方とも束縛表現であるため，(15) の条件も満たしている．よって，動詞句削除を適用する際に何も問題がない．

さて，ここで (16a) と，(18a) の，前半部分の LF を比べてみよう．

(20) Charlie likes Charlie's teammate, and ...
　　a. Charlie likes his₃ teammate, and ...　(＝(16a))
　　b. Charlie 9 t₉ likes his₉ teammate, and ...　(＝(18a))

両方とも，Charlie likes Charlie's teammate という同一の意味を表しているが，(a) では *his₃* が指示表現で，(b) では束縛表現になっている．そして，厳密な同一性とゆるやかな同一性の対比で見た通り，ともに構造の正当性が保証されている．つまり，同じ意味でありながら，(a), (b) のふた通りの構造があり得ることになる．このように，構造における「見えない多義性」は，実際に生じ得ることがわかる．

8.3. 先行詞内削除 (Antecedent-Contained Deletion)

それではひとつ，練習問題をやってみよう．いままでの復習も兼ねて，ぜひ自力で挑んでほしい．

(21) 次の文の意味を計算しなさい．
　　Linus read every book that Charlie did.

(21) は，先行詞内削除 (Antecedent-Contained Deletion, ACD) と呼ばれている現象で，削除される動詞句が，先行詞となる動詞句の中に含まれている．もし，この削除されている部分を正直に復元しようとすると，その中にもさらに削除されている箇所が含まれることになり，延々と復元ができなくなる問題 (regress problem) が生じる．

を表す名詞句で，個体変項をふたつ項としてとる名詞句と考える．(ii) については，*his* という所有格の代名詞は，定冠詞 *the* と，T&P Rule の適用を受ける *his* に語彙分解されると考える（定冠詞 *the* に関しては，p. 62 の (47) 参照）．詳しくは，Heim and Kratzer (1998: 245-247，および p. 258 注 7) を参照のこと．この (ii) の仮定については，*his* というひとつの語彙が語彙分解される際，「部品」となる *the* と *he* が構成素を成していないため，形態論の観点からの異論が予想される．

(22)　ACD の regress problem
　　a.　Linus [VP read every book that Charlie [VP did]].
　　b.　Linus [VP read every book that Charlie [VP read every book that Charlie [VP did]]].
　　c.　Linus [VP read every book that Charlie [VP read every book that Charlie [VP read every book that Charlie [VP did]]]].

この現象を最初に指摘した Bouton (1970) は，動詞句削除の条件を，あくまで「同一の動詞句があるときに，それを削除できる」というポリシーのもと，「同一」という定義に工夫を加えている．削除された動詞句は，(22) のように機械的に復元するのでなく，Linu read every book that Charlie read it のように，代名詞まで含めて復元している．その上で，ふたつの動詞句は（名詞と代名詞という違いはあるにせよ）同一である，としている．また，Sag (1976) は同様に，削除される動詞句と，先行詞となる動詞句の間には，共通した項がラムダで束縛される変項であり，その変項は存在量化子によって束縛される固定域 (exsistential closure) に含まれる，という考え方をしている．何をもって「同一」と考えるのかは違うが，「同一だから削除する」という考え方は，Bouton (1970) と同じである．

　それに対して，無理に同一性を保証しようとせず，移動によって (22) の問題を解決しようとするのが，May (1985) の分析である．

(23)　May (1985) の分析

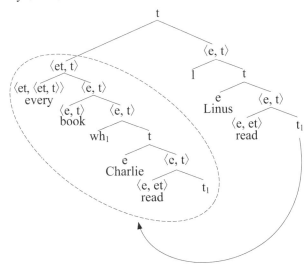

この分析では，問題となる名詞句が，まるまる QR で移動されている．その痕跡は，移動によって付与されたインデックス 1 によって束縛される．移動された名詞句にも痕跡が含まれるが，これは移動による痕跡ではなく，関係代名詞（意味論ではインデックス扱い）に束縛される変項である．両方の痕跡は同じインデックス（ここでは 1）に束縛されているため，[$_{VP}$ read t$_1$] という同一の動詞句となり，削除の操作が適用できる．ここでは，この May（1985）の分析による LF を使って意味解釈をしてみよう．

(24) *Linus read every book that Charlie did.*
 a. 語彙項目
  $[\![every]\!] = [\lambda A_{et} \lambda B_{et} . \{d_e : A(d)\} \subseteq \{f_e : B(f)\}]$
  $[\![book]\!] = [\lambda g_e . \text{book}(g)]$
  $[\![Charlie]\!] = \text{Charlie}$
  $[\![read]\!] = [\lambda h_e \lambda k_e . \text{read}(k, h)]$
  $[\![Linus]\!] = \text{Linus}$
  （変項割り当て関数：m）
 b. 統語構造（LF）
  (23) 参照
 c. 意味計算
  $[\![every\ book\ wh_1\ Charlie\ read\ t_1\ 1\ Linus\ read\ t_1]\!]^m$
  $= [\![every\ book\ wh_1\ Charlie\ read\ t_1]\!]^m ([\![1\ Linus\ read\ t_1]\!]^m)$
   （∵FA）
  $= [\![every]\!] ([\![book\ wh_1\ Charlie\ read\ t_1]\!]^m) ([\![1\ Linus\ read\ t_1]\!]^m)$
   （∵FA）
  $= [\![every]\!] ([\lambda n_e . [\![book]\!](n) = [\![wh_1\ Charlie\ read\ t_1]\!]^m (n) = 1]) ([\![1\ Linus\ read\ t_1]\!]^m)$
   （∵PM）
  $= [\![every]\!] ([\lambda n_e . [\![book]\!](n) = [\lambda p_e . [\![Charlie\ read\ t_1]\!]^{m^{p/1}}] (n) = 1])$
  $([\![1\ Linus\ read\ t_1]\!]^m)$
   （∵PA）
  $= [\![every]\!] ([\lambda n_e . [\![book]\!](n) = [\lambda p_e . [\![read]\!]([\![t_1]\!]^{m^{p/1}}) ([\![Charlie]\!])]$
  $(n) = 1]) ([\![1\ Linus\ read\ t_1]\!]^m)$
   （∵FA × 2）
  $= [\![every]\!] ([\lambda n_e . [\![book]\!](n) = [\lambda p_e . [\![read]\!]([\![t_1]\!]^{[1 \to p]}) ([\![Charlie]\!])]$
  $(n) = 1]) ([\![1\ Linus\ read\ t_1]\!]^m)$

第 8 章 代名詞 (Pronoun) と省略 (Ellipsis)   185

(∵ $m^{p/1}$ を展開)
$= [\![every]\!]([\lambda n_e \ . \ [\![book]\!](n) = [\lambda p_e \ . \ [\![read]\!](p)([\![Charlie]\!])]$
$(n) = 1])([\![1 \ Linus \ read \ t_1]\!]^m)$

(∵ T&P Rule)
$= [\![every]\!]([\lambda n_e \ . \ [\![book]\!](n) = [\![read]\!](n)([\![Charlie]\!]) = 1])([\![1$
$Linus \ read \ t_1]\!]^m)$

(∵ λp を展開)
$= [\![every]\!]([\lambda n_e \ . \ [\lambda g_e \ . \ book(g)](n) = [\lambda h_e \lambda k_e \ . \ read(k, h)](n)$
$(Charlie) = 1])([\![1 \ Linus \ read \ t_1]\!]^m)$

(∵ Lexicon of *book*, *read*, and *Charlie*)
$= [\![every]\!]([\lambda n_e \ . \ book(n) \wedge read(Charlie, n)])([\![1 \ Linus \ read \ t_1]\!]^m)$

(∵ $\lambda g, \lambda h, \lambda k$ を展開)
$= [\![every]\!]([\lambda n_e \ . \ book(n) \wedge read(Charlie, n)])([\lambda q_e \ . \ [\![Linus \ read$
$t_1]\!]^{m^{q/1}}])$

(∵ PA)
$= [\![every]\!]([\lambda n_e \ . \ book(n) \wedge read(Charlie, n)])([\lambda q_e \ . \ [\![read]\!]$
$([\![t_1]\!]^{m^{q/1}})([\![Linus]\!])])$

(∵ FA × 2)
$= [\![every]\!]([\lambda n_e \ . \ book(n) \wedge read(Charlie, n)])([\lambda q_e \ . \ [\![read]\!]([\![t_1]\!]$
$^{[1 \to q]})([\![Linus]\!])])$

(∵ $m^{q/1}$ を展開)
$= [\![every]\!]([\lambda n_e \ . \ book(n) \wedge read(Charlie, n)])([\lambda q_e \ . \ [\![read]\!](q)$
$([\![Linus]\!])])$

(∵ T&P Rule)
$= [\![every]\!]([\lambda n_e \ . \ book(n) \wedge read(Charlie, n)])([\lambda q_e \ . \ [\lambda h_e \lambda k_e \ .$
$read(k, h)](q)(Linus)])$

(∵ Lexicon of *read* and *Linus*)
$= [\![every]\!]([\lambda n_e \ . \ book(n) \wedge read(Charlie, n)])([\lambda q_e \ . \ read(Linus,$
$q)])$

(∵ $\lambda h, \lambda k$ を展開)
$= [\lambda A_{et} \ \lambda B_{et} \ . \ \{d_e \ : \ A(d)\} \subseteq \{f_e \ : \ B(f)\}]([\lambda n_e \ .$
$book(n) \wedge read(Charlie, n)])([\lambda q_e \ . \ read(Linus, q)])$

(∵ Lexicon of *every*)
$= 1$ iff $\{d_e \ : \ [\lambda n_e \ . \ book(n) \wedge read(Charlie, n)](d)\} \subseteq \{f_e \ : \ [\lambda q_e \ .$
$read(Linus, q)](f)\}$

(∵ λA, λB を展開)
iff $\{d_e : \text{book}(d) \land \text{read}(\text{Charlie}, d)\} \subseteq \{f_e : \text{read}(\text{Linus}, f)\}$
(∵ λn, λq を展開)

式の「上がり」を見てみよう．$\{d_e : \text{book}(d) \land \text{read}(\text{Charlie}, d)\}$ というのは，要するに「チャーリーが読んだ本 d の集合」である．一方，$\{f_e : \text{read}(\text{Linus}, f)\}$ というのは，「ライナスが読んだもの f の集合」である．そして，計算によって導かれた真理条件は，前者が後者にすっぽり含まれていることを表している．これは，*Linus read every book that Charlie did.* という文の直感的な意味を，正しく表している．

この (24) の意味計算には，いままで本書で扱ってきた4つの意味解釈規則 (FA, PM, T&P Rule, PA) がすべて使われており，復習にはうってつけの例題だろう．この意味計算でポイントとなっているのは，同じインデックス (「1」) に束縛されているふたつの痕跡 (t_1) が，形と束縛関係はまったく同一でありながら，指し示している外延がまったく違う，という点である．最終行の真理条件を見れば分かる通り，*Charli read t_1* のほうの痕跡は，「チャーリーが読んだ任意の本 d」を表しており，*Linus read t_1* のほうの痕跡は，「ライナスが読んだ任意のもの f」を表している．それぞれの d と f というのは，PA を媒介として，*every* の語彙項目に由来した個体変項である．つまり，同じインデックスに支配されており，割り振られている指標もまったく同じでありながら，外延が異なっていることになる．

このように考えると，動詞句削除が成り立つためには，統語上（表示上）の同一性さえ保証されていればよく，意味まで同一でなければならないわけではない，ということになる．May の QR を使う分析では，統語上の同一性は厳密に保たれている．(23) の LF を見れば分かる通り，ともに [$_{VP}$ read t_1] という箇所が同一であり，ここに削除の操作がかかっている．また，意味論的に束縛関係が成り立つためには，痕跡や代名詞に割り振られている指標と，束縛元のインデックスが同一でなければならないため，これらのふたつの同一構造は，同じ数字のインデックスにともに束縛されていることになる．かように厳密に同じ束縛構造をとっていながら，「意味的に何を指しているのか」を考えると，まったく違うものを指していることになる．

8.4. 統語的束縛と意味的束縛

ここで，統語的束縛（syntactic binding）と意味的束縛（semantic binding）

の違いについて考えよう．束縛関係には，(8) と (9)（下に再掲）のふたつの記述の方法がある．

(8)　Charlie₁ likes his₁ teammate.

(9)　a.　Charlie likes his₃ teammate.
　　b.　Charlie 1 t₁ [_VP_ likes his₁ teammate]

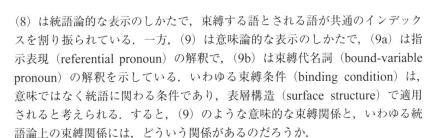

(8) は統語論的な表示のしかたで，束縛する語とされる語が共通のインデックスを割り振られている．一方，(9) は意味論的な表示のしかたで，(9a) は指示表現 (referential pronoun) の解釈で，(9b) は束縛代名詞 (bound-variable pronoun) の解釈を示している．いわゆる束縛条件 (binding condition) は，意味ではなく統語に関わる条件であり，表層構造 (surface structure) で適用されると考えられる．すると，(9) のような意味的な束縛関係と，いわゆる統語論上の束縛関係には，どういう関係があるのだろうか．

そのことを考えるために，以下の例文を考えてみよう．(25) の文では，代名詞 him が，目的語の every diver と同じ個体を指す解釈はできない．

(25)　*The shark next to [him₁] attacked [every diver]₁.
　　　　　　　　　　　　　　　　　(Heim and Kratzer (1998: 265))

この文では，every diver が him を構成素統御 (c-command) していないので，him は統語上，束縛されていない．だから，him を every diver に束縛されている解釈が不可能になる．

もし，この文を強引に計算しようとしたら，動詞 attacked (⟨e, ⟨e, t⟩⟩ タイプ) と目的語 every diver (⟨⟨e, t⟩, t⟩ タイプ) の意味タイプが合わないので，必然的に LF で QR がかかることになる．その QR がかかった後に，移動の痕跡と同じインデックスが付与され，そのインデックスが痕跡を意味的に束縛する．問題は，そうやって作り上げた LF に基づく意味計算は，はたして可能か，という点だ．

(26) この LF 構造による意味計算は可能か.

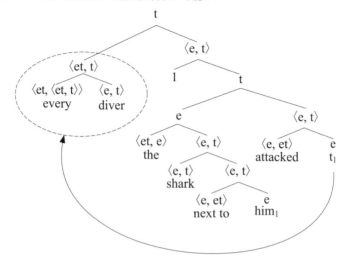

この構造では，*every diver* が移動する際に，痕跡と同じインデックスが割り振られている代名詞 *him*$_1$ を飛び越えている，いわゆる交差現象 (crossover) が生じている．(26) の LF では，*every diver* の痕跡 t_1 と，代名詞 *him*$_1$ に，同じインデックスが付与されている．

意味論だけの立場から考えると，(26) の LF は，何のルールにも違反していない．代名詞の *him*$_1$ も，痕跡の t_1 も，QR の移動によってもたらされたインデックス「1」によって束縛されており，T&P Rule によって外延を与えられる．だから，(26) の LF に基づく意味解釈は，しようと思えばできる（暇な人は実際に計算してみてください）．しかし，実際にはこの LF に基づく解釈は容認不可能である，ということは，(25) が容認不可能なのは，意味論の理由ではなく統語論上の理由であるということになる．

(25) の文は，LF での構造（(26)）は問題がないが，そもそも表層構造 (surface structure) の段階で束縛条件に違反している．つまり，QR によって (26) の LF が得られるよりも前に，表層構造の段階で統語論上のルールに引っかかり「予選落ち」している．

この，「統語論上の束縛」と「意味論上の束縛」の関係について，Heim and Kratzer (1998) では (27)，(28) のように提唱している．

(27) Binding Principle
Let α and β be DPs, where β is not phonetically empty. Then α binds β syntactically at SS iff α binds β semantically at LF.
(Heim and Kratzer (1998: 264))

(28) A DP α *semantically binds* a DP β iff β and the trace of α are (semantically) bound by the same variable binder.
(Heim and Kratzer (1998: 263))

意味的に束縛する (semantically bind) とは，統語論での表記のように，束縛するものとされるものが同一指標を持つのではなく，「束縛されるもの」と「束縛するものの痕跡」のふたつが，同じインデックスに束縛されることを意味する．そして，(27) での束縛原理とは，「表層構造 (SS) における統語的束縛」と「LF における意味的束縛」を同値としている．つまり，表層構造での統語的束縛が成り立たなければ LF での意味的束縛は成り立たないし，逆に LF での意味的束縛が成り立たなければ表層構造での統語的束縛も認められない．ちなみに，(27) における「β は音声的に空ではない」という条件は，(28) の意味的束縛の定義に痕跡が絡んでいるため，β の候補として痕跡の可能性を排除するためである．

そう考えると，*The shark next to him attacked every diver.* という文を適切に解釈するためには，代名詞 *him* を束縛表現ではなく，指示表現として解釈するしかない．たとえば，Model PEANUTS の世界で，外延割り当て関数 a^{Mp} のもとで，(29) の文を考えてみよう．

(29) The shark next to him_8 attacked [every diver]$_1$.

T&P Rule のもとでは，$[\![he_8]\!]^{a^{Mp}} = a^{Mp}(8) = [8 \to \text{Schroeder}](8) = \text{Schroeder}$ なので，him_8 の外延は，束縛関係と何の関係もなしに Schroeder と定まる．すると (29) の文は，*The shark next to <u>Schroeder</u> attacked every diver.* という文と真理条件が同値になる．この文を解釈する際にも，*attacked* と *every diver* のタイプミスマッチを解消するために QR が必要になるが，代名詞が束縛表現ではないために，その移動はもはや交差現象ではない．

「統語的な束縛」と「意味的な束縛」の関係が分かったところで，次のような問題を考えてみよう．なぜ (30a) の文は文法的に容認できるのに，(30b) は非文法的なのだろうか．

(30) a. Every problem [CP that [no man]₁ showed to his₁ mother] was easy.
　　b. *Every problem [CP that [no man]₁ could solve] annoyed him₁.

(cf. Heim and Kratzer (1998: 278))

(30a, b) の違いは，束縛代名詞である his_1 / him_1 が，(a) では埋め込み節に生じているのに対し，(b) では主節に現れている点である．

まず表層構造での統語的束縛から考えてみよう．(30a) では，先行詞の *no man* が，束縛表現の his_1 を構成素統御 (c-command) しているので，束縛関係が成り立っている．一方，(30b) では，埋め込み節にある *no man* は，主節の him_1 を構成素統御していない．つまり (30a) では統語的束縛が成り立っており，(30b) では成り立っていない．

意味的な束縛はどうだろうか．(30a) の LF は，(31) のようになる．ここでは，動詞 *show* を，「誰が」「何を」「誰に」の 3 つの項をとる三項動詞と考えて，意味タイプを $\langle e, \langle e, \langle e, t \rangle \rangle \rangle$ としよう．

(31) (30a) の LF

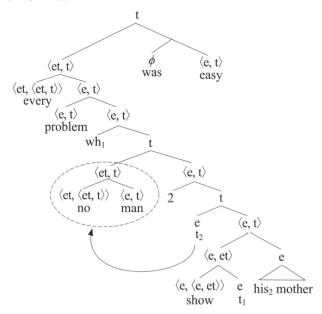

関係節内の *no man* が QR で上がっているが，これはタイプ・ミスマッチの回避のためではない．*no man* の意味タイプは $\langle \langle e, t \rangle, t \rangle$ なので，動詞句 *show*

第8章 代名詞 (Pronoun) と省略 (Ellipsis)　　191

t_1 his_2 mother の $\langle e, t \rangle$ タイプとは FA で合致するはずだ．この QR の移動は，タイプの辻褄合わせのためではなく，意味的束縛を成立させるためのものだ．(28) で規定した意味的束縛とは，「束縛されるもの」と「束縛するものの痕跡」の両方が，同じインデックスによって束縛される，というものだった．ここでは「束縛されるもの」が his_2，「束縛するもの」が no man，その痕跡が t_2 である．(30a) では，his_2 と t_2 の両方が，確かにインデックスの「2」によって構成素統御されている．つまり，意味的束縛が成り立っている．

一方，(30b) では，意味的束縛は成り立っているだろうか．(30b) の文で，him_1 を束縛代名詞として解釈するためには，束縛するインデックスを作り出すための QR をかける必要がある．

(32)　束縛するインデックスを作り出すためだけの QR

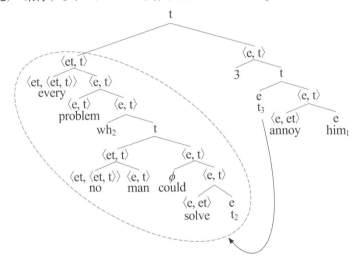

しかし残念ながら，この QR では適切な解釈を導くことはできない．せっかくの QR によってもたらされたインデックス「3」は，代名詞 him_1 の解釈とは無関係だからだ．QR した大きい名詞句 (every probrem wh_2 no man could solve t_2) は，主要部が problem なので，意味を考えると him_1 の先行詞になることはできないだろう．すると (32) の LF では，him_1 が束縛されず，context から外延が与えられる指示表現ということになってしまう．

そこで，him_1 の先行詞である no man に，さらに QR をかけてみよう．すると，インデックスの「1」が高いところに現れ，him_1 を束縛できるようになる．

(33) 懲りずに再度 QR をかけてみる

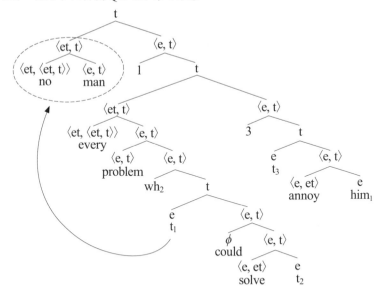

　(33) の LF では，代名詞の *him*₁ と，移動の痕跡 t_1 が，ともにインデックスの「1」に構成素統御されており，意味的な束縛が成り立っている．この LF に基づいて意味計算を行えば，真理条件は "there is no man who was annoyed by every problem he could solve"（自分が解けるすべての問題にイライラしているような男はいない）という意味になるはずだ．そして，事実としては，(30b) の文では，そういう解釈は不可能である．つまり，(33) の構造は，容認不可能な構造なのだ．では，(33) の LF の，何が悪いのだろうか．

　(33) の LF が不適である理由は，移動と代名詞の束縛の両方にその原因がある．(33) における *no man* の移動は，関係節から要素を抜き出している移動である．これは，「wh 節から要素を抜き出してはいけない」という Wh 島の制約（*wh*-island constraint）に抵触している．つまり，この移動そのものが，統語上の制約に違反している．仮にこの QR が容認可能な操作だとしても，代名詞の束縛の問題が残る．(27) で仮定したような，統語と意味の両方を融合させたバージョンの束縛原理（Binding Principle）を考えると，(33) の構造は，意味的な束縛は成り立っているが，統語的な束縛が成り立っていない．(27) の定義に照らし合わせて考えると，α が *no man*，β が *him*₁ に相当する．意味的な束縛とは，(28) より，移動によって現れたインデックスが，α の痕跡と，β の両方を束縛することであった．(33) は，この条件を満たし

ている. インデックスの「1」が, *no man* の痕跡 t_1 と, 代名詞 *him*$_1$ の両方を, 確かに束縛している. しかし, 表層構造における統語的な束縛は行われていない. *no man* を表層構造の「元の位置」に戻してみると, この表現が代名詞 *him*$_1$ を構成素統御していない. 言い方を変えると, 移動の痕跡 t_1 が, 代名詞 *him*$_1$ を束縛していない.[6] つまり, (33) の LF は,「移動における *wh*-island の制約違反」と「代名詞の束縛条件違反」の, ふたつの理由で容認不可能となっている.

これまで本書では, 移動操作の際に, 先行詞と痕跡に同一指標を割り振らず, あたかも語彙項目であるかのように「インデックス」を樹形図の端末節点に記す方法で記述してきた. そのインデックスは PA ルール適用の際に利用されるほど重要でありながら, 統語論での慣習とは違う方法の表記であるため, 混乱を生じさせる原因ともなるだろう. 代名詞の束縛表現は, そのような指標に関する統語論と意味論の「取り扱い方」が, 顕著に問題となる事例である. インデックスを割り振る表示の仕方を, 統語論での表記法 (co-index) と異なる方法を採るために, 束縛について「統語的束縛」「意味的束縛」というふたつの概念を仮定しなければならない負荷がかかっている. しかし結局は, それらの束縛原理は, 表層構造 (SS) と論理形式 (LF) という違う表示のレベルで適用されるということ, 各原理はバラバラに適用されるのではなく, 表裏一体の関係であることを仮定すると, それほど無理はなかろう. かように代名詞の束縛表現は, 形式意味論における「インデックス」というものの働きについて, 考察する機会を与えてくれる.

---

[6] Heim and Kratzer (1998: 279) では, このような痕跡と代名詞の位置関係を, "(at least some version of) the Weak Crossover prohibition" と呼んでいる. その意図は, Weak Crossover という現象を, (27) で示した「統語的束縛と意味的束縛の関係」のうち, 片方が満たされていないもの, と考えているからである. 実際には (33) の構造では, 文字通り同じ指標をもつ代名詞を「飛び越える」移動が生じているわけではないので, 本書ではこの構造を Crossover とは呼ばないことにする.

第 9 章

仮説を立ててみる

　いままでの章で，形式意味論の基本的な道具立てと，その思考法について考えてきた．この章では，いままでの章の内容を踏まえて，実際に形式意味論の考え方に基づいて，現象に対する仮説の立て方を実践してみよう．本書で形式意味論の基本について学んだら，ぜひその考え方を実際の言語研究の「道具」として使いこなしてほしい．そのための練習として，本章の問題について考えてみよう．

9.1. 主語コントロールと目的語コントロール

　それでは，(1) の問題を考えてみよう．

> 次のふたつの文の真理条件を求めなさい．
> (1) a.　John persuaded Mary to return home by 5:00 p.m.
> 　　b.　John promised Mary to return home by 5:00 p.m.

(1) は Larson (1991) で指摘されている例文で，動詞 *promise* と *persuade* が入れ替わっただけで，不定詞の意味上の主語が変わってしまう．(1a) では，「ジョンは，5 時までに家に帰るようにメアリーを説得した」という意味で，家に帰るのはメアリーである．一方 (1b) では，「ジョンは，5 時までに家に帰るとメアリーに約束した」という意味で，家に帰るのはジョンである．(1a) は，目的語の *Mary* が不定詞の意味上の主語になるので「目的語コントロール文」，(1b) では主語の *John* が不定詞の意味上の主語なので「主語コントロール文」という．これらのふたつの文の真理条件を，正しく計算によって求める

のが，本章の「問題」である．

まず，問題に取りかかる前に，考え方を確認しよう．いままで何度も確認してきた通り，我々の意味論体系には p. 7 で示した 3 部門しかない．

(2) 合成的意味論分析の 3 部門（p. 7,（7））
 a. 単語（lexicon）   「部品」に相当
 b. 統語構造（Syntax）   「設計図」に相当
 c. 意味計算規則（Semantic Rule） 「接着剤」に相当

つまり，言語現象に対して仮説を立てるときは，(2) の 3 部門のどれかに工夫をすることになる．ここでは，仮に (2c) の意味計算規則は一切変えずに，本書で触れてきた FA，PM，T&P Rule，PA の 4 つで固定することにしよう．すると可能な仮説の立て方としては，「単語」と「統語構造」に工夫をすることになる．

ヒントとして，不定詞の *to return home by 5:00 p.m.* の意味だけを示しておこう．本来であれば，不定詞の意味というものはそれでひとつの重要なトピックになり得るものだが，ここでは単純に考えて，不定詞句の外延を (3) のようにひとつの熟語として扱うことにしよう．意味タイプは $\langle e, t \rangle$ で，意味上の主語だけを項としてとる，と考える．ここでは，不定詞句の意味をこのように設定しておいて，(1) を，意味上の主語を適切に導く問題としてのみ考察してみよう．

(3)   ⟦*to return home by 5:00 p.m.*⟧ $= [\lambda f.\ \text{return-5pm}(f)]$

また，本書のこれまでの議論と同様に，この意味計算の問題でも時制は考えないことにする．

9.2. 語彙項目に仮説を立てる

まず最初の仮説として，(2a) の「語彙項目」に仮説を立てる考え方をしてみよう．つまり，(1) のコントロール関係は，動詞 *promise* と *persuade* の語彙の外延で決まっている，と考える．(1) のコントラストが不思議に見えるのは，「*promise* と *persuade* の項構造が同一である」という思い込みがあるからだ．ところが，これらの語彙がまったく別の項構造をとる動詞と考えれば，(1) は不思議でも何でもない．

(4) a. 〚*persuade*〛 = [λa λB_{et} λd . persuade (d, a, **B(a)**)]
　　b. 〚*promise*〛 = [λa λB_{et} λd . promise (d, a, **B(d)**)]

λa は目的語の Mary，λd は主語の John，λB_{et} は 〈e, t〉 タイプだから，不定詞句の *to return home by 5:00 p.m.* に相当する．両者の違いは，論理述語の promise と persuade だけでなく，不定詞句の項として入る意味上の主語が，それぞれ別ものとして設定してあることだ．*persuade* のほうでは，論理述語が persuade (d, a, B(a))，つまり「d が，a に，『a が B する』ように説得する」という構造になっている．それに対して *promise* のほうの論理述語は promise (d, a, B(d))，つまり「d が，a に，『d が B する』と約束する」という構造になっている．違いは B(a) と B(d) の部分だけであり，この箇所にすでに不定詞の意味上の主語が，文の主語なのか目的語なのかが指定してある．

もし (4) で仮定したように，コントロール関係が語彙によって指定してあるのであれば，(1a, b) の各文に異なる統語構造を仮定する必要はない．よって，(1a, b) の構造は，ともに (5) のようなもので済む．

(5) (1a, b) の統語構造

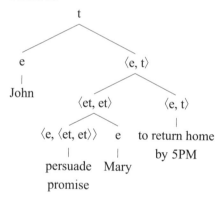

それでは，この語彙と構造に従って，(1a, b) のそれぞれの文の意味を計算をしてみよう．

(6) John persuaded Mary to return home by 5:00 p.m.
　　a. 語彙項目
　　　　〚*persuade*〛 = [λa λB_{et} λd . persuade (d, a, B(a))] 　(= (4a))
　　　　〚*John*〛 = John
　　　　〚*Mary*〛 = Mary

第 9 章　仮説を立ててみる

⟦*to return home by 5PM*⟧ = [λf. return-5PM(f)]
b. 統語構造
(5) 参照
c. 意味計算
⟦*John persuade Mary to return home by 5:00 p.m.*⟧
= ⟦*persuade Mary to return home by 5PM*⟧(⟦*John*⟧)
　　(∵ FA)
= ⟦*persuade Mary*⟧(⟦*to return home by 5PM*⟧)(⟦*John*⟧)
　　(∵ FA)
= ⟦*persuade*⟧(⟦*Mary*⟧)(⟦*to return home by 5PM*⟧)(⟦*John*⟧)
　　(∵ FA)
= [λa λB_{et} λd . persuade(d, a, B(a))](Mary)(⟦*to return home by 5PM*⟧)(⟦*John*⟧)
　　(∵ lexicon of *persuade*, *Mary*)
= [λB_{et} λd . persuade(d, Mary, B(Mary))](⟦*to return home by 5PM*⟧)(⟦*John*⟧)
　　(∵ λa を展開)
= [λB_{et} λd . persuade(d, Mary, B(Mary))]([λf. return-5PM(f)])(⟦*John*⟧)
　　(∵ lexicon of *to return home by 5PM*)
= [λd . persuade(d, Mary, [λf. return-5PM(f)](Mary))](⟦*John*⟧)
　　(∵ λB を展開)
= [λd . persuade(d, Mary, return-5PM(Mary))](⟦*John*⟧)
　　(∵ λf を展開)
= [λd . persuade(d, Mary, return-5PM(Mary))](John)
　　(∵ lexicon of *John*)
= 1 iff persuade(John, Mary, return-5PM(Mary))
　　(∵ λd を展開)
iff John persuaded Mary to return home by 5:00 p.m.

一方，*promise* をつかった (1b) の意味計算は，(7) のようになる．

(7) John promised Mary to return home by 5:00 p.m.
　a. 語彙項目
　　⟦*promise*⟧ = [λa λB_{et} λd . promise(d, a, B(d))]　(= (4b))
　　⟦*John*⟧ = John

⟦*Mary*⟧ = Mary
⟦*to return home by 5PM*⟧ = [λf. return-5PM(f)]
　b. 統語構造
　　 (5) 参照
　c. 意味計算
　⟦*John promised Mary to return home by 5PM*⟧
　⟦*John promise Mary to return home by 5PM*⟧
　=⟦*promise Mary to return home by 5PM*⟧(⟦*John*⟧)
　　　(∵ FA)
　=⟦*promise Mary*⟧(⟦*to return home by 5PM*⟧)(⟦*John*⟧)
　　　(∵ FA)
　=⟦*promise*⟧(⟦*Mary*⟧)(⟦*to return home by 5PM*⟧)(⟦*John*⟧)
　　　(∵ FA)
　= [λa λB$_{et}$ λd . promise(d, a, B(d))](Mary)(⟦*to return home by 5PM*⟧)(⟦*John*⟧)
　　　(∵ lexicon of *promise, Mary*)
　= [λB$_{et}$ λd . promise(d, Mary, B(d))](⟦*to return home by 5PM*⟧)(⟦*John*⟧)
　　　(∵ λa を展開)
　= [λB$_{et}$ λd . promise(d, Mary, B(d))]([λf. return-5PM(f)])(⟦*John*⟧)
　　　(∵ lexicon of *to return home by 5PM*)
　= [λd . promise(d, Mary, [λf. return-5PM(f)](d))](⟦*John*⟧)
　　　(∵ λB を展開)
　= [λd . promise(d, Mary, return-5PM(d))](⟦*John*⟧)
　　　(∵ λf を展開)
　= [λd . promise(d, Mary, return-5PM(d))](John)
　　　(∵ lexicon of *John*)
　= 1 iff promise(John, Mary, return-5PM(John))　　(∵ λd を展開)
　iff John premised Mary to return home by 5:00 p.m.

確かに、(6) では目的語の *Mary* が不定詞のコントローラーとなり、(7) では主語の *John* がコントローラーとなる読みが導けることが確認できる。

9.3. 統語構造に仮説を立てる

9.2節では，動詞 *persuade*, *promise* の各語彙項目に不定詞主語のコントローラーを指定する，という，いわば身も蓋もない仮説を立てた．それに対して，(2b) の「統語構造」に工夫をする仮説の立て方もある．

(1) のデータを最初に指摘した Larson (1991) では，こちらの方法（統語構造で解決する）を採用している．不定詞の意味上の主語は語彙項目で決まっているのではなく，文の構造によって定まっている，という考え方だ．この考え方に基づいた仮説で意味計算を組み立てようとすると，ふたつの条件を満たさなくてはならない．ひとつはいわば「表の条件」で，当然のことながら，(1) の統語構造に違いを出さなくてはならない，ということだ．不定詞のコントローラーが文の構造によって決まるのであれば，それぞれの構造は当然違うことになる．もうひとつの条件は，いわば「裏の条件」とでも呼ぶべきもので，***promise*, *persuade* の語彙項目の外延に，不定詞句のコントローラーを指定してはいけない**というものだ．ここでは，**語彙に関係なく**，統語構造によって (1) のコントラストを説明しなければならない．だから，(4) のように，不定詞のコントローラーを定める過程で語彙の外延が仕事をしてはならない．

Larson (1991) は，(1) の各文に対して，違う構造を提案している．*persuade* を使った (1a) は，動詞句内で *Mary* が意味上の主語，*to return home by 5:00 p.m.* が述語として，いわば小節 (small clause) を作っている．すると意味的にも，このふたつの語彙要素が構成素を成していると考えるのが自然だろう．一方，*promise* の (1b) のほうは，二重目的語構文をとっている，と考える．この仮説は，*promise* が意味的に二重目的語のような授与を表すことができる，という事実に由来する．

(8) *promise* は二重目的語構文をとる
John promised [Mary] [a sports car].　　　　　(Larson (1991: 104))

(8) の二重目的語構文では，*Mary* と *a sports car* は，主語と述語の関係にはない．*promise* が，ふたつの語句を，それぞれ間接目的語と直接目的語として項にとる，と考えるのが自然だろう．その考え方に沿って，Larson (1991) は (1) の文に対して，(9) の統語構造を提案している．

(9) ふたつの文は構造が違う.
   a. John persuaded Mary to return home by 5:00 p.m.

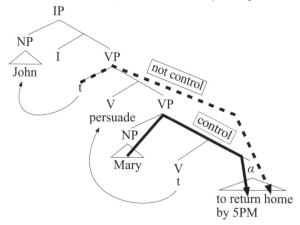

   b. John promised Mary to return home by 5:00 p.m.

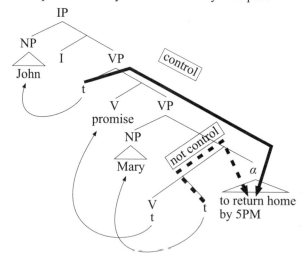

Larsonの仮説では，コントローラー関係は深層構造（DS）で決定される．深層構造で，不定詞を構成素統御（c-command）する最短距離の名詞句が，不定詞のコントローラーとなる．*persuade*を含む(9a)の構造では，*Mary*と*to return home by 5:00 p.m.*が構成素を成している．この構造では，主語名詞句の*John*と目的語*Mary*の両方が不定詞句を構成素統御しているが，目的語

Maryのほうが距離が近い．よってこちらのほうがコントローラーになる．一方，*promise* を含む (9b) の構造では，動詞 *promise* が，Mary と *to return home by 5:00 p.m.* のふたつの句を，この順番に項としてとる二重目的語構文の構造になっている．深層構造では，Mary は不定詞句を構成素統御していないため，コントローラーになることができない．すると一番近くにある，構成素統御する名詞句は，文主語の *John* となる．

(9a, b) の構造では，語順を導くための移動がかかっているが，意味計算の際にはこれらの移動を捨象して考える．ここでは単純に，これらの構造を (10) のように考えよう．

(10) a. John persuaded Mary to return home by 5:00 p.m.

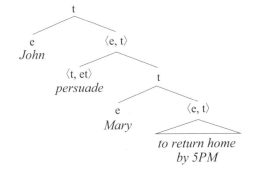

b. John promised Mary to return home by 5:00 p.m.

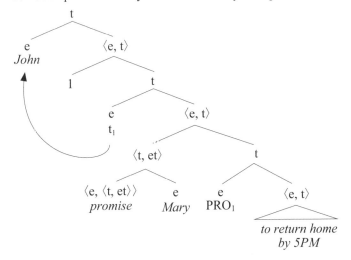

persuade を含む (10a) の構造では，深層構造で *Mary* と *to return home by 5:00 p.m.* が構成素を成しており，ここで一旦，命題 (t タイプ) を構成する．不定詞句の *to return home by 5:00 p.m.* は $\langle e, t \rangle$ タイプなので，意味上の主語となる e タイプの語彙は，「それを構成素統御するもののうち，最も近いもの」となる．言い換えると，最初に FA によって併合する名詞句が意味上の主語となる．それがこの構造では *Mary* になっている．

一方，(10b) の *promise* を含む文の構造では，*Mary* は動詞 *promise* の項であって，*to return home by 5:00 p.m.* の項ではない．すると，$\langle e, t \rangle$ タイプの不定詞句の主語がなくなってしまうので，暫定的に空代名詞の PRO を置いておこう．この PRO は，音形はもたないものの代名詞には変わりないので，指標をもち，外延は T&P Rule によって与えられる．すると問題は，この PRO_1 に解釈を与える束縛子は何になるか，という問題になる．Larson (1991) の仮説では，その束縛子は「PRO を構成素統御する最も近い NP」ということになり，それは文主語の *John* ということになる．*John* が PRO_1 を意味的に束縛[1]するために，*John* は QR で上に移動し，インデックスを付与する．

それでは，この構造の帰結として得られる，動詞 *persuade* と *promise* の外延を考えてみよう．単語の意味タイプは，それ単独で勝手に決められるものではなく，構造から逆算すると「こうでなくてはならない」と決まることが多い．もちろん，単語それ自体の意味を適格に反映していなければ，単語の外延としての用を成さない．つまり，単語の外延というのは，「それ自体の意味を適格に反映しているかどうか」という内側からの視点（ミクロな視点）と，「構造の中で適格にフィットしているかどうか」という外側からの視点（マクロな視点）の，両方から考えなければならない．

そういう視点で *persuade* の意味を考えてみると，[Mary to return home by 5:00 p.m.] という小節と併合する，という構造を考えると，第一項は t タイプでなければならないことになる．[2] また，主語名詞句も項として必要だから，

---

[1] 意味的束縛と統語的束縛の違いを復習したい方は，8.4 節を参照のこと．
[2] ここで仮定している「命題 (t タイプ) を項としてとる述語」という考え方は，実は問題がある．たとえば *believe* のような内包動詞を考えてみよう．*John believes that Mary loves him* のように，*belive* は項として補文（命題）をとる．もし *believe* が目的語としてとる補文を単純に t タイプとしてしまうと，t タイプに相当する現実世界の対応物は「1」か「0」のいずれかしかないので，"John believes that S" という構造をしている文はすべて，*believe* 以下の補文の内容如何に関わらず，意味がふたつしかないことになってしまう（*believe* という動詞を含む文が真となるためには，補文の命題までも真である必要はないことに注意）．しかし，この問題は内包意味論に踏み込まないとなかなか解決が難しい問題なので，ここでは (11) のように「命題を項とする」という考え方を暫定的に採用することにする．

第9章 仮説を立ててみる

少なくとも第二項以降にeタイプをとらなければならない．すると，構造という外側からの視点で考えると，*persuade* の意味タイプは $\langle t, \langle e, t \rangle \rangle$ ということになる．述語論理で考えると，persuade (x, S) という構造になり，「xが，Sという内容を説得する」ということになる．ここでポイントなのは，*persuade* は，Mary を項としては取らないということだ．つまり，ここで仮定する *persuade* の語彙の意味には，「誰が」「何を」という情報は項として必須だが，「誰に」という情報は含まない，ということになる．この考え方をラムダを使って形式化すると，(11) のようになる．

(11)　$[\![persuade]\!] = [\lambda a_t \, \lambda b \,.\, \text{persuade}(b, a)]$

一方，*promise* のほうはやや複雑だ．(10) の構造に基づいて考えると，(11) の *persuade* の場合とは異なり，*promise* は Mary（eタイプ）と，PRO_1 to return home by 5:00 p.m.（tタイプ）のふたつを項としてとる二重目的語構文の動詞である．さらに主語名詞句の *John* も項となるので，合計3つの項をとる動詞ということになる．その意味タイプを順に並べると，eタイプ（*Mary*），tタイプ（PRO_1 to return home by 5:00 p.m.），eタイプ（*John*）をとり，最後にtタイプを返す関数ということになるので，*promise* の意味タイプは $\langle e, \langle t, et \rangle \rangle$ ということになる．つまり，(1) のデータでは一見似たような動詞に見えながら，*persuade* と *promise* は意味タイプが異なる．

(12)　$[\![promise]\!] = [\lambda a \, \lambda b_t \, \lambda d \,.\, \text{promise}(d, a, b)]$

この意味するところは，「dが，aに対して，bという内容を約束する」ということである．3項述語のうち，真ん中の項がtタイプになっているだけだ．ここでも，不定詞句の意味上の主語は，*promise* の内部では決定されていない．それでは，この構造と語彙に従って，意味計算をしてみよう．

(13)　a.　語彙項目
　　　　　$[\![persuade]\!] = [\lambda a_t \, \lambda b \,.\, \text{persuade}(b, a)]$　（= (11)）
　　　　　$[\![John]\!] = \text{John}$
　　　　　$[\![Mary]\!] = \text{Mary}$
　　　　　$[\![to\ return\ home\ by\ 5PM]\!] = [\lambda f \,.\, \text{return-5PM}(f)]$　（= (3)）
　　　b.　統語構造
　　　　　(10a) 参照
　　　c.　意味計算
　　　　　$[\![John\ persuade\ Mary\ to\ return\ home\ by\ 5{:}00\ p.m.]\!]$

$= [\![persuade\ Mary\ to\ return\ home\ by\ 5{:}00\ p.m.]\!]\ ([\![John]\!])$
   ($\because$ FA)
$= [\![persuade]\!]\ ([\![Mary\ to\ return\ home\ by\ 5{:}00\ p.m.]\!])\ ([\![John]\!])$
   ($\because$ FA)
$= [\![persuade]\!]\ ([\![to\ return\ home\ by\ 5{:}00\ p.m.]\!]\ ([\![Mary]\!]))\ ([\![John]\!])$
   ($\because$ FA)
$= [\![persuade]\!]\ ([\lambda f.\ \text{return-5PM}(f)]\ (\text{Mary}))\ ([\![John]\!])$
   ($\because$ Lexicon of *Mary*, *to return home by 5:00 p.m.*)
$= [\![persuade]\!]\ (\text{return-5PM}(\text{Mary}))\ ([\![John]\!])$
   ($\because \lambda f$ を展開)
$= [\lambda a_t\ \lambda b\ .\ \text{persuade}(b, a)]\ (\text{return-5PM}(\text{Mary}))\ (\text{John})$
   ($\because$ Lexicon of *persuade*, *John*)
$= [\lambda b\ .\ \text{persuade}(b, \text{return-5PM}(\text{Mary}))]\ (\text{John})$
   ($\because \lambda a$ を展開)
$= 1$ iff persuade(John, return-5PM(Mary))   ($\because \lambda b$ を展開)
iff John persuaded Mary to return home by 5:00 p.m.

一方，*promise* を含む（1b）のほうの意味計算は（14）のようになる．

(14) a. 語彙項目
$[\![promise]\!] = [\lambda a\ \lambda b_t\ \lambda d\ .\ \text{promise}(d, a, b)]$ $(=(12))$
$[\![John]\!] = \text{John}$
$[\![Mary]\!] = \text{Mary}$
$[\![to\ return\ home\ by\ 5PM]\!] = [\lambda f.\ \text{return-5PM}(f)]$ $(=(3))$
（外延割り当て関数 g）
b. 統語構造
(10b) 参照
c. 意味計算
$[\![John\ 1\ t_1\ promise\ Mary\ PRO_1\ to\ return\ home\ by\ 5{:}00\ p.m.]\!]^g$
$= [\![1\ t_1\ promise\ Mary\ PRO_1\ to\ return\ home\ by\ 5{:}00\ p.m.]\!]^g\ ([\![John]\!])$
   ($\because$ FA)
$= [\lambda h\ .\ [\![t_1\ promise\ Mary\ PRO_1\ to\ return\ home\ by\ 5{:}00\ p.m.]\!]^{g^{h/1}}]\ ([\![John]\!])$
   ($\because$ PA)
$= [\lambda h\ .\ [\![promise\ Mary\ PRO_1\ to\ return\ home\ by\ 5{:}00\ p.m.]\!]^{g^{h/1}}\ ([\![t_1]\!]^{g^{h/1}})]\ ([\![John]\!])$

第 9 章　仮説を立ててみる

$\quad\quad\quad\quad$ (∵ FA)
$= [\lambda h \, . \, [\![promise \; Mary]\!] ([\![PRO_1 \; to \; return \; home \; by \; 5\!:\!00 \; p.m.]\!]^{g^{h/1}})$
$\quad\quad ([\![t_1]\!]^{g^{h/1}})] \, ([\![John]\!])$
$\quad\quad\quad\quad$ (∵ FA)
$= [\lambda h \, . \, [\![promise]\!] ([\![Mary]\!]) ([\![to \; return \; home \; by \; 5\!:\!00 \; p.m.]\!]$
$\quad\quad ([\![PRO_1]\!]^{g^{h/1}})) ([\![t_1]\!]^{g^{h/1}})] \, ([\![John]\!])$
$\quad\quad\quad\quad$ (∵ FA × 2)
$= [\lambda h \, . \, [\![promise]\!] ([\![Mary]\!]) ([\![to \; return \; home \; by \; 5\!:\!00 \; p.m.]\!]$
$\quad\quad ([\![PRO_1]\!]^{[1 \to h]})) ([\![t_1]\!]^{[1 \to h]})] \, ([\![John]\!])$
$\quad\quad\quad\quad$ (∵ $g^{h/1}$ を展開)
$= [\lambda h \, . \, [\![promise]\!] ([\![Mary]\!]) ([\![to \; return \; home \; by \; 5\!:\!00 \; p.m.]\!] (h))$
$\quad\quad (h)] \, ([\![John]\!])$
$\quad\quad\quad\quad$ (∵ T&P Rule)
$= [\lambda h \, . \, [\![promise]\!] (\text{Mary}) \, (\, [\lambda f . \; \text{return-5PM}(f)] \, (h) \,) \, (h)] \, (\text{John})$
$\quad\quad\quad\quad$ (∵ Lexicon of *John, Mary, to return home by 5:00 p.m.*)
$= [\lambda h \, . \, [\![promise]\!] (\text{Mary}) \, (\text{return-5PM}(h)) \, (h)] \, (\text{John})$
$\quad\quad\quad\quad$ (∵ λf を展開)
$= [\lambda h \, . \, [\lambda a \, \lambda b_t \, \lambda d \, . \, \text{promise}(d, a, b)] \, (\text{Mary}) \, (\text{return-5PM}(h)) \, (h)]$
$\quad\quad (\text{John})$
$\quad\quad\quad\quad$ (∵ Lexicon of *promise*)
$= [\lambda h \, . \, [\lambda b_t \, \lambda d \, . \, \text{promise}(d, \text{Mary}, b)] \, (\text{return-5PM}(h)) \, (h)] \, (\text{John})$
$\quad\quad\quad\quad$ (∵ λa を展開)
$= [\lambda h \, . \, [\lambda d \, . \, \text{promise}(d, \text{Mary}, \text{return-5PM}(h))] \, (h)] \, (\text{John})$
$\quad\quad\quad\quad$ (∵ λb を展開)
$= [\lambda h \, . \, \text{promise}(h, \text{Mary}, \text{return-5PM}(h))] \, (\text{John})$
$\quad\quad\quad\quad$ (∵ λd を展開)
$= 1$ iff promise(John, Mary, return-5PM(John))$\quad\quad$(∵ λh を展開)
iff John promised Mary to return home by 5:00 p.m.

　意味計算の結果として，予測通り John が不定詞の主語となる読みが得られる．

　9.2 節の仮説のポイントは，不定詞の意味上の主語（コントローラー）が，語彙の外延で指定してあるわけではない，ということだ．9.1 節の仮説では，統語構造に関係なく，不定詞の主語は語彙の外延で規定されていた（(4) 参照）．しかし，(11) の *persuade* と (12) の *promise* の仮説では，それぞれの語彙の外延には不定詞の主語は指定されていない．これらの外延では不定詞句は単

なるtタイプの外延であり，そのコントローラーは統語構造から得られる．

9.4. 仮説の妥当性を検証する

さて，*persuade* と *promise* の非対称性についてふた通りの仮説を立てたが，どちらの仮説がより妥当な仮説だろうか．計算結果として得られる真理条件だけを単純に答え合わせしてみれば，ふたつの仮説のどちらも適切な真理条件を導きだしているので，ともに「合格」である．計算結果がともに合っているとしたら，9.2節と9.3節の仮説の，どちらが妥当なのだろうか．そして，その妥当性はどのような根拠によって決めるべきなのだろうか．

実は，形式意味論の研究で最も難しいのが，この「仮説を比較して妥当性を検証する」という作業である．一般には，形式意味論が「難しい」理由は「ラムダだの数式だの，いろんな記号が出てくるから」と思われている傾向があるようだ．しかし本書で見た通り，そのような記号や数式は，原理原則からちゃんと学べば，恐るるに足らず（！）である．実際の形式意味論研究の難しさは，そのような記号や数式を道具として扱えるようになった先にある．そして，その難しさの種類にも，若干の誤解があるらしい．

形式意味論の手法で仮説を導く難しさは，「**答え**」**がなかなか思い浮かばない，という類いの難しさではない**．実際に9.2節と9.3節で見た通り，直感的に正しい真理条件という「答え」を出すこと自体は，それほど難しいことではない．語彙項目か統語構造のどちらかに工夫をこらせば，なんとか計算の辻褄を合わせることはできる．

そして，答えを導くことがそれほど難しくないだけに，数々の「答え」が出てしまうのだ．この章の議論でも，少なくとも2通りの仮説が提案されている．語彙項目や統語構造をもっと工夫すれば，それぞれのやり方でもっと仮説が出てくるだろう．形式意味論の考え方に慣れてくれば，仮説は，立てようと思えばいくらでも立てられるようになる．特に，統語論の研究に習熟している人や，ラムダの使い方に慣れて関数計算が上手になってきた人にとっては，意味計算を考える過程に多少の困難があっても，工夫を盛り込んで，腕力で「答え」の真理条件を導くことは，それほど難しいことではない．

第1章で，形式意味論を，統語構造という「設計図」に沿って，語彙項目という「部品」を組み上げていくプラモデルに例えたことを覚えているだろうか．仮定をガンガン盛り込んで強引に真理条件を求めた仮説というものは，いわば「完成品ではあるが，なんか不格好なプラモデル」なのだ．「真理条件さえ求まればよい」のような力技を使い過ぎると，統語論か形態論のいずれかに

無理が生じた仮説になる．そして，そうした不格好なプラモデルをいくつか並べてみて，「どれが一番マシな出来映えかな」と考えることになる．
　つまり，形式意味論で仮説を立てるときの難しさは，**「答えがたくさんありすぎて，どれが本当の答えだか分からない」**という類いの難しさなのだ．「なかなかプラモデルが完成しない」という難しさではなく，「比較的簡単に完成まで達するが，なんとなく『これでいいのかな』感が漂う」という難しさだ．そのように，複数の仮説を比較して検証する必要が生じたときは，妥当性を検証するための基準をもっておくといい．おおむね，仮説の「妥当さ」は，(15)のような基準で判断するとよい．

(15)　形式意味論の仮説を検証する基準
　　a.　仮説が，当該の現象だけを説明する ad hoc なものではないこと
　　b.　数多くの implication が導ける仮説であること
　　c.　統語論・形態論などの隣接分野の先行研究と齟齬が生じていないこと
　　d.　ひとつの部門だけに過度に仮説を設けていないこと
　　e.　必要以上に多くの仮定を盛り込まないこと

(15a, b) は，形式意味論に限らず，科学研究全般における基準と言ってもよい．(15a) は，言い換えると「そう仮定することによって，従来の理論体系に齟齬が生じてはいけない」というものだ．ある仮定を認めてしまうと，いままで説明できていたことができなくなったり，本来であれば排除しなければならない現象まで容認することになってしまったりすることがある．前者を「過小生成（undergeneration）」，後者を「過剰生成（overgeneration）」という．科学研究の理論は，それまでの先行研究が説明できる領域を縮めることなく，説明可能な部分をわずかにでも広げるものでなくてはならない．仮説というものは，それ単独で特定の問題を解決できるだけでは不十分で，従来の先行研究によってもたらされた体系にうまくフィットするようなバランスのよいものでなければならない．ましてや，「他の研究なんて知ったこっちゃない．この問題さえ説明できればそれでよい」という「孤高の名人芸」に陥ってしまうと，理論体系全体に対する寄与が少ない研究となってしまう．
　(15b) も，科学研究全般にわたる基準だろう．経験科学であれば，仮説の正しさを「証明」することは，原理的に不可能である．[3] だから，仮説は「正

---

[3]「証明（proof）」という手続きは，議論の前提となる「公理（axiom）」から出発する一連の論理の連鎖であるため，そもそも公理が存在しない分野に「証明」は不可能である．それが可能なのは，数学や論理学などの，公理が与えられている形式科学だけである．

しい仮説／間違っている仮説」という区分ではなく，「よい仮説／悪い仮説」という区分で評価される．誤解を恐れずにはっきり言ってしまえば，この区分は「おもしろい仮説／つまらない仮説」と言い替えてもよい．「おもしろい仮説」というのは，別に思わず笑い出してしまうような仮説のことではなく，「その仮説を出発点として，様々な議論が可能になる仮説」のことだ．「もしその仮説が正しいとしたら，〜ということになる」という，様々な予測（implication）を導くことができる．もし仮説が，当該の現象だけを説明することだけが目的であり，そこから何ら発展をもたらさないようなものであるならば，それは単に謎のひとつに答えを提案しただけに過ぎず，分野全体の前進に貢献したとは言いがたい．仮説が問題解決の「ゴール」ではなく，その仮説を出発点として，さらなる議論が可能になるような仮説が「おもしろい仮説」である．

　(15c) は，形式意味論独特の基準といえるだろう．本書で何度も繰り返してきた通り，形式意味論の計算体系は「統語論」「語彙項目（形態論）」「意味計算規則」の3つから成る．よって，仮説を立てるときには，この3つの分野に何らかの工夫をこらすことになる．例として，9.2節では語彙項目に，9.3節では統語論に，それぞれ仮説を立てた．ここで注意しなければならないのは，**統語論や形態論は確かに意味計算のための部門であるが，それらの部門は意味を導くためだけのものではない**，ということである．統語論や形態論では，意味現象とは関係なく，独自の現象に対して，独自の根拠に基づいて，仮説を立てていることが多い．そうやって立てられている仮説に対して，「意味を導くため」というだけの理由で勝手に仮説を改変してしまうのは，妥当な研究指針とは言えない．つまり，**形式意味論で「健全な仮説」を導くためには，統語論と形態論を学ぶことが不可欠**なのだ．それらの分野を計算体系のなかの部門として取り込んでいる以上，それらの先行研究に通じることは避けて通れない．

　(15d) は，歪な仮説を避けるための方策といってよい．仮説は，「統語論」「語彙項目（形態論）」「意味計算規則」のどれかの部門で立てることになるが，どれかひとつの部門だけにアイデアが偏ると，その部門だけが肥大化した仮説になりがちである．その3つの部門に，仮説を適切に「配置」することによって，無理のない仮説を立てる必要がある．

　(15e) は「オッカムの剃刀」と呼ばれている評価基準で，同じ説明力をもつふたつの仮説があった場合，記述量や情報量が少ないほうが優れた仮説である，とする考え方である．これは，形式意味論の文献であたかも文字化けであるかのような論理式がずらーっと並んでいたときの鬱陶しさを想像してもらえれば心情的に納得できるだろうが，それだけでない．情報量の多寡は，その仮説が適用できる汎用性と反比例の関係にある．つまり，いろいろ言い過ぎるほ

第9章 仮説を立ててみる

ど，説明できる事実の幅が狭くなることが多いのだ．

具体例を見よう．9.2節では，語彙項目に仮説を立てているが，実は統語論にも隠れた仮説がある．それは「*persuade* と *promise* は，同じ構造を共有する」というものである．(4) で立てた語彙項目の仮説（*persuade*, *promise* の外延）は，データの (1a, b) の違いを説明するための仮説であって，それだけが仮説の全体像ではない．一方，9.3節の仮説では統語論の違いによって (1a, b) の違いを説明しているが，その構造の違いにフィットするように語彙項目を仮説として設定している．(11) の *persuade*, (12) の *promise* の語彙項目は，それ自体が (1) の対比を説明する仮説ではないが，その対比を説明するような統語論に合わせて設定した仮説であることに違いはない．

ふたつの仮説を比較してみると，そのポイントは「不定詞の意味上の主語（コントローラー）を決定しているのは，語彙なのか，統語構造なのか」という違いだ．もし，不定詞のコントローラーが (4) のように語彙項目で指定されているとしたら，語彙を習得する際にそれらの語彙を分けて覚えなければならないことになる．また，もし *promise* の外延を (4b) のようにコントローラーに関する指定を含むように設定してしまうと，(8) で示した *promise* の二重目的語構文との並行性が説明できなくなってしまう．(8) の例文では，*promise* は不定詞節を項にとっているわけではないので，語彙項目としては $\langle e, \langle e, et \rangle \rangle$ タイプの3項述語になる．これでは，Larson (1991) がせっかく指摘した「*promise* は二重目的語構文をとる」という直感を活かすことができない．統語構造を共通にしている分，9.2節の語彙項目に関する仮説のほうがシンプルで「よい仮説」に見えるかもしれない．しかし，それは (1) で示した事実だけを説明する上での話であり，それぞれの動詞が取りうる他の構文との兼ね合いを考えると，却って融通が効かないものとなり得る．

このように，仮説の妥当性は，ひとつの軸だけではなく，さまざまな観点から多重的に評価するべき問題なのだ．誰もが納得する評価の軸がひとつだけであればそれほど楽なことはないが，実際に自然言語現象を考えるときにはそういうわけにはいかない．考慮すべき事実，考慮すべき先行研究が山のように積み重なっており，その中で説得力が高く，かつ先への研究につながるような「最適解」を探す必要がある．

一般的には，仮説の妥当性は「そう仮定することで，どれだけの事実を説明することができるのか」で判断するのが第一だろう．その上で，仮説の「外側」「内側」の両方の条件から妥当性を判断する必要がある．仮説の「外側」の条件というのは，(15a, b) に相当し，「その仮説を出発点として，どれだけ事実の説明に寄与できるのか」という条件である．いくら文献で指摘している

謎を鮮やかに解ける仮説であっても，その謎にしか適用できないのであれば妥当な仮説ではない．仮説の「内側」の条件というのは，(15c, d, e) に相当し，「より多くの事実を説明できるか否か」とは別に，仮説の中だけで妥当性が保たれているかどうか，に関するものだ．仮説の妥当性は，このような両面からの検証が必要であり，複数の軸に沿って評価すべきものだろう．そのようなバランスのとれた仮説は，叩き台となってさらなる研究の発展に寄与するものとなる．

第10章

形式意味論の論文を読み解くために

最後の章では，実際に形式意味論の論文を読む練習をしてみよう．一般的に，形式意味論の文献は，数式やら論理式やらが頻出し，俗に「文字化けしているような論文」と揶揄されるほど読みにくいもの…と思われているようだ．しかし，ここまで本書を読み通してきた読者諸氏は，形式意味論で使われる論理式は，実は「形式概念を単純化して記したもの」に過ぎない，ということを体感できたであろう．この章では，実際の形式意味論の論文で用いられている論理式を読み解き，「一体何を提言しているのか」を理解するための，具体的な方法を練習しよう．

最近の形式意味論の研究の主なテーマは，時制，含意（implicature），焦点（focus），指示表現の解釈（indexicality），否定極性表現（negative polarity item），比較・最上級など，この本で紹介されているタイプ理論を拡張したり，内包意味論（intensional semantics）の手法が必要であるものが多い．実際のところ，本書が扱っている範囲である外延意味論（extensional semantics）の範囲だけで読み解ける論文は，思いのほか少ない．その中で，純粋に外延意味論の範囲だけで読み解けるテーマとして，量化子（quantifiers）の解釈に関する一連の研究を概括してみよう．量化子はMontague以来，黎明期の形式意味論を発展させてきたテーマである．本書の最後に，形式意味論の読み解き方を練習するためには，ふさわしいテーマと言えるだろう．

論文を開いて，数式や論理学が使われた記述を見ると，すぐに「見なかったことにしよう」と閉じてしまう数式恐怖症の方は，かなり多いと思われる．ここで当たり前のことをひとつ確認しておこう．それは，「**数式や論理式は，ノーヒントで，いきなり論文のはじめから出てくるわけではない**」ということである．どうも数式恐怖症の人は，なんのヒントも手がかりも無しに，いきな

り数式を素手で読まなければならない，と思い込んでいる人が多いようである．しかし，たとえ形式意味論の研究者にしても，何の脈絡もなくいきなり数式や論理式を見せられたら，何のことやら分からない．論理式に対する恐怖心をなくす第一歩は，「論文のどこで論理式が出て来るのか」というタイミングを見計らうことである．

　理論言語学の論文であれば，大抵は「事実の観察・データの提示」→「疑問点」→「先行研究の概括と不備の指摘」→「仮説」→「予測（implication）」という流れで進む．これは統語論だろうが意味論だろうが，経験科学であればどの分野でも基本的には同じである．そして，形式意味論において論理式がバシバシ使われる箇所は，「先行研究の概括」と「仮説」の，ふたつの節である．そして，文献を読む際により重要なのは，「仮説」のほうである．仮説の箇所で使われている論理式は，畢竟，データを説明するためのものだから，それだけを書き捨てていることは，まず無いといってよい．その前後に，その論理式に沿ってデータを説明している箇所が必ずある．仮説はデータを説明するためのものなので，論理式は必ずデータに適用させて説明可能な概念を表している．仮説として使われている論理式は抽象的な表現形だが，それをデータという具体的な存在に引き下ろすことによって，思考が形になっていくことが多い．具体例を説明するために抽象形を，抽象形を理解するために具体例を，という双方向の思考を組み上げていくことが必要である．

　文献を読むとき，先行研究を理解することは，新しい研究内容を理解するために何よりも重要な前提である．しかし，先行研究と当該の研究が取り組んでいる「疑問点」は厳密に同一ではないことがある，ということを理解する必要がある．先行研究を理解する難しさのひとつは，その研究が取り組んでいるそもそもの現象が，当該の文献が扱っている現象とはまったく似ても似つかないことがある，ということである．文献から文献を辿って，ある現象の「研究史」を概括しているうちに，はじめの文献と後の文献が扱っている「謎」が違うものになっている，ということが往々にしてある．

　形式意味論では，仮説の表現形として使われている論理式の派手さに目を奪われて，そもそもの問いが何なのかが疎かになりやすい．p. 124 で見た通り，「問いだと思ってたものが，実は仮説のほうだった」ということもある．常に「問いは何なのか」を意識しながら読み進める必要がある．

　そのための具体例として，6.2.2節で扱った量化子の意味解釈を見よう．p. 143 の（32），（33）で，普遍量化子（∀）と存在量化子（∃）に翻訳できない量化子は，その外延を適切に表示しにくいことを見た．これは Barwise and Cooper（1981）が最初に指摘して以来，「述語論理は，自然言語の意味表

示として適切な表現形なのか」というテーマにつながる，いわば形式意味論上の大問題であった．Barwise and Cooper（1981）は，そのような「困った限定詞」の例として，*more than half, most, many, both, neither* などを挙げている．ここではそういった限定詞のうち，*many* に焦点を当てて，その研究の推移を見ていくことにしよう．その過程で，それぞれの文献で提案されている論理式が，一体何を表そうとしているのかを見ていく練習をしていこう．

例として（1）のような例文を考えよう．

(1) Many linguists are lazy.

この文が実際には真か偽か判断するとき，読者諸氏は「なんとなく」判断するしかないだろう．この文の真理条件をきっちり計算によって導きだすとしたら，一体世の中の言語学者のうち何人くらいが怠惰である必要があるのだろうか．限定詞 *many* は，普遍量化子（∀）に翻訳すると強すぎるし，存在量化子（∃）に翻訳すると弱すぎる．つまり，これらの単純な論理述語では手に負えない例文なのだ．

10.1. 記号や論理式にビビらない──Barwise and Cooper（1981）

一般量化子理論の嚆矢である Barwise and Cooper（1981）は，この問題にどのような考察を行ったのだろうか．実は Barwise and Cooper（1981）の文献では，（1）のような *many* が含まれる例文の真理条件として，バシッと定まった提案をしてはいない．その替わり（と言っては何だが），*many* のような曖昧な限定詞[1]と，*all, some, no* のような「ちゃんとした」限定詞の両方がもつ共通の特徴として，以下のような指摘をしている．

(2) "Lives on" property (Barwise and Cooper (1981: 178))
Quantifiers denote families of subsets of the domain E of discourse. In this and future sections we will often refer to the families as *quantifiers*, rather than as quantifier or NP *denotations*, and use Q as a variable over such quantifiers. It should always be clear from the

---

[1] ややこしいが，第6章で見た通り，現代的な観点と，Barwise and Cooper（1981）の時代では，"quantifier" という用語の意味が異なるので注意しよう．Barwise and Cooper（1981）では，"quantifier" とは *Many men* などのような主語名詞句全体を指す．現在では，"quantifier" は *many* だけを指すことが多い．用語が混同しないように，この節では，Barwise and Cooper（1981）での用語に統一し，quantifier（*many men*）のことを「量化子」とよび，*many* だけを指すときに「限定詞」という用語を使うことにしよう．

context what is meant by the term *quantifier*.

In a model M = ⟨E, ⟦ ⟧⟩, a quantifier Q *lives on* a set A⊆E if Q is a set of subsets of E with the property that, for any X⊆E,

X∈Q iff (X∩A) ∈ Q

ここで怯んだら，負けである．(2) の最初のほうは普通に読み進められたが，後半になって論理式が出てきたら頭がパニックになって思考が停止する，という人でも，まずは深呼吸をしてほしい．この (2) で使われている論理記号は，すでに本書で出てきたものばかりだ．落ち着いてひとつひとつ読み解けば，何を言わんとしているのか分かるだろう．まず落ち着いて，「反射的に，論理式にビビらない」ことを意識しよう．(2) の論理式を一見して「難しいな」と思った人は，「論理式＝難しい」という先入観に影響を受けているといってよい．実際に文献を読む際，(2) の難しい箇所は，実は前半のほうである．

ノーヒントで (2) が理解できれば世話はないが，実際のところ，世話が必要という人が多いだろう．このような記述を理解するコツは，「1. 具体例に即して」，「2. ひとつひとつの記号が何を表すのかを明らかにして」，「3. 全体として言わんとしていることを掴む」の手順を踏むことである．形式意味論の意味計算手順と同じく，まずは「部品」を明らかにし，それを組み上げることによって「全体像」をつかむ．

(2) が言っていることの全体像を掴むためのヒントとして，実際に Barwise and Cooper (1981) が挙げている「具体例」を示しておこう．

(3) a. Many men run ↔ Many men are men who run
 b. Few women sneeze ↔ Few women are women who sneeze
 c. John loves Mary ↔ John is John and loves Mary

この「ヒント」から，(2) で用いられている E，Q，X などが何を示しているのかを考えてみよう．

まず，(2) で用いられている *quantifier* という用語が表す概念について，注意が必要だ．本書の第 6 章を読んだ読者であれば，すでに *quantifier* という語が指す意味が，Barwise and Cooper (1981) の時代と現在では異なることを「知っている」であろう．しかし，実際に文献を読む際には，そういう前提知識なしで，(2) のような記述を読み解かなくてはならない．*quantifier* という用語が何を指すのか，背景となる知識がなくても，(2) を注意深く読めば分かる．1 行目で「quantifier は，会話文脈 E の領域の部分集合の類を外延とする」とある．これは要するに，会話の対象となる世界で規定される，幾多もの

「個体の集合」のことだ．「男の子」「野球選手」「かわいいもの」「カウンセラー」...などの集合が，それに相当する．すると，ここで言っている"quantifier"とは，*every*, *some*, *no* などの語彙範疇ではなく，名詞句を表すと考えたほうが意味が通る．しかも (2) では，Q という記号を「そういった quantifier にわたる変項」と言っているのだから，Q という記号は，いわゆる名詞句一般を表す記号，ということになる．(3a) の例では，Q に相当するものは，主語名詞句の *Many men* である．(2) の前半部分を読んだだけで，そこまで見抜かなくてはならない．

　$M = \langle E, [\![\ ]\!] \rangle$ というのは，言語解釈の枠組みとしてのモデルを表している．E は会話が行われる文脈に含まれる個体領域，つまり「すべての個体を含む全領域」に相当する．$[\![\ ]\!]$ は，本書ではすでにお馴染みの，言語表現の外延を返す解釈関数である．そのふたつが，言語表現の意味解釈を得るために必要な「出発点」になる．

　このようなモデルのもとで，量化子 Q（=主語名詞句）が，ある集合 A（E の部分集合）に「常住する」（*live on*）ための条件が述べられている．ここでは「『常住』って何だ？」という疑問を棚上げして，先に条件を読むことにしよう．「Q が A に常住する」のは，(i) Q（主語名詞句）が E（世の中の個体全部を含む集合）の部分集合であること，(ii) Q の特徴として，$X \in Q$ iff $(X \cap A) \in Q$ とやらの性質をもつこと，のふたつだそうだ．(i) のほうは明快だろう．Q を *many men* という名詞句（(2) の用語としては quantifier）とすると，当然ながら，それは世の中すべての個体を含む全領域の部分集合となっている．問題は (ii) のほうだ．ここで X やら A やらという記号は，何を表しているのだろうか．

　そこで，ヒントとして提示してある (3) の具体例を見よう．*Many men run* ↔ *Many men are men who run* という図式が $X \in Q$ iff $(X \cap A) \in Q$ という部分の例だ，と考えてみる．まずこの論理式を棒読みすると，「『X が Q の要素である』ための必要十分条件は，『X かつ A という集合が，Q の要素である』ことである」となる．*Many men run* という文には，「男」(*men*) という集合と，「走っている人」(*run*) というふたつの集合が関与している．Q は主語名詞句の *many men* だとすると，それがある特徴 X をもつ，ということは，この X は述語の *run* を表しているということになる．残っている A は，主語名詞の *men* だろう．整理すると，*Many men run* という文において (2) の記述を適用させると，E は「個体全部を含む領域」，Q は *many men*（主語名詞句），X は *run*（量化子がもつ性質=述語），A は *men*（主語名詞句），ということになる．これを直感的に図示すると，(4) のようになる．

(4) (2) の各要素を図示すると

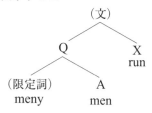

形式意味論の文献を読み解くときは，(2) のような奇怪な表現から，(4) のような図式を思い浮かべられるかどうかがポイントとなる．(4) の理解に従って，(2) の $X \in Q$ iff $(X \cap A) \in Q$ の部分を例文に置き換えると，RUN $\in$ MANY-MAN iff (RUN $\cap$ MAN) $\in$ MANY-MAN ということになる．MANY-MAN という量化子表現は $\langle\langle e, t\rangle, t\rangle$ タイプであり，これは「集合の集合」($\langle e, t\rangle$ タイプの表現をとり，t タイプを返す関数) であるため，左辺の RUN と MANY-MAN の関係は，前者が後者の要素 ($\in$) であるか否か，となる．

　それでは，(2) は全体として何を言っているのだろうか．統語的には，限定詞 (*many*) が名詞 (*men*) を併合して，名詞句 ((2) の表記では Q) となる．これは，Barwise and Cooper (1981) の一般量化子理論では，「量化子 Q が，個体の集合 A に常住する」という捉え方になる．A というのは，主語位置の名詞によって表される個体の集合 (*men*) だから，これは具体例に従って考えると，「Many men という表現の外延は，常に *men* で表される集合内に限定される」ということになる．これは，「主語の名詞表現 ($\langle e, t\rangle$ タイプ) のもつ，特権的な性質」を表している．統語論でも，主語位置と目的語位置のそれぞれの項は，統語的に「互角」ではなく，非対称性があることが指摘されており，$\bar{\text{X}}$ 理論において主語と目的語の「階」が違う根拠となっていた．それと同様に，(2) の "Lives on" property は，意味においても主語と目的語は同じではなく，限定詞から見れば立場が異なることを表している．

　p. 147 の (38) で見た通り，限定詞 ($\langle\langle e, t\rangle, \langle\langle e, t\rangle, t\rangle\rangle$ タイプ) は，主語名詞句 ($\langle e, t\rangle$) と述語 ($\langle e, t\rangle$ タイプ) のふたつの表現を項としてとる．ところが，そのふたつの $\langle e, t\rangle$ タイプの項は「立場が互角」なのではなく，先に限定詞への入力となる主語名詞句のほうが「特権的」である．Many men run という例文の場合，量化子 Q の Many men の外延は，常に *men* の集合内の任意の領域に限られる．Many men (「多くの男性」) という表現は，常に *men* (「男性」) という表現の意味を「背負っている」ことになる．そのため *many men run* という表現の意味は，「多くの男性は，(男性でありかつ) 走っている」とき，かつそのときのみ真となる．

この "Lives on" property は，近年の論文でも表現を変えて「量化子のもつ一般的な特徴」として引用されることがある．

(5) δ is conservative
for all A, B : $\langle A, B \rangle \in \text{dom}(F_\delta)$ iff $\langle A, A \cap B \rangle \in \text{dom}(F_\delta)$, and $F_\delta(A, B) = 1$ iff $F_\delta(A, A \cap B) = 1$

(Heim and Kratzer (1998: 157))

A, B はそれぞれ主語名詞，述語で表される集合を表し，F は関数，δ は限定詞を表している．この conservatively という性質は，Barwise and Cooper (1981) の "lives on" property を言い替えたものである．文献によっては CONSERV と表記されることもある．p. 156 の (3) で見た通り，限定詞の外延は，ふたつの集合の位置関係と捉えることができる．(5) が言っていることは，ふたつの集合の関係を考えるとき，「述語の外延ではあるが，主語名詞句の外延に含まれない部分 (B-A) は，考えなくてもよい」ということである．

(6) Conservativity

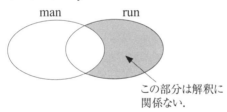

直感で考えても，「多くの男性が走る」の意味を考えるときに，「男性ではなく，走っている人」(=走っている女性の数) は，文の真偽を考える際に関係ないだろう．

さて，そもそもの問題に戻ろう．本章の大きなテーマは，「*many* のような，真理条件が曖昧な限定詞の意味は，どうやって定まるのか」ということだった．この問いに対して，Barwise and Cooper (1981) は直接的な提案を行っていない．この文献で明らかにされたことは，「*many* も含めて，限定詞は一般的にこういう性質がありそうだ」ということに過ぎない．Barwise and Cooper (1981) が提唱している一般量化子理論は，量化子に共通する一般的性質に関する研究であり，*many* という限定詞はその一例に過ぎない．限定詞の具体的な意味解釈を導くためには，さらに突っ込んだ議論が必要になる．

10.2. 問いを正しく掴む──Partee (1988)

次に，Partee (1988) が提案している限定詞 *many* の意味解釈を見てみよう．それぞれ，どういう意味だろうか．

(7) Cardinal reading
$|A \cap B| \geq n$

(8) Proportional reading
$\dfrac{|A \cap B|}{|A|} \geq k$; k a fraction or %

many のような曖昧な限定詞の意味が文脈に依存していることは，Barwise and Cooper (1981) の研究によっても指摘されていた．(7) では n が文脈から得られる数値，(8) では k が文脈から得られる割合である．A, B はそれぞれふたつの集合を表し，これらは主語名詞，述語の各 $\langle e, t \rangle$ タイプの表現の外延の集合を表す．絶対値記号（| |）は，その集合に含まれる個体の数（濃度）を表す．

(1) の *Many linguists are lazy* という文で考えよう．A は ⟦*linguistics*⟧（＝言語学者の集合），B は ⟦*lazy*⟧（＝怠惰な人の集合）に相当する．すると (7) が示していることは，「限定詞 *many* の意味は，A, B 両集合の共通部分にある個体の数が，n を越えること」，つまり「言語学者であり，かつ怠惰でもある人の数が，n を越えること」となる．n の数値は文脈によって与えられる．たとえば，怠惰な言語学者が 2 人や 3 人だったら *many* とはみなされないかもしれないが，1000 人もいれば *many* だろう … というような解釈になる．

一方，(8) のほうでは，文の真理値は n のような具体的な数値によっては決まらない．「当該の性質をもつ個体の数が，全体の何割ほどを占めるのか」で決まる．A, B が表しているものは (7) と同じだが，真理条件が異なる．分母に集合 A に含まれる個体数がある「割合」が，一定の割合 k を越えるときに真，そうでなければ偽となる．

(9) Proportional reading を図示すると

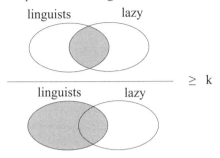

Proportional reading が (7) の Cardinal reading と異なる点は，当該の性質をもつ個体数だけでは文の真偽が決まらないことだ．たとえば，怠惰な言語学者が50人いるとする．これを many とみなすか否かは，「全体として言語学者が何人いるか」によって左右される．たとえば言語学者が全部で60人だとすると，「50人（＝ 8 割強）」というのは many と認められるだろう．しかし，もし仮に言語学者が 5 億人いるとすると，一割にも満たない「50人」というのは，many ではないだろう．ちなみに，Cardinal reading, Proportional reading ともに，(2) の "Lives on" property（＝conservativity）を遵守していることに注意しよう．両解釈ともに，(6) のような領域（*many linguists are lazy* の例では，「怠惰ではあるが，言語学者ではない集合」に相当する領域）は解釈に関係ない．

さて，そこまで理解して再び (7), (8) のふたつの真理条件を見よう．そもそも，Barwise and Cooper (1981) で問題とされた限定詞の謎は，「一体，どれだけの個体が条件を満たせば，曖昧な限定を含む文は真となるのか」「その真理条件をどのように形式化するのか」であった．(7), (8) の形式化は，その条件をクリアしていると言えるだろうか．(7) では，当該の条件を満たす個体数が，数値「n」よりも多ければ真，そうでなければ偽．(8) では，当該の条件を満たす割合が，割合「k」より多ければ真，そうでなければ偽，である．それはいいとして，肝心のその n や k は「文脈によって与えられる」とされている．なんか，一番訊きたかった肝心なところを，はぐらかされたように感じる人もいるのではあるまいか．

そもそもの出発点として，「Partee (1988) の研究が取り組んでいる謎は何なのか」を正しく理解することが必要となる．Partee (1988) が扱っている問題点は，「限定詞 many を含む文の，真理条件は何か」[2] ではない．「many のよ

---

[2] Partee (1988) では，many 以外にも，その否定限定詞である *few* の意味も扱っている．

うな限定詞は，曖昧なだけでなく，多義的でもあるのではないか」ということだ．つまり，(7) や (8) のように，限定詞 many の意味をふたつ仮定することは，そもそも妥当なのか，という問いである．これは，限定詞の構造と意味を統一的に把握しようとした Barwise and Cooper (1981) とは異なる視点といってよい．もし，数値に準拠する (7) と，割合に準拠する (8) の解釈が，みかけだけの違いであり，根本的には同じ解釈だとしたら，(7)，(8) のようにふたつの語彙を設定する必要はなくなる．しかし，もし両解釈の違いが根本的に異なるもので，同じ限定詞なのに語彙をふたつ設定しなければならないとしたら，Barwise and Cooper (1981) が念頭に描いていた「限定詞の統一的特徴」はおろか，ひとつの限定詞の中にも異なる特徴が潜在することになる．これは，従来の一般量化子理論にとっては無視できない問題だ．

　形式意味論で使われる論理式は，まずそれ自体を読み解くことが難しいが，読み解ければそれですべてが理解できたことになるのか，といえば，そうではない．その論理式を使って，著者が何を主張しているのか．そこを誤解してしまっては，せっかく読み解いた論理式が機能しない．そこを誤解しないためには，「答え」としての仮説に用いられている論理式からちょっと目を離して，「問いは何なのか」を正しく理解することが必要となる．

10.3. 困ったときには具体例──Westerståhl (1985)

　ここまでの議論をもとに，Westerståhl (1985) の提示している例 (10) を見てみよう．一体，この例文の何が問題なのだろうか．

(10)　Many Scandinavians have won the Nobel Prize in literature.
　　a.　Many winners of the Nobel prize in literature are Scandinavians.
　　b.　Many Scandinavians are Nobel prize winners in literature.

　ちなみに Westerståhl (1985) が発表された時代では，ノーベル文学賞受賞者は計81人おり，そのうち14人が北欧出身者であった．これを「文脈」とすると，(10) の文は，a, b どちらの解釈になるだろうか．直感的に，(10a) のほう，と感じる人が多いのではないか．

　ところが，この (10a) の解釈は，限定詞が conservativity に従っていない．(10) の文を，Many [$_A$ Scandinavians] [$_B$ have won the NP in Lit.] と表記すると，「ノーベル文学賞をとった北欧人」との比較の対象となるのは，「ノーベル文学賞をとっていない北欧人」ではなく，「ノーベル文学賞をとってはいるが，北欧人ではない人」のほうである．このような例をもとに Westerståhl

(1985) は，Barwise and Cooper (1981) で提唱されている限定詞の一般的特徴の妥当性を，詳細に検討している．他の例で考えてみよう．あるホテルで求人広告を行ったところ，応募者の多くが料理人希望者であった，という状況を考える．この (a)-(c) のような状況で，(11) の文は真となるだろうか．

(11) Many cooks applied.
    a. 世の中の料理人の数： 60万人
    b. あるホテルの求人に応募した人の総数： 50人
    c. そのホテルの求人に応募した料理人の数： 45人

直感的に，この文脈で (11) は真だろう．50人の応募者のうち45人が料理人であれば，many とみなして「多くの料理人が応募した」と言ってもよかろう．この文の解釈では，「世の中の料理人全部のうち，このホテルに応募してきた料理人の数」（60万分の45）が問題になっているのではない．もしこの割合が問題になっているのであれば，60万分の45はとても many とは言えまい．この解釈も，(10) と同様，conservativity に反している．

(12) (9) とは分母の集合が逆．

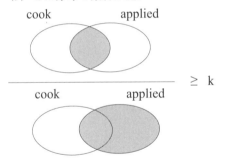

(8) に倣って真理条件を書いてみると，(13) のようになる．便宜上，(12) のように conservativity を破っている解釈を，Reverse reading と呼ぶことにしよう．

(13) Reverse reading

$$\frac{|A \cap B|}{|B|} \geq k \,;\, k \text{ a fraction or } \%$$

(8) との違いは分母に相当する集合だけだが，その違いによって全く違った解釈になってしまう．

Westerståhl（1985）は，限定詞のうち *many, most* のように文脈に依存するものの意味解釈を，一般量化子理論の観点から考察したもので，その内容は論理学的な知識が必要な，かなり手強く難解なものである（興味のある人はチャレンジしてください）．Partee（1988）と同様，Westerståhl（1985）も限定詞 *many* の意味を複数提案している．

(14) a. $[\![many]\!]^M_{1,k}(A) = \{X \subseteq M : |X \cap A| > k \cdot |A|\}$
where k is a constant between 0 to 1.

b. $[\![many]\!]^M_2(A) = \{X \subseteq M : |X \cap A| > \frac{|X|}{|M|} \cdot |A|\}$

c. $[\![many]\!]^M_{3,f}(A) = \{X \subseteq M : |X \cap A| \geq f(|M|)\}$
where $0 < f(x) \leq x$ for all natural numbers x.

「難しそうな論理式を見たら，まず深呼吸」の原則のあとで，これらの形式化が一体何を言っているのかを考えてみよう．このような奇怪な記述でも，現象やデータに注視して具体的な例で考えれば，それほど迷うことはない．「困った時にはデータに戻る」という癖をつけるようにしよう．これらの意味解釈が何を意味しているのか，具体例を見てみよう．あるクラスに30人の学生がおり，そのうち10人が，述語で表される特徴（「テストで最高点をとる」「右利き」）を備えている，と考えてみよう．その状況で，(15a, b) はそれぞれ真だろうか，偽だろうか．

(15) a. Many students in the class got the highest grade on the exam.
b. Many students in the class are right-handed.

直感的には，当該の文脈では，(15a) は真，(15b) は偽だろう．たとえば，クラス30人中10人がテストで最高点をとれば，それは *many* と解釈してよかろう．また，10人が右利き，20人が左利きのクラスは，右利きが *many* とは言えない．つまり，(15a, b) の各文では，同じ数値（割合）であっても，片方は真，他方は偽，と解釈が割れてしまう例である．

Partee（1988）の Proportional reading では，「どの程度の割合になれば文は真になるのか」について，単純に「文脈による」と片付けていた．Partee（1988）の目的は，「限定詞は多義なのか否か」を考察することにあり，Cardinal reading（数値）と Proportional reading（割合）が，ともに限定詞 *many* の解釈に関与する，と立証できればそれでよい．その「文脈による数値」がどのように定まるのか，は Partee（1988）が取り組んでいる謎ではない．一方，Westerståhl（1985）はその「文脈」なるものがどのように定まるのかを，

第10章 形式意味論の論文を読み解くために　　223

形式化に取り組む工夫を埋め込んでいる．(14) の意味をもういちど見てみよう．このうち，Partee (1988) が提唱している Cardinal reading（数値）の読みはどれで，Proportional reading（割合）の読みはどれだろうか．

(14) で，二重カッコに付随している M は，文脈全体を表す領域（世界の全部）を指す．ただし，ここでの M は，本当の「世界」のすべてを指すわけではなく，文の解釈に関与する「世界」に領域を縮めたものである．(15) の文を考える際には，別に約70億人の全人類を考える必要はない．ここで言う「全個体」というのは，「クラスの学生30人」のことである．(14) の形式化では，「全個体」の M は，はじめから当該の文の解釈に関係ない個体（クラスに属していない学生）を，全領域から排除している．だから M は，「この文の解釈には，『クラスにいる30人の学生』にモデルを縮めて考えますよ」という但し書きである．(14a, b, c) の下付き文字1, 2, 3は，それぞれの many に便宜上つけた名前である．つまり，Westerståhl (1985) は最初から「限定詞 many はひとつの語彙ではなく，いくつか異なった語彙項目から成る」ということを想定しており，Partee (1988) が指摘している「限定詞 many の多義性」に沿った分析をしている，ということになる．(14a) の $many_1$ には，特定の割合 k が関与し，(14c) の $many_3$ には，特定の割合 f が関与している，という但し書きがある．

その many は，項として A をとっている．単純に書くと ⟦many⟧ (A) という形である．これが (15) のような文の真理条件を表すためには不適切である，ということが読み取れるだろうか．限定詞 many のタイプが $\langle\langle e, t\rangle, \langle\langle e, t\rangle, t\rangle\rangle$，主語位置の一般名詞が $\langle e, t\rangle$，述語が $\langle e, t\rangle$ だとすると，文全体の意味を導くためには ⟦many⟧ (A) (B)，という形をしてなければならないはずである．ところが，(14) では述語の項 B が記載されていない．ということは，(14) の記述は，限定詞 many とその項となる名詞句による「主語名詞句」（当時の用語では "quantifier"）の意味だけを記述していることになる．⟦many⟧ (A) という記述は，(15) であれば Many students までの意味しか記述していないことになる．しかし実際には，文全体の意味を考えるためには，述語の項（$\langle e, t\rangle$ タイプ）の意味を組み込まないことには，完結しない．そこで，「左辺の項構造からは除外しているが，その後で併合することになる述語の意味」を，(14) では X として変数扱いしている．A, B という記号ではなく，A, X という記号を使っているのは，それが理由である．形式意味論の文献では，「A, B, C は定数（明確に与えられている具体的要素）」，「X, Y, Z は変数（明記されていない任意の要素）」という慣例がある，ということをよく念頭に置いておこう．(14a, b, c) ともすべて，等号の右辺は，中括弧（{ }）

でくくられた集合を表している．(15)の例では，〚*many*〛(*student*) の外延は，「...で表される集合」を表していることになる．[3]

整理すると，たとえば (15a) においては，M は「クラスの学生全員（全個体）」，A は「学生の集合」，X は「なんでもいいから述語で表されることになる集合」((15a) では「最高点得点者」) を指す．ここで，M と A が指しているものの違いについて注意しよう．M は文脈に関与する「クラスの学生」であるが，A はその制約がない．単純に「世の中の学生全体」である．

ここまで整理したところで，再び (14) に戻り，等号の右辺を見よう．まず，これらの解釈が Cardinal reading か，Proportional reading か，の見分け方だが，これは単純に見た目で分かる．(14) の等号の右辺の真理条件を表している部分のうち，不等号の右側だけを見てみよう．(14a) は $k \cdot |A|$，(14b) は $\frac{|X|}{|M|} \cdot |A|$，(14c) は $f(|M|)$，というそれぞれの値が，当該の個体数が *many* であるかどうかの「基準値」である．k，$\frac{|X|}{|M|}$，f はそれぞれ分数で表される割合であり，それが適用される $|A|$，$|M|$ は「集合に含まれる要素の数」なので，自然数である．それらを演算して得られる値は，割合ではなく数値になる．つまり (14a, b, c) の不等号の右側は，すべて数値ということになる．ところが，解釈に「絶対的な数値」ではなく，「割合」が関与している，と考えている時点で，これらの解釈はすべて Proportional reading である．意味計算の結果，不等号の右側が数値になるのは，あくまでも結果に過ぎない．(14a, b, c) のそれぞれの意味解釈の違いは，「Cardinal reading か Proportional reading か」の違いではなく，「全部 Proportional reading だが，それに関与する割合と，それに掛ける数値は，どのように定まるのか」の違いを表している．[4]

---

[3] *many* は $\langle\langle e, t\rangle, \langle\langle e, t\rangle, t\rangle\rangle$ タイプ，*student* は $\langle e, t\rangle$ タイプなので，FA によってこれらを組み合わせた *many students* は $\langle\langle e, t\rangle, t\rangle$ タイプということになる．これは「$\langle e, t\rangle$ の項をとると，真理値を返す関数」，つまり「集合の集合」である．ところが (14) の真理条件の部分が表している集合は，個体の集合 ($\langle e, t\rangle$ タイプ) を表している．Westerståhl (1985) は，*many students* の意味を単に「個体の集合」((15) の例では「学生の集合」) として捉え，その個体数に条件が課されている，という見方をしている．

[4] (14) では割合が関与するので Proportional reading だが，表記上，その割合を個体数に掛けるので，最終的に解釈の対象となるのは数値となる．それを指摘して，「途中で割合は関与するかもしれないが，結果としては数値として条件が求まるのだから，これは Cardinal reading ではないか」と考えることもできるだろう．Partee (1988) の Cardinal reading の条件 (7) における数値 n も，それを導く過程で (14) のような割合による計算が関与しているとしたら，それは Proportional readiang ということになってしまう．それを踏まえて，そのふたつの解釈は本当に異なるのかどうかを考察したものが，Partee (1988) の研究である．その研究の流れに注意しよう．

第10章　形式意味論の論文を読み解くために　　225

　(14a, b, c) ともすべて，等号の右辺は集合を表している．すべて，X ∩ A という集合（X と A の共通部分）を対象としているが，X のほうには条件がある．X ⊆ M という条件は，X（述語で表される集合）が，M（文脈に関与する全個体）に含まれたものに限る，ということを表している．(15a) の例では，X は「試験で最高点をとった人」の集合であるが，(14) の意味解釈では「世の中すべての成績優秀者」を対象としているわけではない．「文脈に関与する全個体（＝クラス）の中での，最高得点者」に限られている．その条件のもとで (14) の各条件部分を見てみると，X ∩ A というのは，「(話題となっている) クラスの中での最高得点者」と，「世の中すべての学生」の，共通部分を示している．つまり，「(話題となっている) クラスの中で，最高得点をとった学生」の集合である．これは直感的に，(15) が問題としている個体数であろう．その個体数が，ある一定の数を越えれば文は真，そうでなければ偽である．

　(14a) では，その「一定の数」が，k · |A| と与えられている．k は 0 から 1 までの数，|A| は「世の中の学生の数」である．つまり (14a) の真理条件は，「世の中の学生のうち，最高得点をとる学生はどのくらいの割合なのか」が比較の対象となっている．仮に，ある試験で最高得点をとる学生は 50 人にひとりくらいの割合，というのであれば，k = 1/50 = 0.02 となる．一方，(14b) では，比較対象の数が $\frac{|X|}{|M|}$ · |A| となっている．$\frac{|X|}{|M|}$ は「クラスの学生のうち，最高得点をとった学生の割合」，|A| は「学生の数」である．「最高得点をとった学生」（＝述語で表される集合）の割合のほうを考えているということは，この解釈は conservativity に反している解釈である ((10) の例を参照)．(14a, b) の共通点は，割合をかける対象が，主語位置の名詞によって与えられる表現（(15) では student の集合），ということである．つまり両方とも，many students の意味を「世界中の学生のうち，どのくらいの割合を指すか」と捉えている意味解釈である．これらの解釈は，直感的に，(15) の例文に対する意味としては不適だろう．(15) で言う「たくさんの学生」というのは，「世界中の学生のうち，どれくらいか」ではなく，「クラスに属している学生のうち，どのくらいか」を問題にしているだろう．

　それを反映しているのが，(14c) である．f は関数で，ある集合の濃度（個体の数）をとって，その割合を計算して個体数を返す関数である．もし f を「男の子の数を求める関数」，|M| = 30（クラスの総人数が 30 人），とすると，f(|M|) という計算によって，「クラスの男の子の数」が求まる．つまり (14c) の意味解釈は，「クラスで最高点をとった学生の数」が，「クラスの学生のうち

一定の割合を占める人数」よりも多ければ真，そうでなければ偽，となる．Mが文脈によって与えられる全個体であることに注意すると，（14）は単純に conservativity を遵守しているだけの解釈ではなく，「文脈」というワンクッションを挟んで，限られた集合（「世の中の student すべての集合」ではなく，「文脈に関係している student だけの集合」）を対象としていることに注意しよう．実際のところ，（15）の各例文を意味解釈するときの意味は，（14c）が最も適しているだろう．その場合，（15a）の例では f が「世の中で，最高得点者が占める，だいたいの割合」，（15b）では f が「世の中の，右利きの人の割合」という関数になるだろう．

10.4.「攻めの姿勢」で読む—Cohen（2001）

次に，Cohen（2001）が提案している限定詞 many の意味解釈を見てみよう．

(16) Proportional reading (Cohen (2001))
many(ψ, ϕ) is true iff $\dfrac{|\psi \cap \phi|}{|\psi \cap \bigcup A|} > \rho$, where:
a. ρ is "large" (absolute reading), or
b. $\rho = \dfrac{|\bigcup A \cap \phi|}{|\bigcup A|}$ (relative reading).

(17) $A = \{\psi' \cap \phi' \mid \psi' \in \mathrm{ALT}(\psi) \ \& \ \phi' \in \mathrm{ALT}(\phi)\}$

何やら見ただけで怖そうな意味解釈だが，深呼吸をした後で，この解釈の実例を見てみよう．Cohen（2001）が問題にしているのは，（10）の文である．解釈は抜いて，例文だけ再掲しよう．

(10) Many Scandinavians have won the Nobel Prize in literature.

Westerståhl（1985）が提示した文脈では，ノーベル文学賞受賞者は計 81 人おり，そのうち 14 人が北欧出身者だった．これを Proportional reading で解釈すると，14/81 を many とする，ということになる．しかし，14/81 という割合は，果たして many だろうか？ 14/81 ということは 1 割 7 分の確率で，これでは野球の打率でも大したことはない．これを many と解釈するのは，いかなる原理によるものなのか．Westerståhl（1985）の例文（15）を思い出してほしい．クラスの中での「最高得点者」と「右利きの人」では，同じ 30 人中の 10 人でも，解釈が割れた．どの程度の割合をもって many と見なすのかは，事象によって異なる．Westerståhl（1985）の研究では，その原因を明らかに

していなかったが，それをより詳細に考えたのが Cohen (2001) の (16) である．

誰でも，(16), (17) のような形式化された論理式を見ると，気が滅入る．原則的には，丹念にひとつひとつの記号が何を指すのか，を具体例から拾い出し，記号論理学のルールに従って全体像を把握する，という手順が基本である．しかし，実際には，データから逆算して「要するに，これが説明できればいいんでしょ」と，自分の頭の中で著者の仮説を再生産させるような読み方をするほうが，理解が早いことがある．ひとつひとつ丹念に読み潰す方法を「下から積み上げる」読み方だとすると，データから逆算して仮説を理解しようとする方法は，さしずめ「上から降りてくる」読み方，とでも言おうか．論理式は，それ自体が難解であることが多いので，途中から文献を読んでいる目的が「論理式が何を言っているのか理解すること」に狭くなってしまいがちだ．しかし根源的には，「その論理式を使って，例文で示されている現象をきちんと説明すること」のほうが重要なのだ．そのような「木を見て森を見ず」に陥ってしまわないために，攻めの姿勢で，「これで例文がどう説明できるんだろう」という読み方をすることも重要である．

Proportional reading の読みが複数あることは，従来から指摘されていた．Herburger (1997) は，限定詞の解釈が焦点 (focus) の置かれ方によって異なることを指摘している．たとえば，(11) の例では，cook と applied のそれぞれに焦点が置かれたとき，「どの集合の中で many なのか」が変わる．

(18) Many cooks applied.
    a. Many COOKS applied.
       「たくさん応募してきたのは，料理人だ」＝応募者の中で，料理人の占める割合が多い．
    b. Many cooks APPLIED.
       「多くの料理人がしたことは，応募だ」＝料理人の中で，応募した人の占める割合が多い．

なぜ焦点の置き方の違いによって，このような読みの違いが出るのか．Rooth (1985) は，焦点の置かれた要素は，その代替要素 (alternatives) との比較による解釈を引き起こす，と論じている．たとえば (18a) であれば，COOKS に焦点が置かれているので，応募先のホテルで料理人ではない他の業種が比較の対象となる．つまり，(18a) は，「たくさん応募してきたのは，**ドアボーイではなく，マネージャーではなく，ウェイターではなく，料理人である**」という解釈になる．一方，(18b) のほうは，述語の APPLIED に焦点が置かれて

いるので，「応募」の代替要素として「応募しない」だけが候補となる．強引に自然言語に訳すと「多くの料理人がしたことは，**応募しなかったことではなく，応募したことだ**」のような解釈になる．

Cohen (2001) の表記では，この「ϕ の代替要素を導く関数」を，ALT (ϕ) と表記している．つまり，

(19) a.　ALT (cook) = {cook, manager, waiter, ...}
　　 b.　ALT (apply) = {apply, ¬apply}

また，ALT (ϕ) に含まれる集合すべての和集合を，$\bigcup$ ALT (ϕ) と表記する．たとえば，

(20) a.　$\bigcup$ ALT (cook) = cook $\cup$ manager $\cup$ waiter $\cup$ ...
　　 b.　$\bigcup$ ALT (apply) = apply $\cup$ $\overline{\text{apply}}$ [5]

である．

(16) では A という集合が使われており，その定義は (17) で与えられている．この A というのはどういう集合なのか，*Many cooks applied* という例文をもとに考えよう．(16) の many (ψ, ϕ) という表記から，ψ というのは限定詞 *many* の第 1 項，ϕ というのは第 2 項だろう．つまり，ψ = cook，ϕ = apply である．(17) の A という集合の要素は，ALT (cook) に含まれる集合のひとつと，ALT (apply) に含まれる集合のひとつの共通部分なので，具体的に A を列挙すると，(21) のようになる．

(21)　A = {cook $\cap$ apply, cook $\cap$ $\overline{\text{apply}}$, manager $\cap$ apply, manager $\cap$ $\overline{\text{apply}}$, waiter $\cap$ apply, waiter $\cap$ $\overline{\text{apply}}$, ...}

すると，(16) で使われている $\bigcup$ A というのは，(21) の集合すべての和集合，ということになる．この際，apply と $\overline{\text{apply}}$ という集合が事実上関係なくなることに注意しよう．たとえば，cook $\cap$ apply と cook $\cap$ $\overline{\text{apply}}$ というふたつの集合の和集合 (cook $\cap$ apply) $\cup$ (cook $\cap$ $\overline{\text{apply}}$) を考えると，apply $\cup$ $\overline{\text{apply}}$ というのは，要するに全個体を含む集合（領域全体）を指すことになり，要するに cook という集合に過ぎないことになる．つまり，$\bigcup$ A は以下のように定まる．

---

[5] $\overline{\text{apply}}$ という集合は，apply の補集合．つまり apply の集合に含まれない（外側にある）要素から成る集合のこと．

第10章　形式意味論の論文を読み解くために　　229

(22)　　$\bigcup A$ = cook ∪ manager ∪ waiter, ...

同様に，*Many Scandinavians have won the Nobel Prize in literature* という文（＝(10)）で$\bigcup A$を求めると，(23)のようになる．

(23)　a.　ALT(Scandinavian) = {Scandinavian, English, French, ...}
　　　b.　ALT(win-lit-Nobel) = {win-lit-Nobel, ¬win-lit-Nobel}
　　　c.　$\bigcup A$ = Scandinavian ∪ English ∪ French ∪ ...

さて，材料が揃ったところで，(10)の例文の真理条件を求めてみよう．問題となる割合は，$\frac{|\psi \cap \phi|}{|\psi \cap \bigcup A|}$である．これがある割合$\rho^6$よりも大きければ真，そうでなければ偽である．これに，文の要素をそれぞれ埋め込んでいくと，(24)のようになる．

(24)　*Many Scandinavians have won the Nobel Prize in literature.*
　　　a.　Many [$_\psi$ Scandinavians] [$_\phi$ have won the Nobel Prize in literature]
　　　b.　$\frac{|\psi \cap \phi|}{|\psi \cap \bigcup A|}$
　　　　$= \frac{|\text{Scandinavian} \cap \text{win-lit-Nobel}|}{|\text{Scandinavian} \cap (\text{Scandinavian} \cup \text{Scandinavian} \cup \text{English} \cup \text{French} \cup ...)|}$
　　　　$= \frac{|\text{Scandinavian} \cap \text{win-lit-Nobel}|}{|\text{Scandinavian}|}$

これは「全北欧人のうち，ノーベル賞をとった人の割合」のことを指す．これは$\frac{|\psi \cap \phi|}{|\psi|}$のことであり，かつconservativityを守っているので，Partee (1988) のProportional reading ((8)) と実質的には同じである．問題は比較の対象となるρのほうだが，Cohen (2001) はそれを (16a, b) のふた通りに設定している．まず (16a) のパターンで，ρの数値が0.9（9割）のように絶対的に大きい場合である．この場合，文脈がどうであろうと関係なく*many*と認定できる．これをCohenは"absolute reading"と呼んでいる．一方，1割7分という低い打率でも*many*，という不思議な読みについては，(16b) で規定している．$\rho = \frac{|\bigcup A \cap \phi|}{|\bigcup A|}$という箇所は，一体何を表している割合なのか．

---

[6] アルファベットの「ピー」ではない．ギリシア語の「ロー」と読む．ちなみに，ψは「サイ」，ϕは「ファイ」と読む．

(23c) と併せて考えると，これは (25) のような割合になる．

(25) $\rho = \dfrac{|\bigcup A \cap \phi|}{|\bigcup A|}$

$= \dfrac{|(\text{Scandinavian} \cup \text{English} \cup \text{French} \cup ...) \cap \text{win}-\text{lit}-\text{Nobel}|}{|\text{Scandinavian} \cup \text{English} \cup \text{French} \cup ...|}$

$= \dfrac{|\text{person} \cap \text{win}-\text{lit}-\text{Nobel}|}{|\text{person}|}$

これは「全人類のうち，ノーベル文学賞を受賞したことがある人の割合」となる．これはつまり「70億分の81」だから，0.00000001程度の割合になる．いくら14/81＝0.17という割合が小さくても，0.00000001よりは大きい．実に1千万倍だ．この解釈は，単純に Proportional reading や Reverse reading のように，文中に表出している語から得られる集合だけではなく，焦点によるALT という比較対象を導入することによって，より大きな集合を取り込むことができる．直感的には「ノーベル文学賞を受賞している人が世界中の人間の中でどのくらいなのか，を考えてみれば，ノーベル文学賞を受賞している人のうち北欧出身者が占めている割合は，かなり大きい」という解釈だ．もしこの解釈で (15) の各文を解釈してみると，「試験ごとに最高得点をとる人の割合がどのくらいなのかを考えてみれば，1/3 という割合は多い」，「世の中の人間で右利きの人がどのくらいいるのかを考えてみれば，1/3 という割合は多いとは言えない」という解釈になる．このように，焦点によって比較対象が変わり得る解釈のことを，Cohen (2001) では "Relative reading" と呼んでいる．

10.5. 仮説を吟味する

この章では，実際に形式意味論を読む際に鬼門となる「論理式」をどのように読み解くのかを，限定詞 *many* に関する実例を使って演習した．ここで，各文献で提唱されている仮説を形式化した部分だけを並べてみよう．

(7) Cardinal reading (Partee (1988))
$|A \cap B| \geq n$

(8) Proportional reading (Partee (1988))
$\dfrac{|A \cap B|}{|A|} \geq k$; k a fraction or %

第10章 形式意味論の論文を読み解くために

(13) Reverse reading
$$\frac{|A \cap B|}{|B|} \geq k \text{ ; k a fraction or \%}$$

(14) Westerståhl（1985）
a. $[\![many]\!]^M_{1,k}(A) = \{X \subseteq M : |X \cap A| > k \cdot |A|\}$
   where k is a constant between 0 to 1.
b. $[\![many]\!]^M_2(A) = \{X \subseteq M : |X \cap A| > \frac{|X|}{|M|} \cdot |A|\}$
c. $[\![many]\!]^M_{3,f}(A) = \{X \subseteq M : |X \cap A| \geq f(|M|)\}$
   where $0 < f(x) \leq x$ for all natural numbers x.

(16) Proportional reading (Cohen (2001))
many(ψ, ϕ) is true iff $\frac{|\psi \cap \phi|}{|\psi \cap \bigcup A|} > \rho$, where :
a. ρ is "large" (absolute reading), or
b. $\rho = \frac{|\bigcup A \cap \phi|}{|\bigcup A|}$ (relative reading).

あれやこれやと仮説が並んでいるが，はたして，この中で最も「正しい仮説」は，どれだろうか．

p.207 で，形式意味論の仮説の難しさは「答えがたくさんありすぎて，どれが本当の答えだか分からない」という類いの難しさである，という話があった．では，なぜ答えがたくさんありすぎるのだろうか．それを考えるためには，「正しい仮説」の「正しい」とは，なにをもってそう言えるのか，に立ち返る必要がある．

限定詞 many だけでも，上に見たようにたくさんの仮説が考えられる．こうやって並べてみると，どれかひとつが「正解」で，他はぜんぶ「ハズレ」のような気がするが，これらの仮説は，それぞれの文献できっちり役割を果たしている仮説である．各文献は，たまたま限定詞 many を題材にしているが，各研究の目的は「限定詞 many の正しい意味解釈を考えること」ではない．それぞれの文献ごとに，取り組んでるクエスチョンが異なるのだ．Partee（1988）は，「限定詞ははたして単一の語義のみなのではなく，多義なのか」がテーマだった．Westerståhl（1985）は，「Barwise and Cooper（1981）が提唱した限定詞の一般的性質は妥当なのか．例外はないのか」を考えるのが目的だった．Cohen（2001）は，「従来の意味解釈で『文脈』として雑に扱われていた要素は，文中の語彙から計算で導くことはできないのか」に取り組んだ研究と言える．それぞれの文献は取り組んでいる謎が異なり，その具体例として，たまた

ま限定詞 many という同じ例を用いていたに過ぎない．問いが違うのに，その答えを比較して，どれが正しいだの間違っているだのという議論は，意味がない．たとえば，Partee (1988) が提唱している (7), (8) のふたつの解釈に対して，「いやいや違いますよ，(16) のほうが正確な仮説ですよ」…という反論の仕方は，ピントがずれている．

真理条件の形式化は，形式意味論の最も大きな特徴である．それが原因で「どうにも手が出しにくい分野」と思われる節もある．しかし，ちょっと数学や論理学を勉強して，形式化された表記を読めるようになると，今度は「その形式化が提唱された背景」が忘れ去られてしまい，仮説だけがひとり歩きしてしまう危険性がある．形式化というのは融通の利かないもので，「何を言いたいのか」は非常に簡潔に教えてくれるが，「何に対しての答えなのか」は，形式化された論理式を見ているだけでは分からない．常に，「どのような問いに対する仮説なのか」を念頭に置かないと，次の「正しい問い」に繋がらない．

本書を通して，形式意味論の基本原理や，意味計算のしかた，論理式の読み方に少しでも馴染むことができた方は，ぜひ意味に関わる現象に対する興味を深めてほしい．いままで，意味が絡む現象を「いやいやいや意味論はよく分かりませんから」と敬遠していた方も，基本的な考え方さえ身につければ，意味について考えることへの抵抗もすこしは軽くなるだろう．形式意味論で使われる表現形は一見，味も素っ気もない機械的なものに見えるが，そこで必要とされるアイデアや発想は非常に直感的なものだ．形式化された表現形は，あくまでもそれを簡潔に記したものに過ぎない．形式化に腰が引けるのではなく，逆に便利な道具として使いこなし，意味に関する数々の謎に挑戦してほしい．本書をきっかけに意味論に興味をもつ人が増えてくれれば，筆者としては望外の喜びである．

参 考 文 献

Abney, Steven (1987) *The English Noun Phrase in Its Sentential Aspect*, Doctoral dissertation, MIT.
Barwise, Jon and Robin Cooper (1981) "Generalized Quantifiers and Natural Language," *Linguistics and Philosophy* 4, 159-219.
Barwise, Jon and John Perry (1983) *Situations and Attitudes*, MIT Press, Cambridge, MA.
Bouton, L. F. (1970) "Antecedent Contained Pro-Forms," *CLS* 154-167.
Brame, Michael (1982) "The Head-Selector Theory of Lexical Specifications and the Nonexistence of Coarse Categories," *Linguistic Analysis* 10:4, 321-325.
Chierchia, Gennaro (1984) *Topics in the Syntax and Semantics of Infinitives and Gerunds*, Doctoral dissertation, University of Massachusetts, Amherst.
Chierchia, Gennaro and Raymond Turner (1988) "Semantics and Property Theory," *Linguistics and Philosophy* 11, 261-302.
Chomsky, Noam (1970) "Remarks on Nominalization," *Readings in English Transformational Grammar*, 184-221, Blaisdell, Waltham, MA.
Cohen, Ariel (2001) "Relative Readings of Many, Often, and Generics," *Natural Language Semantics* 9:1, 41-67.
Cresswell, M. J. (1973) *Logics and Languages*, Methuen Young Books, Methuen.
Frege, Gottlob (1879) *Begriffsschrift. Eine der arithmetischen nachgebildete Formelsprache des reinen Denkens*, Neubert, Halle, Germany.
Fukui, Naoki (1986) *A Theory of Category Projection and Its Application*, Doctoral dissertation, MIT.
Fukui, Naoki and Margaret Speas (1986) "Specifiers and Projection," *MIT Working Papers in Linguistics* 8, 128-172.
Gamut, Logica Taal Filosofie (1991) *Logic, Language and Meaning, Volume II: Intensional Logic and Logical Grammar*, University of Chicago Press, Chicago.
Heim, Irene and Angelika Kratzer (1998) *Semantics in Generative Grammar*, Blackwell, Malden, MA.
Herburger, Elena (1997) "Focus and Weak Noun Phrases," *Natural Language Semantics* 5:1, 53-78.
Kitagawa, Yoshisha (1986) *Subjects in Japanese and English*, Doctoral dissertation, University of Massachusetts, Amherst.
Koopman, Hilda and Dominique Sportiche (1991) "The Position of Subjects," *Lingua*, 85, 211-258.

Kuroda, S.-Y. (1988) "Whether We Agree or Not," *Lingvisticae Investigatioinnes* 12, 1–47.

Larson, Richard K. (1991) " "Promise" and the Theory of Control," *Linguistic Inquiry* 22:1, 103–140.

Lewis, David (1972) "General Semantics," *Synthese* 22, 18–67.

May, Robert (1977) *The Grammar of Quantification*, Doctoral dissertation, MIT.

May, Robert (1985) *Logical Form: Its Structure and Derivation*, MIT Press, Cambridge, MA.

Montague, Richard (1970) "Universal Grammar," *Thoria* 36, 373–390.

Montague, Richard (1973) "The Proper Treatment of Quantification in Ordinary English," *Formal Philosophy: Selected Papers of Richard Montague*, Yale University Press, New Haven, CT.

Montague, Richard (1974) *Formal Philosophy: Selected Papers of Richard Montague*, Yale University Press, New Haven, CT.

Mostowski, Andrzej (1957) "On a Generalization of Quantifiers," *Fundamenta Mathematicae*, vol. 44 (1957), 12–36.

Partee, Barbara H. (1987) "Noun Phrase Interpretation and Type-shifting Principles," *Studies in Discourse Representation Theory and the Theory of Generalized Quantifiers*, 115–143, Foris, Dordrecht.

Partee, Barbara H. (1988) "Many Quantifiers," *Proceedings of the Fifth Eastern State Conference on Linguistics*, 383–402, The Ohio State University, Columbus.

Partee, Barbara H. and Mats Rooth (1983) "Generalized Conjunction and Type Ambiguity," *Meaning, Use, and Interpretation of Language*, 361–383, de Gruyter, Berlin.

Rooth, Mats (1985) *Association with Focus*, Doctoral dissertation, University of Massachusetts, Amherst.

Russell, Bertrand and Alfred North Whitehead (1910–1913) *Principia Mathematica*, Cambridge University Press, Cambridge.

Sag, Ivan (1976) *Deletion and Logical Form*, Doctoral dissertation, MIT.

Schönfinkel, Moses (1924) "Über die Bausteine der mathematischen Logik," *Mathematische Annalen* 92, 305–316.

Swart, Henriëtte de (2003) *Introduction to Natural Language Semantics*, CSLI Publications, Standford.

Westerståhl, Dag (1985) "Logical Constants in Quantifier Languages," *Linguistics and Philosophy* 8, 387–413.

索　引

1. 日本語は五十音順に，英語はアルファベット順に並べた．
2. 数字はページ数を示す．～は見出し語を代用する．

[あ行]

値（value）　11
アンパサンド（&）　114
イオタ演算子（ι operator）　56
異形態（allomorph）　158
eタイプ　14
イタリック体　33
一般化句構造文法（GPSG）　134
一般名詞　25
一般量化子理論（Generalized Quantifier Theory）　119, 140
意味カテゴリー　14
意味計算規則（semantic rule）　7, 64–102, 137, 195
意味公準（meaning postulate）　137
意味的束縛（semantic binding）　176, 186, 189
Xバー理論（X-bar theory）　8
オッカムの剃刀　208
同じ（identical）　39

[か行]

外延（extension）　11, 31
外延意味論（extensional semantics）　4, 10, 134, 211
外延的記法（extensional definition）　24
外延割り当て関数（denotation assignment function）　11
返す　18

過剰生成（overgeneration）　76, 207
括弧（Bracket）　16
　角括弧（〈　〉）　16–17, 19, 41
　中括弧（{　}）　16, 148, 223
　二重鍵括弧（⟦　⟧）　9, 11–13, 16, 33–34, 66, 87, 158
　丸括弧（(　)）　16, 66
カテゴリー（category）　54
可能世界（possible world）　134
神の視点　31, 43, 112
含意（implicature）　78
関係節（relative clause）　92
冠詞（article）　25, 49
関数（function）　11, 22–23
カンマ　18
偽　12
記号論理学　103
共通部分（intersection）　37, 114
空集合（empty set）　131
形態素　25, 151
形容詞（adjective）　25
言語表現　11
限定詞（determiner）　138, 143, 147
厳密な同一性（strict identity）　178
項（argument）　16, 50, 53
項構造（argument structure）　53–54
交差現象（crossover）　188
恒真命題（tautology）　125
合成性（compositionality）　5, 134, 137
構成素（constituent）　8, 108, 180, 199
構成素統御（c-command）　187

235

合成的意味論（compositional semantics）
　7, 12, 55, 134
固有名詞　15, 48
痕跡（trace）　82, 84–92, 108, 128, 161–164, 176, 186

〜の誤謬（presupposition failure）　62
束縛条件（binding condition）　187, 189
束縛代名詞（bound pronoun）　172, 177
束縛変項（bound variable）　88
存在量化子（∃）　78

[さ行]

指示代名詞（referencial pronoun）　172
時制（tense）　8, 195, 211
実在物（entity）　11, 14, 16, 22
自動詞（intransitive verb）　25
指標（index）　34, 87, 93, 108
写像（mapping）　20–21
集合（set）　20, 38
樹形図（tree）　28
主語コントロール　194
主辞駆動句構造文法（HPSG）　134
述語論理（predicate logic）　59, 78–79, 103, 113, 141–142, 150
順序対（ordered pair）　16, 41, 44
焦点（focus）　227
省略（Ellipsis）　176–178
真（truth）　12
深層構造（deep structure）　26
真理条件（truth condition）　12–13, 40, 55, 62, 67, 112
真理値（truth-value）　12, 14, 17, 22, 43–47, 66, 71, 82
真理表　105
推論　123
数量詞上昇（Quantifier Raising）　129, 154, 161, 191
スコープ　166, 170
積（intersection）　37, 82, 114
選言（OR）　78, 114
先行詞内削除（Antecedent-Contained Deletion）　182
前提（presupposition）　38, 60

[た行]

対象言語（object language）　13, 16
代替要素（alternatives）　227
タイプ　14
タイプ理論　14–17
代名詞（pronoun）　84
他動詞（transitive verb）　27
単語（lexicon）　7, 10, 55, 64, 76, 154
値域　15, 21–22, 99
中間投射　9, 55
直示的代名詞　92
定義域（domain）　15, 21–22, 61, 65, 87, 95–97, 175
定義する（:=）　15
定数・定項（constant）　56, 89
tタイプ　14
統語構造（syntax）　7, 8, 26, 55, 68, 137, 160–167, 199–202
統語的束縛（syntactic binding）　176, 186
動詞句削除（VP-ellipsis）　178
動詞句内主語仮説（VP-internal subject hypothesis）　107
投射原理（projection principle）　47
取る　18

[な行]

内包　135
内包意味論（intensional semantics）　5, 82, 134, 202, 211
内包的記法（intensional definition）　24, 57

二項枝分かれ（binary branching）　45
二項述語　27
濃度（cardinality）　156

[は行]

排他的または（exclusive or）　115–116
排中律（excluded middle）　125
範疇文法（categorical grammar）　134
必要十分条件　12–13 159, 164, 215
否定（negation）　37, 78, 105
表層構造（surface structure）　158
品詞（grammatical category）　14, 16, 54
複合タイプ　17–29
　⟨e, t⟩ タイプ　20, 25, 34, 48
　⟨e, ⟨e, t⟩⟩ タイプ　27, 41, 48
　⟨⟨e, t⟩, e⟩ タイプ　49–50, 62
　⟨⟨e, t⟩, t⟩ タイプ　139
　⟨⟨e, t⟩, ⟨e, t⟩⟩ タイプ　51–52
　⟨⟨e, t⟩, ⟨⟨e, t⟩, t⟩⟩ タイプ　52–54, 144–153
副詞（adverb）　49
複数形　151
不定詞　194
部分関数（partial function）　61
部分集合（subset）　36, 87
普遍量化子（∀）　143
文の意味　12, 48
併合（merge）　8, 59, 80, 181
べき集合（power set）　131
ベン図（Venn diagram）　24, 31, 159
変数・変項（variable）　56, 80–81, 89
変項割り当て関数（variable assignment function）　86, 163

[ま行]

交わり（intersection）　37, 114
矛盾律　124

結び（union）　114
命題　15, 105
命題論理（propositional logic）　103, 106, 141–142
メタ言語　13
目的語コントロール　194
モデル　32, 43
モデル世界意味論　30

[や行]

ゆるい同一性（sloppy identity）　178
要素　38

[ら行]

ラムダ演算子（λ operator）　55, 57, 60
領域（domain）　15
量化（qunatification）　78
量化子（quantifier）　36–37, 49, 52, 119, 133, 137–138
連言（AND）　78, 114
論理形式（logical form）　26, 158

[わ行]

和集合（union）　114
話題化（topicalization）　126

[英語]

a / an　25, 156, 158
Appropriateness condition　175
Barwise and Perry　4
Barwise and Cooper　141, 213
Bouton　183
cardinal reading　218
Cohen　226
conservativity　217

de re / de dicto 136
DP 分析 51
Frege 5, 12, 134
Functional Application Rule（FA） 7, 65–68
Herburger 227
"Lives on" property 213
May 161, 183
Modified Variable Assignment 94, 97–98
Montague 119, 133
most 143–144
Non-Branching Nodes（NN） 9
Partee 218
Predicate Abstraction Rule（PA） 7, 89–102, 162
Predicate Modification Rule（PM） 7, 52, 80–84, 130
promise / persuade 194

proportional reading 218
PTQ 133
Regress problem 182–183
relative reading 226
reverse reading 221
Sag 183
Schönfinkelization 46–47, 116, 146
teammate 181
the 37, 60–62
Traces & Pronouns Rule（T&P） 7, 84–89, 92, 108, 128, 164, 172
Truth and Falsity Condition for Utterances 176
UG（Universal Grammar） 133
Westerståhl 220
Wh 移動（Wh-movement） 98, 109
Wh 島の制約（Wh-island condition） 192

著者紹介

田中　拓郎（たなか　たくろう）

　2001年東北大学大学院情報科学研究科前期課程修了．2003年同大学院後期課程中途退学．2007年コネチカット州立大学大学院修了．日本大学国際関係学部助教を経て，現在，上智大学非常勤講師．

　主な論文："Focus, Context, and Many Elements"（*Sinn und Bedeutung* 9, 2005），"Differential Comparative Construction in Japanese"（MITWPL 55, *FAJL* 4, 2007），"Lexical Decomposition and Comparative Structures for Japanese Determiners"（*SALT* 16, 2007），など．

開拓社叢書27

形式意味論入門

©2016　Takuro Tanaka
ISBN978-4-7589-1822-0　C3380

著作者	田 中 拓 郎
発行者	武 村 哲 司
印刷所	萩原印刷株式会社／株式会社あるむ

2016年9月22日　第1版第1刷発行
2025年1月23日　　　　第2刷発行

発行所　株式会社 開 拓 社	〒112-0003　東京都文京区春日2-13-1 電話　（03）6801-5651（代表） 振替　00160-8-39587 https://www.kaitakusha.co.jp

JCOPY ＜出版者著作権管理機構　委託出版物＞
本書の無断複製は，著作権法上での例外を除き禁じられています．複製される場合は，そのつど事前に，出版者著作権管理機構（電話 03-5244-5088, FAX 03-5244-5089, e-mail: info@jcopy.or.jp）の許諾を得てください．